D1687332

B. Fischer
Hören · Sehen · Blicken · Zählen

Bücher aus verwandten Sachgebieten

Fischer
Blick-Punkte. Neurobiologische Prinzipien des Sehens und der Blicksteuerung
1999. ISBN 3-456-83147-1

Barkley
Das große ADHS-Handbuch für Eltern
2002. ISBN 3-456-83819-0

Herschkowitz
Das vernetzte Gehirn. Seine lebenslange Entwicklung
2. A. 2002. ISBN 3-456-83884-0

Gall/Kerschreiter/Mojzisch
Handbuch Biopsychologie und Neurowissenschaften
2002. ISBN 3-456-82929-9

Budde/Meuth
Fragen und Antworten zu den Neurowissenschaften
2003. ISBN 3-456-83929-4

Hess/Steck (Hrsg.)
Neurologie-Kompendium
2002. ISBN 3-456-83019-X

Rolak/Wiendl
Fragen und Antworten zur Neurologie
2001. ISBN 3-456-83398-9

Weitere Informationen über unsere Neuerscheinungen finden Sie im Internet unter: **http://verlag.hanshuber.com** oder per E-Mail an: **verlag@hanshuber.com**.

Burkhart Fischer

Hören · Sehen · Blicken · Zählen
Teilleistungen und ihre Störungen

Verlag Hans Huber
Bern · Göttingen · Toronto · Seattle

Anschrift des Autors:
Prof. Dr. Burkhart Fischer
AG Optomotorik
Universität Freiburg
Hansastr. 9
79104 Freiburg

Lektorat: Dr. Klaus Reinhardt
Herstellung: Daniel Berger
Druckvorstufe: Klaus Hartnegg
Druck und buchbinderische Verarbeitung: AZ Druck & Datentechnik GmbH, Kempten
Printed in Germany

Bibliographische Information der Deutschen Bibliothek
Die Deutsche Bibliothek verzeichnet diese Publikation in der Deutschen Nationalbibliographie; detaillierte bibliographische Daten sind im Internet über http://dnd.ddb.de abrufbar.

Dieses Werk, einschließlich aller seiner Teile, ist urheberrechtlich geschützt. Jede Verwertung außerhalb der engen Grenzen des Urheberrechtes ist ohne Zustimmung des Verlages unzulässig und strafbar. Das gilt insbesondere für Vervielfältigungen, Übersetzungen, Mikroverfilmungen sowie die Einspeicherung und Verarbeitung in elektronischen Systemen.

Die Verfasser haben größte Mühe darauf verwandt, dass die therapeutischen Angaben insbesondere von Medikamenten, ihre Dosierungen und Applikationen dem jeweiligen Wissensstand bei der Fertigstellung des Werkes entsprechen. Da jedoch die Medizin als Wissenschaft ständig im Fluss ist und menschliche Irrtümer und Druckfehler nie völlig auszuschließen sind, übernimmt der Verlag für derartige Angaben keine Gewähr. Jeder Anwender ist daher dringend aufgefordert, alle Angaben in eigener Verantwortung auf ihre Richtigkeit zu überprüfen.

Die Wiedergabe von Gebrauchsnamen, Handelsnamen oder Warenbezeichnungen in diesem Werk berechtigt auch ohne besondere Kennzeichnung nicht zu der Annahme, dass solche Namen im Sinne der Warenzeichen-Markenschutz-Gesetzgebung als frei zu betrachten wären und daher von jedermann benutzt werden dürfen.

Anregungen und Zuschriften an:
Verlag Hans Huber
Lektorat Medizin
Länggass-Strasse 76
CH-3000 Bern 9
Tel: 0041 (0)31 300 4500
Fax: 0041 (0)31 300 4593
E-Mail: verlag@hanshuber.com
Internet: http://verlag.hanshuber.com

1. Auflage 2003
© 2003 by Verlag Hans Huber, Bern
ISBN 3-456-83910-3

Inhaltsverzeichnis

Vorwort 9

Überblick 15

Einblick 19

1. **Entwicklung** 29
   1.1 Allgemeine Entwicklung von Hirnfunktionen 30
       1.1.1 Phylogenetische und ontogenetische Entwicklung 31
       1.1.2 Reifung 33
       1.1.3 Bewegungsfunktionen 35
       1.1.4 Sinnesfunktionen 37
       1.1.5 Sprachentwicklung 41
       1.1.6 Schriftsprachentwicklung 42
       1.1.7 Zählen und Rechnen 48
       1.1.8 Aufmerksamkeit und Konzentration 51
       1.1.9 Gedächtnis und Arbeitsspeicher 56
   1.2 Entwicklung der Sinnesverarbeitung 57
       1.2.1 Sprachfreies Hören 58
       1.2.2 Dynamisches Sehen 70
       1.2.3 Blicken 78
       1.2.4 Fixationsstabilität 90
       1.2.5 Zählen 98

2. Störungen 107

2.1 Die Probleme 108

2.2 Legasthenie und Lese-Rechtschreibschwäche (LRS) ... 110

    2.2.1 Sprachfreie Hörwahrnehmung bei Legasthenie . 116

    2.2.2 Dynamisches Sehen bei Legasthenie 121

    2.2.3 Die Blicksteuerung bei Legasthenie 123

    2.2.4 Fixationsstabilität bei Legasthenie 126

    2.2.5 Simultanerfassung bei Legasthenie 129

2.3 Dyskalkulie – Rechenschwäche 131

    2.3.1 Sprachfreie Hörwahrnehmung bei Rechenschwäche 132

    2.3.2 Dynamisches Sehen bei Rechenschwäche 132

    2.3.3 Blicksteuerung bei Rechenschwäche 133

    2.3.4 Simultanerfassung bei Rechenschwäche 134

2.4 Aufmerksamkeitsdefizit – Hyperaktivität (ADHS) 138

    2.4.1 Sprachfreie Hörwahrnehmung bei ADHS 141

    2.4.2 Dynamisches Sehen bei ADHS 142

    2.4.3 Blicksteuerung bei ADHS 143

2.5 Andere Entwicklungsstörungen 144

    2.5.1 Sprachfreie Hörwahrnehmung bei unklaren Störungen 146

    2.5.2 Dynamisches Sehen bei unklaren Störungen ... 146

    2.5.3 Blicksteuerung bei unklaren Störungen 147

2.6 Komorbiditäten 148

2.7 Vergleich der Gruppen 149

Inhaltsverzeichnis

3. Hilfen 151
- 3.1 Das Problem 152
  - 3.1.1 Klassische Hilfen 153
  - 3.1.2 Symptomspezifisches Training 154
- 3.2 Hörtraining 157
  - 3.2.1 Hörtraining bei Legasthenie 158
- 3.3 Dynamisches Sehtraining 160
- 3.4 Blicktraining 161
  - 3.4.1 Blicktraining bei Legasthenie 164
  - 3.4.2 Training der Fixationsstabilität 169
  - 3.4.3 Blicktraining bei ADHS 171
  - 3.4.4 Die Wirkung von Ritalin auf die Blicksteuerung . 171
  - 3.4.5 Der Einfluss von Ritalin auf das Blicktraining .. 174
- 3.5 Zahltraining bei Dyskalkulie 177

4. Transfer des Trainings auf schulisches Lernen 179
- 4.1 Hörtraining – Lautdifferenzierung – Rechtschreibung .. 180
- 4.2 Blicktraining und Lesenlernen 183
- 4.3 Andere Trainingsverfahren 185

Ausblick 187

Einfache Statistik und Logik 191

Gerätenachweis 203

Glossar 205

Stichwortverzeichnis 207

Literaturverzeichnis 209

Vorwort

Dieses Buch beschreibt die Zusammenhänge von Hirnentwicklung, Sinnesverarbeitung und Sinnes-Wahrnehmung, sowie deren Bedeutung für das Lernen, insbesondere bei Lernschwierigkeiten von Kindern und Jugendlichen. Darauf aufbauend werden neue diagnostische Verfahren und Hilfsmöglichkeiten für Betroffene erklärt und deren Wirksamkeit anhand der Daten erörtert.

Vorgeschichte

Dieses Buch wird in einer Zeit geschrieben, in der die Meldungen über Lernprobleme und Schulversagen sich häufen. Internationale Vergleiche werden angestellt und in dem einen oder anderen Land wird ein unangemessenes Schulsystem angeprangert, das die jungen Menschen nicht gut genug für ihr Berufsleben vorbereitet.

Indessen sind die Anforderungen an heranwachsende Menschen und ihre LehrerInnen enorm gestiegen. Noch nie musste soviel Stoff in so kurzer Zeit gelernt und gelehrt werden und noch nie haben Wissen und technische Möglichkeiten so rasch zugenommen. Aber noch nie war auch das gleichzeitig gewachsene Angebot an Sinneseindrücken und Betätigungsmöglichkeiten so groß. So wächst eine Generation heran, die nun ihrerseits Kindern ein Vorbild sein und sie erziehen und lehren soll.

Währenddessen hat auch die Forschung Fortschritte gemacht. Das Wissen um unseren Körper und besonders auch um unser Gehirn und die neurobiologischen Grundlagen seiner Leistungen ist zu einer kaum noch überschaubaren Menge angewachsen. Wir haben gelernt, wie die Sinnesorgane ihre Meldungen aus der Umwelt aufnehmen und an das Gehirn weiterleiten. Wir wissen, wie diese Meldungen nach verschiedenen Inhalten bearbeitet und schließlich zu einem Sinneseindruck verschmolzen werden, den wir bewusst als solchen wahrnehmen, erleben und wiedergeben können.

Dabei ist auch klar geworden, dass viele Körperfunktionen und besonders die Hirnleistungen sich nach der Geburt noch weiter entwickeln, ja dass einige dieser auch einfachen Leistungen des Gehirns mit der Geburt ihre Entwicklung erst zu beginnen scheinen. Die Frage, inwieweit die weitere Entwicklung genetisch vorbestimmt und unabwendbar ist, wird heute nicht mehr in ihrer ursprünglich strengen Form gestellt. Es ist vollkommen klar, dass die Entwicklung der Hirnfunktionen zwar auf genetisch festgelegten Bauplänen aufbaut, aber nur dann wirklich zustande kommt, wenn diese Funktionen zur rechten Zeit auch benötigt, gefordert und benutzt werden.

So ist es schon lange selbstverständlich, dass Kinder mehrere Jahre brauchen, bis sie in die Schule geschickt werden können, um sie vor neue Aufgaben zu stellen, die zu lösen sie von alleine nicht erlernen würden. Dabei geht man davon aus, dass die sinnesphysiologischen Voraussetzungen für komplexe insbesondere kognitive Lernvorgänge im Alter von 6 oder 7 Jahren geschaffen sind, weil ein großer Teil der hirnanatomischen Voraussetzungen vorhanden sind. Wir meinen auch, dass diese Sinnesleistungen uns für den Rest des Lebens erhalten bleiben, sofern nicht Krankheiten zu Einschränkungen oder gar Verlust führen.

Erst in neuerer Zeit hat sich herausgestellt, dass Entwicklungen in bestimmten Bereichen der Sinnesfunktionen noch bis ins Erwachsenenalter andauern können. Werden diese Entwicklungen, aus welchem Grund auch immer, nicht oder nur unvollkommen durchlaufen, kann es zu Lernproblemen kommen, deren Ursachen uns völlig unbegreiflich erscheinen, solange wir diesen Umständen keine Rechnung tragen. Es hat sich auch gezeigt, dass einige selbst einfache Sinnesleistungen schon ab einem Alter von 35 Jahren wieder rückläufig sind.

Grundlagen

Dieses Buch beruht auf der wissenschaftlichen Erforschung der neurologischen Grundlagen von Sinnes- und Blickfunktionen. Es gibt einen Einblick in die neuen Erkenntnisse, die in den letzten Jahren, vor allem seit 1990 auch von der Forschungsgruppe Optomotorik und im Blick-Labor der Universität Freiburg erarbeitet, in einer Datenbank gesammelt und nun analysiert worden sind. Die dazu benötigten Untersuchungsmethoden mussten zum größten Teil erst einmal entwickelt, in der Praxis erprobt und altersnormiert werden.

Die Datenbank enthält derzeit Eintragungen von knapp 3000 Personen und ist damit die weltweit wahrscheinlich größte Datensammlung auf dem Gebiet des Hörens, des Sehens und der Blicksteuerung, auch wenn nicht von allen Personen Daten aller Untersuchungsmethoden vorhanden sind. Dazu hätten alle Kinder alle Tests durchlaufen müssen, was zu einer zu großen Belastung und damit zu falschen Daten führen kann. Die Testzeit darf – besonders bei Kindern mit Lernproblemen – nicht zu lang sein. Länger als 20 Minuten dauerte keiner der Einzeltests und bei mehr als zwei Testungen wurden Pausen eingelegt.

Ein großer Teil dieser Daten ist bereits in internationalen Zeitschriften – meist in englischer Sprache – veröffentlicht, die Ergebnisse anderer abgeschlossener Studien, gelegentlich mit kleineren Stichproben, werden hier zum ersten Mal dargelegt. Eine Zusammenschau gibt es bisher nicht und wird jetzt mit diesem Buch erstmals gegeben.

Ziel ist nicht eine wissenschaftliche Darstellung, sondern ein verständlicher Überblick, Einblick und Ausblick für betroffene Menschen, seien sie nun unmittelbar selbst, z.B. als Eltern von entsprechenden Kindern betroffen oder beruflich mit der Problematik der Entwicklung und fehlenden Entwicklung von Teilleistungen befasst, z.b. als Lehrer, Arzt oder Therapeut.

Die Daten stammen von "normalen" Kindern, Jugendlichen und Erwachsenen, sog. Kontrollpersonen. Sie werden verglichen mit denen von Kindern und Jugendlichen mit definierten Teilleistungsstörungen, wie Legasthenie, Dyskalkulie oder Aufmerksamkeitsdefiziten oder mit anderen nicht so klar umschriebenen Entwicklungsproblemen. Psychologische und pädagogische Betrachtungsweisen, die bei Lerndefiziten auch immer beachtet und durchgeführt werden müssen, treten hier in den Hintergrund. Es gibt dazu einschlägige Bücher, die an geeigneter Stelle zitiert werden. Allerdings wurde auf einen detaillierten und entsprechend umfangreichen Quellennachweis einzelner Sachverhalte verzichtet. Lediglich die wirklich wichtigen und grundlegenden Arbeiten, auf die das Buch zurückgreift, werden genannt und am Ende aufgeführt. Wer sich genauer informieren möchte, wird die Veröffentlichungen in den zitierten Übersichtsartikeln und Büchern finden. Die neurobiologischen Grundlagen des Sehens und der Blicksteuerung sind in dem Buch "Blick-Punkte" dargestellt [Fischer, 1999] und auch dort gibt es eine ausführliche Literaturliste.

Zielsetzung

Unter dem Eindruck eines großen Informationsbedarfs und mit der Gewissheit, dass wenigstens ein bestimmter Teil dieses Bedarfs gedeckt werden kann, ist der Entschluss zu diesem Buch gefasst worden. Die Erfahrung hat gezeigt, dass neues Wissen aus den Forschungslabors des universitären Elfenbeinturms erst nach Jahrzehnten in den Lehrbüchern und in den Vorlesungen und Praktika der Hochschulen und Universitäten erscheinen.

Mit diesem Buch soll ein kürzerer Weg ermöglicht werden, der von jedem Leser unabhängig von seiner speziellen Ausbildung genutzt werden kann.

Voraussetzung dazu war, dass die Arbeit der letzten Jahre sich nicht nur auf die theoretischen Grundlagen, sondern auch auf deren Anwendungen bezogen hat. Diagnostische Verfahren wurden nicht nur auf der Grundlage neuer Forschungsergebnisse ersonnen, sondern auch bis zur Anwendbarkeit in der Praxis weiter entwickelt. Schließlich wurde auch über Hilfen nicht nur nachgedacht, sondern solche Hilfen wurden ebenfalls bis zur Anwendung entwickelt und erprobt. Ihre Wirksamkeit in Bezug auf die fragliche Sinnesfunktion und die Übertragung auf den Erwerb schulischer Fertigkeiten wurde untersucht. Auch darüber wird in diesem Buch mit Daten und praktischen Hinweisen berichtet.

Schließlich möchte ich mit diesem Buch auch mein Wissen und meine Erfahrung der Öffentlichkeit zur Verfügung stellen, einer Öffentlichkeit, die mich während meiner Tätigkeit an der Freiburger Universität mit öffentlichen Mitteln seit vielen Jahren unterstützt und fördert.

In der Rezension eines wissenschaftlichen Vortrags an der Freiburger Universität las ich in der Zeitung das vernichtende Urteil: "Sie (die Zuhörer) erlebten ein Musterbeispiel dafür, wie die Wissenschaft sich selbst genügt und auch nicht mehr in der Lage ist, sich der Gesellschaft, von der sie doch finanziert wird, sinnvoll mitzuteilen. Ein verschenkter Abend. Immerhin war der Eintritt frei."

Mit Sprache, Stil und Form, die ich für dieses Buch gewählt habe, versuche ich, aus einem solch vernichtendem Urteil, aus der damit verbundenen Klage und aus der darin verborgenen Forderung eine Konsequenz zu ziehen und den Spagat zwischen wissenschaftlicher Genauigkeit und allgemeiner Verständlichkeit zu wagen, ohne dabei das alles entscheidende Grundprinzip der wissenschaftlichen Redlichkeit zu verletzen. Ich bin sicher, dass man das schaffen kann, denn der Bildungsstand in unserer Bevölkerung ist hoch genug, so dass die meisten Menschen die Zusammenhänge einsehen und verstehen können, wenn man sich die Mühe macht, sie ihnen verständlich zu erklären.

Die Fachausdrücke sind im Kapitel 4.3 und meist auch direkt im Text erklärt.

Danksagung

Jahrelange Erfahrungen im Freiburger BlickLabor, zahllose Begegnungen mit Lehrern, Eltern und deren Kindern, sowie mit Ärzten und Therapeuten haben den Entschluss zu diesem Buch endgültig gefestigt. Ich bin dem Verlag Hans Huber dankbar, dass er auch dieses zweite Buch von mir verlegt.

Natürlich wäre all dies nicht ohne meine zahlreichen Mitarbeiter und Studenten möglich gewesen. Besonders möchte ich diejenigen erwähnen, die unmittelbar bei der Erstellung dieses Buches und bei der Aufnahme und Auswertung der großen Datenmengen geholfen haben:

- Benjamin Fischer
- Christine Gebhardt
- Dieter Holzer
- Annette Mokler
- Tina Schäffler
- Juliane Sonntag

Sie haben Daten im Rahmen von Doktor-, Diplom- und Zulassungsarbeiten aus den Fakultäten für Medizin, Biologie, Psychologie und Pädagogik erhoben und ich konnte sie hier darstellen.

Ganz besonders danke ich Herrn Diplomphysiker Klaus Hartnegg für seine unermüdlichen Hilfen bei der Bewältigung der großen Datenmengen und für die Bereitstellung seiner anwenderfreundlichen Programme. Er hat mir wertvolle Hinweise auf ungenaue oder unverständliche Formulierungen gegeben und mich vor Fehlern bewahrt. Sandra Gehnke hat den größten Teil des Manuskripts kritisch gelesen und viele Vorschläge zur Verbesserung des Textes gemacht.

Überblick

Hier wird ein Überblick darüber gegeben, was der Leser von diesem Buch erwarten kann und wie es aufgebaut ist.

Inhalt

Alles, worüber in diesem Buch geschrieben wird, handelt von Funktionen des Gehirns. Wir hören nicht mit den Ohren und sehen nicht mit den Augen, sondern mit dem Gehirn. Die Sinnesorgane übersetzen die physikalischen Reize in Nervensignale, die erst im Gehirn zu Sinneseindrücken verarbeitet werden. Selbst ohne Augenbewegungen sehen wir nur sehr wenig, nämlich nur das, was wir gerade anblicken. Unsere Wahrnehmungen sind das Resultat der Arbeit unseres Gehirns.

Diese Arbeit kann von den zuständigen Nervennetzen im Gehirn mehr oder weniger gut verrichtet werden. Am Beginn unseres Lebens funktioniert noch sehr wenig, wir müssen fast alles noch erlernen. Daran ändert sich auch dadurch nichts, dass eventuell der Bauplan schon verwirklicht wurde, denn nun muss dieser auch noch mit Funktionen angefüllt werden ähnlich einem fertig gebauten Computer, auf dem aber nur eine gewisse Grundsoftware aber noch keine Anwenderprogramme installiert worden sind.

Unser Gehirn hat als einziges Organ in unserem Körper die großartige Fähigkeit zum Lernen, zur Anpassung an neue Bedingungen und zur Bewältigung neuer Anforderungen. Um diese wunderbare Fähigkeit zu nutzen, müssen aber diese Anforderungen auch gestellt werden. "Ohne Fleiß kein Preis", sagt der Volksmund. Er meint, dass der Umgang mit einer neuen Aufgabe oft geübt werden muss, damit diese Aufgabe in Zukunft leicht, schnell und zuverlässig richtig gelöst werden kann.

Wir müssen uns daher damit auseinandersetzen, bis zu welchem Grad sich unsere Sinnesfunktionen entwickeln können, in welcher Zeit dies geschieht und ob eventuell ein relativ hoher Lernstand, der im besten Alter erreicht ist, auch schon bald wieder verloren gehen kann. Diese Fragen sind unabhängig davon, ob im Zusammenhang mit irgendwelchen Entwicklungsstörungen, das eine oder andere Sinnessystem mitbetroffen ist und wenn ja, welche Unterfunktionen es sind und in welchem Maße sie betroffen sind. Es sind Fragen, deren Beantwortung lediglich die natürliche Entwicklung betreffen und die noch nichts mit Diagnose oder Pathologie zu tun haben.

Allerdings setzt eine Diagnose voraus, dass die natürliche Entwicklung bekannt ist. Man muss wissen, welche Leistung in welchem Alter welchen Stand erreicht haben sollte und – das wird gelegentlich vergessen – wie groß die Streuung in jeder Alterstufe ist. Diese Daten sind die Grundlage jeder Diagnostik. Ohne sie kann es den notwendigen Vergleich des Einzelnen mit der Altersnorm nicht geben.

Oft wird man keine Veranlassung – keine Indikation – für eine solche Diagnostik haben, es sei denn, es treten Fehlleistungen auf, die die Folge unzuverlässiger Sinnesleistungen sein können oder die zumindest dabei eine Rolle spielen könnten.

Wenn feststeht, dass bestimmte Funktionen innerhalb der Sinnessysteme nicht altersgerecht entwickelt sind, stellt sich natürlich die Frage, ob und wie man die fehlende Entwicklung nachholen kann. Wir haben es also mit drei Schritten zu tun: Kenntnis der natürlichen Entwicklung, Diagnostik von Störungen und Hilfen.

Aufbau

Wir werden daher die Hauptaussagen dieses Buches in die entsprechen drei Hauptteile untergliedern und einen vierten anhängen:
1. Entwicklung
2. Störungen
3. Hilfen
4. Transfer auf schulische Fertigkeiten

Dabei wird der **erste Teil "Entwicklung"** untergliedert nach den infrage stehenden Sinnesleistungen, also nach Hören, Sehen, Blicken und Zählen.

Wir werden die natürliche Entwicklung in dieser Reihenfolge durchgehen, denn das Hören spielt schon sehr früh im Leben eine wichtige Rolle beim Sprechenlernen. Der Spracherwerb ist ein ungeheuer komplizierter Lernprozess, der von den Kleinkindern sozusagen von alleine bewältigt wird, sprich "ohne Unterricht". Zuhören und Nachsprechen sind die kleinen tausendfach durchzuführenden Lernschritte. Mängel beim

ÜBERBLICK

Hören können leicht zu Verzögerungen der Sprachentwicklung führen. Ausführlich können diese Zusammenhänge in einem Buch nachgelesen werden, welches sich speziell mit Sprachentwicklungsstörungen befasst [Suchodoletz, 2001].

Sehen und Blicken gehören zusammen. Zur Entwicklung der visuellen Wahrnehmung während der ersten Lebensjahre kann man sich in einem speziellen Buch informieren [Fischer, 1995]. Auch hier haben wir es mit einem außerordentlich komplexen System zu tun, dessen Zusammenwirken noch gar nicht in allen Einzelheiten untersucht und verstanden ist. Unser Gehirn ist sehr tolerant und erfindungsreich: Was wir nicht gleich genau erblickt und gesehen haben, wird uns beim zweiten Hinsehen deutlich. Fehlendes wird oft mühelos ergänzt zu einem sinnvollen "Bild". Damit kann man sogar durch das ganze Leben kommen. Schluss damit ist aber in dem Moment, wo eine Leistung verlangt wird, die auf ein sehr präzises System des Sehens und der Blicksteuerung angewiesen ist. Und das ist z.B. das Lesen. Spätestens mit Eintritt in die Schule werden hier neue und hohe Anforderungen an die Seh- und Blickfunktionen gestellt.

Etwa zum gleichen Zeitpunkt, manchmal auch schon früher, werden wir mit der Notwendigkeit des Zählens konfrontiert. Das ist zwar keine Sinnesleistung im engeren Sinn, aber wir werden sehen, dass eine ziemlich elementare Leistung des Sehsystems benutzt werden kann, um den Zahlbegriff leichter zu entwickeln.

Im **zweiten Teil "Störungen"** wird im Gegensatz zum ersten Teil nach Teilleistungsstörungen gegliedert. Dies soll dem Leser die Möglichkeit bieten, Informationen zu den Sinnesfunktionen von Kindern und Jugendlichen leichter zu finden, die eine entsprechende Diagnose vom Kinderarzt oder Kinder- und Jugendpsychiater haben. Sie müssten sich sonst diese Informationen an verschiedenen Stellen des Buches mühsam zusammen suchen.

Der **dritte Teil "Hilfen"** wird dann wieder wie der erste Teil nach den Sinnessystemen gegliedert. Dies hat den Sinn, dass die natürliche Entwicklung als Grundlage der Diagnostik und die Hilfen zur Verbesserung von Sinnesleistungen unabhängig sind von sonst noch bestehenden Diagnosen. Das soll heißen: Die Methoden der Diagnostik und die Methoden der Hilfsmaßnahmen sind die gleichen, unabhängig davon in welchem Zusammenhang sie durchgeführt werden. Es heißt nicht, dass man die Diagnose einer umfassenderen Teilleistungsstörung unbeachtet lassen kann oder soll. Im Gegenteil, wir werden genau hinschauen müssen, ob die eine oder andere Sinnesleistung überhaupt gebessert werden kann, je nach dem in welchem Zusammenhang sie auftritt.

Der **vierte Teil Transfer** beschäftigt sich mit der Gretchen-Frage: Bieten Erfolge beim Wahrnehmungs- und Blicktraining Vorteile beim Erwerb schulischer Fertigkeiten? Soweit Daten vorliegen, werden sie im Einzelnen dargestellt und besprochen.

Die verschiedenen Gliederungen der Hauptteile dieses Buches bringen es mit sich, dass mancher Gedanke an mehreren Stellen auftaucht. Das ist für diejenigen Leser nützlich, die nur bestimmte Teile des Buchs lesen möchten, für die sie sich besonders interessieren.

Die Tabelle gibt eine anschauliche Übersicht über die behandelten Themen, bzw. Themenkombinationen. Die oberste Zeile gibt mit Schlagwörtern die behandelten Sinnesfunktionen an. In den Feldern stehen die Seitenzahlen für die Entwicklung, die Diagnostik bei den ausgewählten Störungen und die Hilfen.

Diese Übersicht erleichtert es, bestimmte Themen in diesem Buch rasch zu orten. Im übrigen wird das Stichwortverzeichnis am Ende des Buches helfen, die jeweils gesuchten Informationen zu finden.

	Hören	Sehen	Blicken	Zählen
Entwicklung	58	70	78	98
LRS	116	121	123	129
Hilfen	158	160	164	–
Dyskalkulie	132	132	133	134
Hilfen	–	–	–	177
ADHS	141	142	143	–
Hilfen	–	160	171	–
Andere Störungen	146	146	147	–

Tabelle 1: Inhaltsübersicht: Die Zahlen in der Tabelle geben die Seitenzahlen an, wo die gesuchten Themen behandelt werden, zum Beispiel wer sich für Hilfen bei LRS belesen möchte, findet die Beschreibung zum Blicktraining auf Seite 164

Einblick

Dieses Buch behandelt Hirnfunktionen und basiert zum großen Teil auf neurophysiolgischen und psychophysischen Erkenntnissen. Zwar werden die Sinnesorgane Auge und Ohr vorkommen, aber wir werden weder über deren Bau und Funktionen, noch über deren Erkrankungen sprechen. Das ist Sache der entsprechenden Lehrbücher der Augen- und der Ohren-Heilkunde. Wir sprechen in diesem Buch über die Verarbeitung der Sinnesmeldungen auf ihrem Weg von den Sinnesorganen zu den Wahrnehmungszentren im Gehirn. Denn erst nach vielen Vor- und Zwischenstufen und im Zusammenspiel mit internen Hirnprozessen kommt das zustande, was wir Sinneswahrnehmungen nennen, die wir als solche auch benennen und mitteilen können, weil sie uns bewusst werden.

Unbewusste Sinnesverarbeitung

Es ist seit langem bekannt, dass nur ein verschwindend kleiner Teil dessen, was wir sehen könnten (weil es von den Augen aufgefangen und dem Gehirn zugeleitet wird) tatsächlich bis in unser Bewusstsein vordringt. Dennoch haben wir in der Vergangenheit zu wenig daran gedacht, dass die unbewusst bleibenden Prozesse mitbestimmen, was wir schlussendlich wahrnehmen oder für unsere Wahrnehmung nutzen können. Wir werden später darauf hinweisen, dass erst die Kombination einer genauen Messung einer Sinnesleistung und die gleichzeitige Befragung der Testperson ein mögliches Missverhältnis aufdeckt zwischen dem, was jemand wirklich tut und dem, was er glaubt aufgrund seiner bewussten Wahrnehmung zu tun. Solange man diese Möglichkeiten nicht in Betracht zieht und sich nur auf das verlässt, was dem Bewusstsein zugänglich ist, wird es zu Fehleinschätzungen kommen und man sucht an der falschen Stelle nach den Gründen für ein Versagen. Ein leider noch sehr häufig anzutreffendes Beispiel hierfür ist die Annahme einer niedrigen Intelligenz bei Lese- und Rechtschreibproblemen.

Lernvorgänge

Die Einsicht in diese Zusammenhänge fällt uns schwer, weil die Sinnesleistungen erst im Laufe des Lebens erlernt werden und wir uns gar nicht daran erinnern können, wie "schlecht" wir manches in unseren Kindertagen gekonnt haben. Solange sich die Leistungen auf motorisches Können beziehen, stellt dies kein so großes Problem dar, denn wir können jederzeit sehen, was Kleinkinder noch unzureichend können. Aber wenn es um die Verarbeitung von Sinnesmeldungen geht, die uns auch im Erwachsenenalter unbewusst bleiben, so kann man sich leicht vorstellen, dass wir nicht begreifen wollen, wenn ein Kind oder – wie wir sehen werden – ein Jugendlicher etwas nicht leisten kann, was wir doch "schon immer" mit Leichtigkeit erledigt haben.

Aber sobald wir verstanden haben, dass wir es mit Funktionen des Nervensystems zu tun haben und dass ein großer Teil der Hirnfunktionen erst erlernt werden muss, können wir versuchen, die "normale" Entwicklung dieser Funktionen zu studieren und als Grundlage für die Bewertung von Leistungen einzelner Personen zu verwenden.

EINBLICK

Die Entwicklung des Nervensystems hat verschiedene Komponenten. Wir können sie einteilen in "Reifung" nach genetisch ziemlich festliegenden Bauplänen, "Anpassung" an äußere Bedingungen im Rahmen des Bauplans und Anpassung an Anforderungen und "Lernen" durch gezieltes Üben. Natürlich können diese Prozesse teilweise gleichzeitig ablaufen und ineinander greifen.

Während Reifung und Anpassung Prozesse sind, die wir im Tierreich genauso antreffen wie beim Menschen, sind viele Lernprozesse in besonders großem Maße dem Menschen vorbehalten. Allerdings sollten wir das Lernvermögen mancher Tiere nicht unterschätzen, besonders nicht, wenn wir ihnen den zum Lernen nötigen "Unterricht" nicht im selben Maße erteilen wie unseren Kindern.

Die neurobiologischen und neurochemischen Grundlagen des Lernens sind nicht endgültig verstanden. Als Hypothese am meisten verbreitet ist die Hebb'sche Regel, nach der Nervenverbindungen (Synapsen) immer besser funktionieren, je öfter sie erfolgreich benutzt werden. Erfolgreich heißt, dass ein Nervenimpuls, der an der Synapse ankommt, auch in der nachgeschalteten Nervenzelle einen solchen Impuls auslöst. Diese Regel ist nicht mehr als ein Lernprinzip und sagt nichts darüber aus, was genau dabei an den Synapsen passiert: Werden sie anatomisch verändert, wird die Empfindlichkeit der Nervenzellmembran erhöht, wird mehr Transmitter freigesetzt oder sind es Kombinationen solcher Prozesse?

Dennoch ist die Hebb'sche Lernregel sehr nützlich. Sie erklärt sofort, dass zum Lernen Wiederholung des gleichen Vorgangs wichtig ist, denn so können dieselben Synapsen gehäuft erfolgreich benutzt und damit "verbessert" werden. Verbesserung kann dann zum Beispiel bedeuten, dass Verbindungen zwischen den beteiligten Nervenzellen zuverlässiger funktionieren. Das drückt sich darin aus, dass eine Leistung nicht nur zuverlässiger, sondern auch schneller – soll heißen nach kürzerer Reaktionszeit – erbracht werden kann. "Der Weg entsteht, indem man ihn geht", sagen die Neurobiologen. Sie meinen damit, dass in einem vernetzten System von Nervenzellen bestimmte Pfade, also zeitlich ablaufende Erregungsmuster, entstehen, die vorher nicht oder nur andeutungsweise vorhanden waren. Im Idealfall können solche Pfade schlussendlich fast "von alleine" begangen werden: Der Lernvorgang ist abgeschlossen, die erlernte Leistung ist sozusagen automatisiert.

Wir alle kennen diese Art von Lernprozessen aus dem Sport und aus der Musikerziehung. Wir akzeptieren in diesen Bereichen auch die Lernstrategie der häufigen Wiederholung. Es erscheint uns als selbstverständlich, dass die Bewegungen der Finger beim Klavierspielen auf diese Weise bis zu einem gewissen Maße automatisiert werden müssen und dass dies nur durch regelmäßige (meist tägliche) Wiederholungen erreicht werden kann.

Jetzt hat sich gezeigt, dass solche Lernprozesse auch für Sinnesleistungen durchlaufen werden und dass wir "schlechte" Sinnesleistungen durch regelmäßiges Üben verbessern können. Dieser Umstand bildet die Grundlage für die Hilfen, die wir in diesem Buch besprechen werden, wenn es um Wahrnehmungs- oder Blickprobleme geht, die im Zusammenhang mit Teilleistungsstörungen festgestellt wurden.

Schließlich wollen wir auch nicht vergessen, dass psychologische Faktoren für einen Lernprozess eine große Rolle spielen. Neugier und Motivation sind die Hauptmotoren des Lernens bei Kindern und auch bei Erwachsenen. Aber wenn wir genau hinsehen, stellt sich in vielen Fällen heraus, dass der psychologische Faktor, der fördernd wirkt, darin besteht, dass die Wiederholungen noch öfter wiederholt werden. Oder umgekehrt: Führen die anfänglichen Wiederholungen nicht zum gewünschten Ergebnis und in der Folge eventuell sogar zu Bestrafungen, so werden die nun besonders gefragten Wiederholungen eher seltener und es kommt zu einem Teufelskreis, an dessen Ende wir feststellen, dass eine bestimmte Leistung nicht oder nur sehr unzuverlässig erbracht wird, während andere Leistungen durchaus zufriedenstellend durchgeführt werden können: Wir haben es mit der Störung eines Teils einer Leistung zu tun.

Teilleistungen – Teile von Leistungen

Es scheint, als hätten wir damit schon eine gute Definition des Begriffs "Teilleistung" gefunden. Aber wir wollen doch noch etwas dabei verweilen, um auch andere Begriffe, die in diesem Zusammenhang oft benutzt werden, zu beleuchten und wenn möglich zu klären.

Da haben wir zunächst die Unterscheidung von "Störung", "Schwäche", "Entwicklungsverzögerung" bzw. "Entwicklungsrückstand" zu erläutern.

Störungen und Schwächen unterscheiden sich nicht wirklich voneinander, es geht eigentlich nur um die Schwere der betreffenden Auffälligkeit: Sind die Abweichungen von der Altersnorm groß, so spricht man eher von Störungen, sind sie nicht so gravierend, spricht man eher von Schwächen. Man sieht sofort, dass eine solche Unterscheidung nur dann sinnvoll ist und einigermaßen zuverlässig vorgenommen werden kann, wenn es ein quantitatives Maß für die infrage stehende Leistung gibt. Dann kann man sich beispielsweise darauf einigen, dass eine bestimmte, aber noch nicht sehr große Abweichung vom Normwert als Schwäche eingestuft wird, während die Bezeichnung Störung erst benutzt wird, wenn die Abweichung über ein gewisses Maß hinausgeht. "Normal" heißt dementsprechend, dass die Abweichung des betreffenden Wertes diese Grenzen nicht überschreitet.

Versuche, eine Störung von einer Schwäche begrifflich zu unterscheiden, sind allerdings verständlich, wenn man bei einer Störung davon ausgeht, dass eine Fähigkeit fehlt, während eine Schwäche lediglich bedeutet, dass eine Fertigkeit (noch) nicht erworben ist. Wie aber soll man das in der Praxis zu einem möglichst frühen Zeitpunkt feststellen?

Entwicklungsrückstände und -verzögerungen nennt man jene Störungen und Schwächen, die erfahrungsgemäß irgendwie nachgeholt werden können. Oft lässt sich das aber zum Zeitpunkt der Diagnose nicht entscheiden und oft treten verschiedene Auffälligkeiten beim gleichen Kind auf, von denen die eine behoben werden kann, eine andere aber nicht. Das verhindert eine vollkommen klare Definition und eindeutige Benutzung der Begriffe.

Der tiefere Grund für solche begrifflichen Schwierigkeiten liegt darin, dass unsere Sprache uns klare Festlegungen aufdrängt, indem sie nur eine begrenzte Zahl von Begriffen anbietet. Für die Beschreibung von Zwischenzuständen fehlen uns (im wahrsten Sinne des Wortes) die Worte. Es ist die Komplexität der Wirklichkeit in vernetzten Systemen, auf die unsere Sprache und oft auch unser Denken nicht vorbereitet ist. Unser Nervensystem ist ein Musterbeispiel eines vernetzten Systems und die Ausmaße seiner Vernetzung und Komplexität sind es auch, die es uns unter anderem so schwer machen, seine Funktionen wirklich zu verstehen.

Die wichtigsten und bekanntesten Teilleistungsstörungen sind international in den ICD-10 von der Weltgesundheitsorganisation

(WHO = World Health Organization) definiert (wir werden darauf an den entsprechenden Stellen jeweils kurz eingehen).

Danach wird bei Teilleistungsstörungen immer eine normale oder überdurchschnittliche Intelligenz vorausgesetzt. Oder: Bei unterdurchschnittlicher Intelligenz spricht man nicht von Teilleistungsstörungen sondern einfach von Störungen, die dann auch bis hin zu (geistigen) Behinderungen reichen können.

Aber die gesonderte Beurteilung der Intelligenz ist nicht das einzige, was eine Störung zu einer Teilleistungsstörung macht. Wir müssen bedenken, dass eine Teilleistung, wie zum Beispiel das Lesen, ihrerseits aus Teilen besteht.

Die Abb. 1 zeigt solche komplexen Zusammenhänge von Teilen von Teilleistungen am Beispiel der Schriftsprachbeherrschung, also des Lesens und Schreibens. Links sind von oben nach unten Teilleistungen aus dem Bereich der Sinneswahrnehmung aufgelistet: Hören, Sehen, Blicken dienen hier als Beispiele. Oben sind von links nach rechts zwei weitere Teilleistungsbereiche genannt: Aufmerksamkeit und Gedächtnis. Es kann kein Zweifel daran bestehen, dass all diese Teilleistungen (und noch viele weitere) beim Lesen und Schreiben eine wichtige Rolle spielen. Jede dieser Teilleistungen bestehen aber ihrerseits wieder aus Teilen. Sie benutzen, um es in der Sprache der Computerwelt auszudrücken, Unterfunktionen. Diese Unterfunktionen können aber auch mit anderen Unterfunktionen aus anderen Teilleistungen zusammenarbeiten. So z.B. werden Unterfunktionen der Aufmerksamkeit mit solchen der Blicksteuerung zusammenarbeiten, Gedächtnisfunktionen werden in allen Sinnesbereichen eine Rolle spielen, ganz davon abgesehen, dass "Gedächtnis" seinerseits auf Unterfunktionen aufbaut, wie zum Beispiel die Kapazität des Gedächtnisses und seine Abrufbarkeit. Schließlich wird das gemeinsame Funktionieren aller Teilleistungen und deren Teile den Prozess des Lesens und den des Schreibens erst möglich machen.

An diesem Beispiel kann man sehen, dass der Begriff der Teilleistung einerseits ziemlich schwammig ist (eine schlechte Eigenschaft), andererseits aber etwas sehr Richtiges und Wichtiges bezeichnet: Unser Gehirn arbeitet mit relativ vielen und relativ kleinen Unterabteilungen. Es bedarf einer guten Zusammenarbeit in einem großen Team, um das zu bewirken, was wir als eine einheitliche Leistung bewundern. Manche Experten gehen sogar so weit, dass sie eine Leistung oder eine gezielte Handlung in Elementarhandlungen oder Elementarleistungen zerlegen.

EINBLICK 25

	AUFMERKSAMKEIT	GEDÄCHTNIS
	Allgemeine A.	Kurzzeitspeicher
HÖREN	Gerichtete A.	Langzeitspeicher
Lautstärken	Automatische A.	Arbeitsspeicher
Tonhöhen	....	....
Reihenfolgen		
....		
SEHEN	**LESEN**	
Sehschärfe, statisch		
Trennschärfe, dynamisch		
Kontraste	**und**	
....		
BLICKEN		
Fixation	**SCHREIBEN**	
Beidäugige Koordination		
Reflexe		
....		

Abbildung 1: Schema von Teilfunktionen beim Lesen und Schreiben.
Jede der links aufgeführten Sinnesleistung hat ihrerseits Unterfunktionen und jede der oben beispielhaft aufgeführten Leistungen hat auch wieder Unterfunktionen. Alle – und andere hier nicht aufgeführten Unterfunktionen – müssen beim Lesen und Schreiben zusammenarbeiten.

Das Zusammenspiel von mehreren Unterfunktionen muss erkannt und berücksichtigt werden, wenn eine bestimmte Leistung nicht oder nur ungenügend erbracht werden kann. Man muss damit rechnen, dass lediglich kleine Teile dieser Gesamtleistung nicht ordentlich erbracht werden und dass sie schon allein daran scheitern kann.

Diagnostische Tests

Aus alledem, was wir bisher erörtert haben, geht ganz klar hervor, dass wir Leistungen oder deren Teile bewerten müssen: Werden sie den Anforderungen entsprechend gut erbracht oder nicht, das ist immer wieder die Frage. Wenn wir uns dabei nicht auf das subjektive Urteil eines Testleiters – im Allgemeinen eines Lehrers, Psychologen oder Arztes – verlassen wollen, so bleibt uns nichts anderes übrig, als die Leistung quantitativ zu messen, d.h. ihr einen oder gar mehrere Zahlenwerte zuzuordnen. Das wird in den Schulen ja auch durch die Notengebung für die verschiedenen Fächer versucht.

Wir haben es aber nicht immer mit so bekannten Leistungen wie Lesen zu tun, sondern mit Unterfunktionen des Gehirns, die zum Beispiel beim Lesen benötigt werden. Wir müssen also diese Unterfunktionen irgendwie definieren und zwar so, dass sie quantitativ prüfbar sind. Für diese Prüfbarkeit müssen die Methoden entwickelt und sehr genau festgelegt werden. Es wird nämlich darauf ankommen, dass diese Methoden zur Prüfung einer bestimmten Unterfunktion immer ganz genau gleich angewendet werden. Denn wir werden sie verwenden, um Altersnormwerte zu ermitteln, mit denen wir dann die individuellen Werte von Testpersonen vergleichen wollen. Dabei kommt es also nicht darauf an, einen absoluten Wert für die infrage stehende Leistung zu ermitteln, sondern es kommt nur auf den Vergleich von Werten an, die aber mit genau den gleichen Methoden ermittelt wurden.

In der Wirklichkeit kommt es sogar meist darauf an, einen Wert einer Einzelperson mit dem Wert einer ganzen Gruppe oder die Werte zweier Gruppen miteinander zu vergleichen.

Ein besonderer Fall liegt vor, wenn wir die Werte einer Einzelperson vor und nach einer bestimmten Zeit – z.b. vor und nach einem Training einer nicht altersgerechten Funktion – vergleichen wollen. Dann steht hauptsächlich der Vergleich zweier Zahlen im Vordergrund.

Während solche Tests für eine ganze Reihe von Leistungen bekannt sind und sogar kommerziell erworben werden können, fehlt oft die genaue Altersnormierung. Das ist wie ein Thermometer ohne Skala. Im Grunde genommen sind solche Tests wertlos. Das Problem liegt darin, dass die Normierung einen großen Aufwand bedeutet. Dieser Aufwand ist deswegen so groß, weil die Messwerte in der Regel ganz entscheidend vom Alter abhängen und weil die Einzeldaten innerhalb einer Altersgruppe meist erheblich streuen. Das bedeutet, dass man sehr sehr viele Menschen testen muss, um brauchbare Normdaten zu ermitteln. Nehmen wir ein Beispiel: Sagen wir eine Entwicklung verläuft nach Schuleintritt (Alter = 6 Jahre) bis kurz vor Schulende (Alter = 17 Jahre). Das sind 12 Jahrgänge. Wollen wir für jeden Jahrgang nur 15 Kontrollpersonen untersuchen, so benötigen wir schon 180 Kinder und Jugendliche. Dabei ist 15 eine kleine, oft nicht ausreichende Anzahl. Gibt es Unterschiede zwischen den Geschlechtern, so kann sich diese Zahl auch noch verdoppeln.

Wir werden in diesem Buch neue Testverfahren besprechen, bei denen diese Mühe nicht gescheut wurde. Wir werden die Normdaten zeigen und den Vergleich mit den Daten bestimmter Zielgruppen sichtbar und zählbar darstellen. Damit kommen wir den Ansprüchen, die man heute an eine moderne Diagnostik stellen kann, ein paar Schritte näher.

Gerade seitens der Pädaudiologen und Phoniater wurde und wird auf die Notwendigkeit von standardisierten Tests der Wahrnehmungsverarbeitung hingewiesen [Steinhausen, 2001]. Gleichzeitig wird auch bemängelt, dass es zwar einschlägige Begriffe gibt, die auf solche Tests hoffen lassen, die aber dann doch eine schwammige Definition haben, sodass aus ihnen gar keine quantitative Messung mit Allgemeingültigkeit erwartet werden kann. Zu solchen viel versprechenden Begriffen gehört z.b. der der phonologischen Bewusstheit, auf den wir bei der genaueren Besprechung der sprachgebundenen und der sprachfreien auditiven Unterscheidungsfähigkeit noch stoßen werden.

Ebenso machen die Augenärzte darauf aufmerksam, dass es neben Sehstörungen, die im Auge selbst begründet sind, auch zu Verarbeitungsstörungen im Gehirn und zu Bildaufnahmeproblemen durch schlechte Steuerung der Augenmuskeln kommen kann. Aber – noch eklatanter als in der Ohrenheilkunde – fehlt es auch hier noch an quantitativer Diagnostik und erst recht an übenden therapeutischen Hilfen.

Mit quantitativen Verfahren in Händen ist es leichter, symptomspezifische Trainingsmethoden zu entwickeln und deren Wirksamkeit zu prüfen. Man kann sehen, ob das einzelne Kind sich in bestimmter Hinsicht verbessern konnte, in anderer Hinsicht aber eventuell nicht. Eine symptomspezifische Behandlung oder Hilfe ist auf quantitative Diagnostik angewiesen, wenn sie die Möglichkeit einer Wirksamkeitsüberprüfung überhaupt zulassen soll.

Training und Wirksamkeit

Obwohl eine gute, zuverlässige Wahrnehmung schon für sich genommen erstrebenswert ist und besonders bei schwierigen Lernprozessen, die auf Wahrnehmung angewiesen sind, gewährleistet sein sollte, möchte man gerne, dass eine Verbesserung der Wahrnehmungsfunktionen sich in Erleichterung beim Lernen zeigt. Der Nachweis solcher Wirkungen wird eventuell bei einzelnen Kindern deutlich sein und keiner weiteren Prüfung bedürfen, aber besser ist es, gezielte Studien zu haben, aus denen man genauer lernt, wie wirksam ein bestimmtes Trainingsverfahren in Bezug auf eine bestimmte Lernleistung ist.

Dazu benötigt man nicht nur die quantitativen Messungen der infrage stehenden Wahrnehmungsleistung, sondern auch quantitative Maße für den infrage stehenden Lernprozess.

Leider werden in solchen Studien aber auch (oft notwendigermaßen) experimentelle Situationen geschaffen, die mit dem Alltag (meist dem Schulalltag) nicht viel zu tun haben, so dass die Studienergebnisse sich eigentlich nicht übertragen lassen. Sie bekommen einen akademischen Wert, der den Theoretikern nutzt und den Einsatz der Hilfsmethode wissenschaftlich rechtfertigt, aber für die praktische Anwendung gar nicht unbedingt maßgeblich sein muss.

1. Entwicklung

In diesem Teil wird die normale Entwicklung der Sinnesverarbeitung für die Bereiche Hören, Sehen, Blicken und Zählen dargestellt. Dabei werden die Untersuchungsmethoden genau geschildert. Sie bilden die Grundlage für die Diagnostik, die man nur durch Vergleich der Normdaten (Daten von "normalen" Kontrollpersonen) mit denen der Testperson (des "Patienten") gewinnt.

1.1 Allgemeine Entwicklung von Hirnfunktionen

Der Mensch hat sich in Millionen von Jahren aus seinen tierischen Vorfahren entwickelt: Er ist zur "Krone der Schöpfung" geworden. Neben der Vergrößerung der Hirnoberfläche durch Furchenbildung hat die Entwicklung des frontalen Gehirns den Hauptanteil an dieser Auszeichnung. Von hier werden tatsächlich auch die meisten Funktionen gesteuert, die den Mensch von den Tieren unterscheiden. Mit dem Verlust des frontalen Teils des Gehirns verliert ein Patient sein menschliches Verhalten. Eine Übersicht dieses wichtigen Teils des menschlichen Gehirns findet man in dem Buch "Frontalhirn" [Förstl, 2002].

Diese Entwicklung über mehrere Millionen Jahre nennt man die stammesgeschichtliche oder phylogenetische Entwicklung. In einem dagegen winzigen Zeitraum von nur neun Monaten entsteht ein (fast) fertiger Mensch. Nach einem genetischen Plan entwickelt sich aus nur einer einzigen Zelle der gesamte Körper mit all seinen Organen. Diese individuelle Entwicklung nennt man die ontogenetische Entwicklung. Sie beginnt genau mit dem Zeitpunkt der Befruchtung der Eizelle und man hat sich nicht darauf festgelegt, wann genau sie aufhört. Mindestens dauert sie aber bis ins Erwachsenenalter, also bis zum Alter von 18 oder 20 Jahren.

Der neugeborene Mensch ist also nicht ganz fertig. Im Gegenteil: Kein anderes Lebewesen kommt so unfertig zur Welt wie der Mensch. Das ist ein ganz gehöriges biologisches Risiko: Der Säugling kann sich nicht selbst ernähren, er kann Gefahren nicht erkennen und nicht vor ihnen flüchten. Bis diese grundlegenden Fähigkeiten einer biologischen Autonomie erworben sind, dauert es mehrere Jahre.

Während die inneren Organe ihren eigenständigen Dienst sehr rasch nach der Geburt aufnehmen, sind die Bewegungs- und die Sinnessysteme zwar nahezu fertig "gebaut", aber sie funktionieren eigentlich noch gar nicht richtig. Um wirklich "fertig" zu werden, benötigt der einzelne Mensch weitere 10 bis 20 Jahre, in denen er wächst und die verschiedensten Lernprozesse mehr oder weniger schnell und mehr oder weniger vollkommen durchläuft. Das Wesentliche, was sich in diesen Jahrzehnten ändert und sich überhaupt wirklich ändern kann, sind die Funktionen des Gehirns. Sie können sich tatsächlich sehr deutlich weiter entwickeln, weil das Geflecht der Nervenzellen lernfähig ist.

1.1 Allgemeine Entwicklung von Hirnfunktionen

Den Nachteilen der Unreife bei der Geburt stehen damit die Vorteile einer langen Lernperiode gegenüber. Das noch unfertige Gehirn ist gleichzeitig ein formbares Gehirn, es kann sozusagen noch leicht so oder so programmiert werden, weil es für das Neue noch offen ist. In der Zeitdauer der Lernfähigkeit liegt eventuell auch ein entscheidender Unterschied zwischen Mensch und Tier verborgen.

In diesem Abschnitt beschäftigen wir uns mit dem Thema der Entwicklung und gehen dabei nicht auf die rein körperlichen Aspekte, sondern auf die verschiedenen Hirnfunktionen ein. Besonders werden die Sinnesfunktionen betont, weil sie die Grundlage für das Erlernen höherer Hirnleistungen darstellen, und weil auch sie sich erst entwickeln und erlernt werden müssen. Der weiter interessierte Leser kann sich in dem neu erschienenen Buch mit dem Titel "Lernen" informieren, in dem aus der Sicht des Neurologen und Psychiaters die Bedeutung der Lernfähigkeit des Gehirns dargestellt und mit vielen Beispielen belegt ist [Spitzer, 2002].

Am Ende dieses Teils werden wir die quantitativen Daten zur Entwicklung spezieller Sinnesfunktionen des Hörens, des Sehens und des Blickens besprechen. Das Zählen, obwohl keine eigentliche Sinnesfunktion im engeren Sinn, wird im Anschluss an das Blicken dargestellt, weil die Mengenvorstellung, die dem Zahlbegriff wahrscheinlich zugrunde liegt, in aller Regel aus einer besonderen Sehleistung hervorgeht oder zumindest durch eine Sonderleistung des Sehsystems gefördert wird.

1.1.1 Phylogenetische und ontogenetische Entwicklung

Wenn wir die Entwicklung des einzelnen Menschen betrachten – seine ontogenetische Entwicklung – sind wir gut beraten, uns zunächst einmal anzuschauen, ein welch ungeheuer kompliziertes Gebilde entstanden ist, wenn es denn vollständig entwickelt ist. Ganz davon abgesehen, dass auch Tiere unglaublich komplexe Gebilde darstellen, ist der Mensch ein noch komplexeres Wesen. Zwar sind uns viele Tiere körperlich überlegen, z.B. nach Kraft oder Geschicklichkeit, aber wenn es um die Leistungen des Gehirns geht, stellt der Mensch mit einem gewissen Recht den Anspruch auf die "Krone der Schöpfung".

Vor allem das Gehirn des Menschen ist ein geradezu ungeheuer komplexes Gebilde: Es ist das bei weitem komplexeste System, das wir bis heute kennen. Soweit es die frühe Entwicklung bis zum 5. Lebensjahr betrifft kann man in einem umfangreichen Werk lesen, wie eine Ärztin und Mutter diesen Zeitraum beurteilt und erlebt [Eliot, 2002].

Die moderne Erforschung der Tierwelt, insbesondere der Affen, zeigt allerdings, dass diese Vorrangstellung (Primaten-Stellung) des Menschen vielleicht nur auf bestimmte Bereiche zutrifft. So lernen wir, dass auch die Tiere untereinander eine Sprache sprechen, die wir (noch) nicht verstehen. Zwar verfügen sie nicht über die motorischen Sprachwerkzeuge, die für die menschliche Sprache benötigt werden, aber sie haben die Möglichkeit, Laute zu erzeugen, die wir Menschen gar nicht und wenn, dann nur schwer und unvollkommen erlernen können, und mit denen sie sich untereinander verständigen.

Anders sieht es aus, wenn wir die Schriftsprache ins Feld führen. Sie dokumentiert in eindrucksvoller Weise die Vorrangstellung des Menschen. Wir werden sehen, dass diese Fähigkeit eine absolute Neuerwerbung in der phylogenetischen Entwicklung des Menschen darstellt. Schon aus diesem Grund ist es beliebig unwahrscheinlich, dass wir so etwas wie ein Lese- oder Schreibzentrum im Gehirn besitzen, denn in den ca. 5000 Jahren seit der Erfindung von Schriftsprachen und erst recht in den erst ca. 200 Jahren seit Einführung der Schulpflicht kann sich ein solches Zentrum nicht durch genetische Mutationen entwickelt haben.

Am derzeitigen Ende unserer biologischen phylogenetischen Entwicklung steht unser Erbgut, über das wir als Menschen heute verfügen. Angesichts des scheinbar großen Unterschieds zwischen Mensch und Tier ist es sehr erstaunlich, dass eben dieses Erbgut (das Genom) sich nur in 2% von dem der Affen unterscheidet: Fast alle Vorschriften für unsere ontogenetische Entwicklung sind identisch. Und dennoch entsteht – wie wir meinen – etwas ziemlich anderes: Ein Mensch.

Die beiden Hauptgründe liegen darin, dass einerseits tatsächlich bis zur Geburt nicht genau das gleiche entstanden ist, und dass andererseits spätestens mit der Geburt die Umwelt- und Umfeldeinflüsse auf den Organismus zu wirken beginnen. In den folgenden Jahren wird vor allem das noch unfertige Gehirn programmiert. Es wird sich an die Herausforderungen des Lebens anpassen und Leistungen automatisieren, die zur Bewältigung des Alltags nützlich bzw. notwendig sind. Wenn man so will, wird das Nervensystem in seinen inneren und funktionellen Strukturen programmiert.

Das heißt nicht, dass sich neben dem allgemeinen Wachstum nicht auch noch andere körperliche Veränderungen abspielen. Aber diese sind meist mitgeprägt von dem, was der einzelne Mensch bereits erfahren und gelernt hat. Es kann aber auch zu Änderungen kommen, die davon vollkommen unabhängig sind. Dazu gehören z.b. schädliche Umwelteinflüsse und falsche Ernährung. Beides kann zu Krankheiten und sogar zu Schädigungen des Erbguts führen. Jeder Eingriff in das sich entwickelnde System kann – sei es sofort oder zeitverzögert – zu Problemen führen.

Der Mensch steht daher vor einer der größten Herausforderung seiner Entwicklung: Er muss dafür sorgen, dass sein Erbgut nicht geschädigt wird, und er muss dafür sorgen, dass die genetischen Pläne durchgeführt werden und die Lernprozesse des Lebens erfolgreich durchlaufen werden können. Nur was phylogenetisch ermöglicht wird, kann sich entfalten. Aber dazu braucht es auch die Herausforderung, die Notwendigkeit zur Anpassung und erfolgreiche Lernprozesse, mit denen Möglichkeiten zu Wirklichkeiten werden.

Als einzelne können wir uns zwar an der Erhaltung einer lebenswerten und lebensmöglichen Umwelt beteiligen, aber wirklich Entscheidendes können wir nur gemeinsam mit den anderen Staaten und Völkern erreichen. Dagegen können wir sehr viel für unsere eigene Entwicklung und die unserer Kinder tun, wenn wir lernen, was möglich und nötig ist, und wenn wir lernen, wie wir sicherstellen können, dass die Entwicklungsziele erreicht werden.

In diesem Buch werden wir uns auf die Hirnfunktionen der Sinnesverarbeitung konzentrieren, denn hier gibt es neue Erkenntnisse mit objektiven Daten.

1.1.2 Reifung

Der Begriff der Reifung ist sehr allgemein. Er wird z.B. auch bei Pflanzen verwendet. Er steht für eine Art der Entwicklung, die nach festgelegten Regeln abläuft, nach denen sich etwas ent-wickelt, was irgendwie schon vorbestimmt ist. Im Fall des Nervensystems sind aus der ursprünglichen Eizelle durch Zellteilung und Zelldifferenzierung unter anderen eine Gruppe von ganz besonderen Zellen entstanden, die Nervenzellen. Sie haben vier Hauptmerkmale als Besonderheit:

i sie können sich zum Signaltransport mit mehr oder weniger dünnen Fortsätzen über weite Strecken ausdehnen,

ii sie haben in der Regel ihre Teilungsfähigkeit verloren,

iii sie können von anderen Nerven- oder Rezeptorzellen elektrische Signale aufnehmen und über Kontaktstellen (Synapsen) an andere Nervenzellen weiterleiten,

iv Kontaktstellen können sich neu bilden, andere, die es schon gab, können sich auflösen und bestehende Kontakte können ihre Übertragung verstärken (verbessern) oder auch abschwächen.

Während der Reifung des Nervensystems muss die Zelldifferenzierung stattfinden und die Nervenzellen müssen sich zu funktionellen Gruppen anordnen. Sie müssen ihre Fortsätze bilden und auswachsen lassen, um so Kontakte zu anderen Nervenzellen in anderen, zum Teil auch weit entfernt liegenden Gruppen aufzunehmen.

Bei der Geburt ist vieles von dem bereits geschehen, aber bei weitem ist noch nicht alles fertiggestellt. So fehlt z.B. den langen Zellfortsätzen (Axonen) die sog. Markscheide, mit der diese Fortsätze umschlossen werden müssen. Nur mit dieser Markscheide können die elektrischen Impulse rasch genug über weiter Strecken geleitet werden. Das funktioniert im ersten Lebensjahr noch nicht vollständig: Babies können noch nicht das Laufen lernen, sie sehen und hören noch nicht perfekt und die Koordination zwischen den noch unvollständigen Sinnesleistungen und den Bewegungen funktioniert dementsprechend schlecht.

Besonders wichtig ist die Eigenschaft der fehlenden Nervenzellteilung, denn das bedeutet, dass eine einmal in einem Netz eingebaute Nervenzelle in aller Regel nicht ersetzbar ist, wenn sie verloren gegangen sein sollte.[1] Deswegen sind Krankheiten und Vergiftungen, bei denen Nervenzellen sterben, so gefährlich. Bei einem durch Alkohol verursachten Vollrausch sterben tausende von Nervenzellen und sind unwiederbringlich verloren.

Zur Reifung gehört auch, dass die Zellen Kontakt untereinander aufnehmen. Obwohl dies zunächst nach genetisch festgelegten Regeln ge-

---

[1] In einem begrenzten Maße können eventuell andere Zellen die funktionelle "Lücke" füllen.

schieht, werden am Ende doch nur solche Kontakte erhalten, die auch benötigt und deswegen benutzt wurden.

Von besonderer Bedeutung für unser Thema ist der Umstand, dass die bestehenden Kontakte verstärkt oder vermehrt, aber auch geschwächt oder aufgelöst werden können. Auch dies geschieht je nach Benutzungshäufigkeit, besonders nach erfolgreicher Benutzungshäufigkeit. Hier erkennt man unmittelbar, wie wichtig es ist, Funktionsabläufe, die man erlernen möchte, oft zu wiederholen. Darauf kommen wir später zurück (Kapitel 3.1.2, Seite 154).

1.1.3 Bewegungsfunktionen

Wir wollen nicht darüber diskutieren, wo und wann Reifung aufhört und Entwicklung durch Lernprozesse anfängt. In Wirklichkeit gehen diese Prozesse wenigstens teilweise gleichzeitig vor sich und greifen in einander.

Am deutlichsten, weil unmittelbar sichtbar, ist die Entwicklung der Bewegungsabläufe, vor allem des aufrechten Gangs. Man soll sich aber darin nicht täuschen, dass der aufrechte Gang angeboren und dem Menschen in die Wiege gelegt sei. Wir können das aufrechte Gehen erlernen, weil wir die anatomischen Voraussetzungen dazu entwickeln können, aber wir müssen eine gar nicht mal so kurze Übungsphase durchlaufen, um diese physikalisch vollkommen "unnatürliche" Art der Fortbewegung zu erlernen. Ja, wir müssen sogar ein Leben lang daran arbeiten, diese Fähigkeit wirklich gut zu beherrschen und sie zu behalten.

Man mag dazu neigen, der Entwicklung der Beinmuskulatur für den aufrechten Gang die größte Bedeutung beizumessen, weil man diesen Fortschritt sehen kann. In Wirklichkeit benötigen wir aber neben den Muskeln eine ganze Reihe von sensorischen Systemen für die scheinbar rein motorische Leistung. Dazu gehören die Muskelspindeln, die ihre Meldungen an das Rückenmark zurücksenden; wir benötigen unseren Gleichgewichtssinn mit seinem Sinnesorgan im Innenohr, um die Beinmuskulatur so zu steuern, dass wir nicht umfallen, und wir benötigen wenigstens einen Teil unseres Sehsystem, damit wir Dingen aus dem Weg gehen können oder um sie zu benutzen, wenn wir uns z.B. festhalten wollen oder müssen.

Man sieht an diesem Beispiel auch deutlich, dass die Bewegungen eigentlich meist komplexe Bewegungs*abläufe* sind, bei denen viele Einzelbewegungen miteinander koordiniert werden müssen. Diese Koordination muss auch mühsam erlernt werden. Sie ist uns am allerwenigsten in die Wiege gelegt. Wir müssen lernen, dass nicht jede Einzelbewegung einfach reflektorisch stattfindet, sondern erlaubt oder verboten sein muss je nachdem, ob und wann sie in einem bestimmten Ablauf benötigt wird oder stören würde. Dies geschieht hauptsächlich durch das Großhirn. Es sorgt für eine gezielte Hemmung der Reflexe, die man beim Baby z.b. noch isoliert auslösen kann, mit voranschreitender Entwicklung aber nicht mehr. Ein Beispiel ist der Babinski-Reflex, durch den die Fußzehen sich krümmen, wenn man über die Fußsohlen streicht. Dennoch führen diese Reflexe ein geheimes verborgenes Leben. Sie können sogar im Erwachsenenalter wieder isoliert auslösbar werden, sind dann allerdings Zeichen einer neurologischen Erkrankung.

Die Eltern üben den aufrechten Gang mit ihren Kindern ohne besondere Aufforderung durch einen Kinderarzt oder Erzieher. Sie wissen es einfach von alleine, dass geübt werden muss, was möglichst bald und möglichst gut beherrscht werden soll. Schon bald sieht das Kind auch die anderen als Vorbilder und beginnt mit Eigenversuchen, indem es sich hochzieht und erste eigene Schritte probiert. Jeder, der gesehen hat, wie Babies zu Kleinkindern werden, erinnert sich an die ungezählten Bauchlandungen und schier unermüdlichen Neuanläufe.

Was hier am Beispiel des aufrechten Gangs kurz erörtert wurde, gilt sinngemäß auch für andere Bewegungsabläufe. So wird das Kleinkind durch tägliches Probieren bald lernen, sich selbst mit dem Löffel zu füttern. Anfänglich wird der Mund nicht gut getroffen und der Brei verschmiert alsbald Gesicht und Hals. Aber es wird besser und besser, je länger geübt wird.

Eine wenig untersuchte und meist zu wenig beachtete Rolle unter den Bewegungen spielen die Augenbewegungen, obwohl sie für viele andere Funktionen sehr wichtig sind. Dies liegt wahrscheinlich daran, dass wir die Augenbewegungen dem Sehprozess zuordnen, dabei aber vergessen, dass der Sehprozess ohne Augenbewegungen gar nicht recht funktioniert. Diesen Fehler werden wir hier nicht wiederholen und den Augenbewegungen später einen besonderen Abschnitt widmen (Kapitel 1.2.3 auf Seite 78).

1.1 Allgemeine Entwicklung von Hirnfunktionen

Eine besondere Rolle für die Entwicklung des Menschen spielt die Sprachentwicklung, auf die wir weiter unten eingehen. An dieser Stelle sei nur daran erinnert, dass zur Sprachproduktion die Sprechwerkzeuge in Hals, Mund, Zunge und Lippen entwickelt und durch tägliche Benutzung geschult werden müssen. Das geht aber nur mit Hilfe von Sinnesfunktionen, wie etwa denen des Hörens und des Sehens.

1.1.4 Sinnesfunktionen

In diesem Abschnitt wollen wir uns mit der Entwicklung von Sinnesfunktionen beschäftigen. Dabei werden die meisten Sinnessysteme nur kurz angesprochen und nach ihrer Natur und nach ihrer Bedeutung für den Menschen beschrieben. Entwicklungsverläufe werden aber schlussendlich nur für besondere Sinnesfunktionen dargestellt, für die es auch neue Daten gibt. Dabei wird es um die Sinnesverarbeitung im Gehirn gehen, also um physiologische Prozesse, die noch vor der bewussten Wahrnehmung durchlaufen werden, aber nicht von den Sinnesorganen selbst geleistet werden können.

Man unterscheidet traditionsgemäß fünf Sinnessystem, die berühmten fünf Sinne, die man beieinander haben muss:
- Riechen (der Geruch)
- Schmecken (Geschmack)
- Sehen (das Gesicht)
- Hören (das Gehör)
- Fühlen (Gefühl)

Das sind aber bei weitem nicht alle Sinnessysteme, über die der Mensch verfügt. Zu nennen wäre noch der Gleichgewichtssinn im Innenohr, da sind die Dehnungsrezeptoren in den Muskeln, die Temperaturempfindung an bzw. in der Haut, die man unterscheiden muss von den Druckrezeptoren, die auch in der Haut liegen. Auch die Schmerzempfindung zählt zu den Sinnessystemen. Die Unvollständigkeit der kleinen Liste von oben mit nur 5 Sinnen beruht wahrscheinlich darauf, dass man die anderen Sinne erst später als solche entdeckt und erforscht hat.

Die einzelnen Sinne haben sehr unterschiedliche Bedeutung für uns Menschen. Zum Beispiel ist das Riechen für unsere Raumorientierung und für unseren Wissenserwerb ziemlich unbedeutend. Die geringen alltäglichen Anforderungen an dieses System führen dazu, dass wir es nicht (mehr) weit entwickeln. Es ist schon während der Phylogenese beim Menschen ins Hintertreffen geraten, weil der Mensch andere Sinne bevorzugt hat und andere Sinne wichtiger waren für den Bestand des Menschen. So hält auch unsere Sprache für die Geruchswahrnehmung nur wenige spezifische Wörter bereit. Wir benennen die verschiedenen Gerüche nach den Pflanzen oder Tieren, die so riechen, weil es keine eigenen Bezeichnungen dafür gibt. Das Wort "Riechen" selbst wird sowohl für die passive Wahrnehmung des Geruchs verwendet als auch für das aktive Riechen: "Das Heu riecht gut."

Die Erforschung des Riechens ist auch erschwert – etwa im Vergleich zum Sehen, weil sich Geruchsreize schwer in einer quantitativ kontrollierbaren Weise herstellen lassen.

Ganz ähnliches gilt für das Schmecken, das klassischerweise allerdings nur vier Qualitäten kennt: salzig, süß, sauer und bitter[2]. Alles andere, was wir zu schmecken glauben, nehmen wir über den Geruchssinn wahr. Das weiß jeder, der einmal einen tüchtigen Schnupfen hatte und sich darüber ärgern musste, dass sein Lieblingsgericht absolut nach nichts schmeckte.

Besonders wortarm ist der Sinnesbereich der Schmerzempfindung. Wir können zwar meist sagen, wo uns etwas weh tut, aber wenn wir den Schmerz selbst beschreiben sollen, müssen wir auf Wörter aus anderen Bereichen zurückgreifen: Wir sprechen beispielsweise vom "stechenden" oder "brennenden" Schmerz, von leichten oder großen Schmerzen.

So wenig Bedeutung auch manche Sinne für die Raumorientierung und den Wissenserwerb haben und so wortarm sie auch sein mögen, so spielen sie für unser individuelles Leben doch eine wichtige Rolle. Aber in diesem Buch sollen sie nur der Vollständigkeit halber erwähnt werden.

Wir wollen hier zunächst noch festhalten, dass alle Sinnesfunktionen, egal wie wichtig sie sind, erlernt werden müssen. Die einen werden dabei bevorzugt und wir bringen es zu ganz erstaunlichen Leistungen, die anderen werden nicht so gefordert (gefördert) und bleiben daher auf einem eher niedrigen Niveau.

Hören und Sehen: Wirklich wichtig sind für den Menschen natürlich das Hören und das Sehen. Diesen beiden Sinnesfunktionen werden wir

---

[2]Neuerdings wird ein fünfter Geschmack diskutiert, der in höheren Konzentrationen in fernöstlichen Gerichten vorkommt und durch spezielle Glutamat-Rezeptoren wahrgenommen wird

1.1 Allgemeine Entwicklung von Hirnfunktionen

daher eigene Abschnitte widmen, wenn es später um die Sinnesverarbeitung gehen wird (Kapitel 1.2 auf Seite 57).

Zunächst erscheint es verwunderlich, dass auch Hören und Sehen als aktive Leistungen des Gehirns erlernt werden müssen. Die Wahrnehmungen erscheinen uns als passive Prozesse, die ohne unser Zutun sozusagen von alleine in unserem Gehirn stattfinden, die wir auch gar nicht verhindern können. Indessen handelt es sich aber um aktive Prozesse: Wir sehen nicht, was um uns herum ist, sondern das, was unser Gehirn durch Bearbeitung der Meldungen von den Augen daraus macht. Besonders eindrucksvoll kann man das "vor Augen führen", wenn man optische Täuschungen betrachtet. Dazu gibt es zwei wunderbare Bücher, die optische Täuschungen aller Art zeigen [Rodgers, 1999]; [Seckel, 2001].

Schließlich wollen wir nicht vergessen, dass die Nutzung von Hören und Sehen ohne Gedächtnis nicht funktioniert: Sehen ist meist ein "Wieder-Sehen". Wir erkennen etwas, das wir jetzt sehen, als das wieder, was wir schon einmal gesehen und kennen gelernt haben. Wir erinnern das Wort, das diesem Sehding zukommt, und können das Gesehene benennen. So erkennen dann andere, dass wir es gesehen haben.

Hören und Sehen erscheinen uns als isolierte Sinnessysteme, die unabhängig von einander genutzt werden können. Das stimmt auch. Aber wir sollten darüber nicht vergessen, dass biologisch gesehen nichts für sich alleine und als Selbstzweck entsteht. So stehen Hören und Sehen im Dienst der Raumorientierung: Wir müssen wissen, was wo im Raum ist, um dorthin zu gehen, dort etwas zu ergreifen oder eben gerade umgekehrt, die entsprechenden Dinge an ihren Orten zu umgehen oder nicht zu berühren.

An dieser Stelle wollen wir die Unterschiede und Ähnlichkeiten des Sehens und des Hörens kurz besprechen. In beiden Bereichen haben wir zwei paarig angelegte Sinnesorgane, ein rechtes und ein linkes. Der erste Unterschied besteht darin, dass beide Ohren immer die Meldungen von einer Schallquelle empfangen können und dass diese Schallquelle überall sein kann, auch hinter uns. Dagegen können die beiden Augen die optischen Signale von einem Sehreiz nur aufnehmen, wenn sich der Reiz nahe genug bei der Mitte unseres Gesichtsfeldes vor uns befindet. Ist er zu weit davon entfernt, oben, rechts oder links oder befindet er sich sogar hinter uns, so wird er entweder von nur einem Auge gesehen werden oder gar nicht.

Diese "Schwäche" gegenüber den Ohren wird z.T. dadurch ausgeglichen, dass die Augen die Möglichkeit haben, sich zu bewegen: So kann ein Reiz, der zu weit rechts oder links auftaucht und zunächst nur von einem Auge gesehen wird, durch eine Kopfbewegung innerhalb kürzester Zeit angepeilt und mit einer Sakkade (einem raschen Blicksprung) in die Mitte "geholt" werden, soll heißen, in die Mitte der Netzhaut beider Augen. Dort kann er dann mit großer Sehschärfe und hoher Kontrastempfindlichkeit sehr gut gesehen werden. Die Bewegungen der Augen sind also notwendig und nützlich zugleich. Gegenüber dem Hören entstehen dadurch aber auch Komplikationen in der Sehverarbeitung. Schließlich wird mit jeder Augenbewegung das Bild auf der Netzhaut ruckartig verschoben, ohne dass wir diese Bewegung als solche wahrnehmen.

Hier ist es zunächst nur wichtig, dass auch die Steuerung und Kontrolle der Augenbewegungen erlernt werden müssen, eine Lernaufgabe, die dem Hörsystem sozusagen erspart bleibt, weil wir die Ohren nicht bewegen.

Das Hören ist nicht so sehr auf die genaue räumliche Lokalisation ausgerichtet wie das Sehen. Man erkennt es schon daran, dass das Netzhautbild sozusagen nach Ortswerten gegliedert ist: Was sich nahe bei einander im Raum befindet, wird auch nahe bei einander auf der Netzhaut abgebildet. Dieses sogenannte retinotope Prinzip wird auch in vielen Verarbeitungsstufen im Gehirn beibehalten. Anders beim Hören: In der Schnecke des Innenohres sitzen natürlich auch Schallrezeptoren neben einander, aber der Schall wird in der Schnecke sozusagen nach Frequenzen sortiert: Töne benachbarter Tonhöhe (Frequenz) werden von benachbarten Rezeptoren aufgenommen, auch wenn sie von weit von einander entfernten Schallquellen ausgesendet wurden. Man spricht von einem tonotopen Prinzip.

Einer der funktionell wichtigsten Unterschiede zwischen Hören und Sehen ist der Umstand, dass wir zum Erlernen der Sprache ganz wesentlich auf genaues Hören angewiesen sind. Deswegen sind stumme Menschen meist taubstumm. Im Gegensatz dazu spielt das Sehen eine viel größere Bedeutung beim Erlernen des Lesens und Schreibens, also der Schriftsprache. Darauf kommen wir später zurück, wenn wir über Kinder sprechen, die das eine oder andere nicht gut erlernen können.

Im übrigen arbeiten natürlich Sehen und Hören immer zusammen, vorausgesetzt, wir haben es erlernt. Beispielsweise müssen wir lernen, die

1.1 Allgemeine Entwicklung von Hirnfunktionen

gehörten und eventuell auch schon selbst ausgesprochenen Wörter Dingen zuzuweisen, die wir sehen. Wie anders kann man sonst der Aufforderung nachkommen: Gib mir mal den Löffel.

1.1.5 Sprachentwicklung

Obwohl wir schon ein wenig von der Sprachentwicklung gesprochen haben, wollen wir ihr wegen ihrer großen Bedeutung für unser Leben einen eigenen, wenn auch nur kurzen Abschnitt widmen. Es gibt ganze Bücher über Sprachentwicklung und ihre Störungen. Besonders empfehlenswert ist das Buch von E. Hartmann, der den Leser auch in die Forschung und deren Probleme einführt [Hartmann, 2002].

Zunächst bemerken wir, dass die Sprache sozusagen von alleine erlernt wird und zwar schon sehr früh im Leben. Die Fähigkeit zur Sprachbeherrschung ist sozusagen eine biologische Eigenschaft des Menschen und sie hat in der stammesgeschichtlichen Entwicklung des Menschen eine große selektive Bedeutung. Das Hören hilft uns beim Erwerb der Sprache, ja ohne gut zu hören, können wir eine Sprache kaum und wenn dann nur schwer und unzuverlässig erlernen. Es grenzt daher an ein Wunder, dass dieser außerordentlich komplexe Lernvorgang so früh einsetzen und schon nach wenigen Jahren, jedenfalls vor Beginn des Schulalters weitgehend abgeschlossen sein kann. Dabei werden die verschiedensten Dialekte erlernt, in denen die kompliziertesten Laute vorkommen können. Nichts scheint uns zu schwer zu sein. Und wenn wir in einem fremden Land aufwachsen, lernen wir eben die dortige Sprache. Es kann also nicht die Sprache selbst sein, die wir erben, sondern die Fähigkeit, eine Sprache (oder auch mehrere) zu erlernen.

Besonders erstaunlich ist es, dass dieser Sprach-Lernprozess in aller Regel und weitgehend ohne pädagogische Anleitung erfolgen kann. Insbesondere benötigen wir keine Kenntnisse der Grammatik. Offenbar ist Sprache etwas, was uns sehr viel mehr als Möglichkeit in die Wiege gelegt wurde als Schriftsprache, die wir nämlich nur schwer und viel später im Leben erlernen.

Wer sich mit der ontogenetischen Entwicklung der Sprache beschäftigen möchte, muss sich notwendigerweise auch mit der Struktur der Sprache, oder besser der Sprachen, beschäftigen. Natürlich übersteigt dies bei weitem den Rahmen dieses Buches. Wir können und wollen uns hier nur vor Augen führen, was dem Erlernen jeder Art von Sprache (gemeint ist Lautsprache, nicht etwa Zeichen- oder Bildersprache) zugrunde liegt.

Wie schon erwähnt, spielt dabei das Hören eine entscheidende Rolle. Dies ist schon lange erkannt und in den letzten Jahren besonders beachtet worden. Es entstand sogar ein eigener neuer Begriff "phonologische Bewusstheit". Leider fehlt ihm eine eindeutige Definition und erst recht eine eindeutige Vorschrift dafür, wie sie gemessen wird. Damit fehlt diesem Begriff eine naturwissenschaftliche Grundlage. Das ist insofern bedauerlich, als der eine oder andere Versuch, Tests zur Messung der phonologischen Bewusstheit zu etablieren, zeigt, dass hier die Lücke zwischen einfachen Hörvorgängen der Lauterkennung und dem schlussendlichen Verstehen von gesprochener Sprache geschlossen werden sollte. Dass dafür eine Notwendigkeit besteht, wird eigentlich von niemandem ernsthaft bestritten.

Wir kommen darauf wieder zurück, wenn wir uns näher mit der sprachfreien auditiven Differenzierung beschäftigen. Ausführlich wird diese Problematik der phonologischen Bewusstheit in der entsprechenden Fachliteratur diskutiert [Hartmann, 2002].

1.1.6 Schriftsprachentwicklung

Wir wollen an dieser Stelle vor allem einen Blick auf die Entwicklung der Schriftsprache während der Menschheitsentwicklung werfen, um zu sehen, welche neurobiologische Bedeutung ihr zukommt und um eventuell sofort zu erkennen, warum es uns so schwer fällt, sie zu erlernen. Man macht sich das nicht oft und nicht gründlich genug klar, dass die Schriftsprache, besonders als Buchstabensprache eine absolute Spätererwerbung in der Menschheitsentwicklung darstellt.

Wenn man ganz grob davon ausgeht, dass die phylogenetische Entwicklung des Menschen aus bestimmten Affenarten vor etwa 1 Million Jahren begonnen hat (wir können hier ganz großzügig mit einer Ungenauigkeit von mehreren hunderttausend Jahren gut leben), so ist klar, dass der Mensch die allermeiste Zeit seiner Entwicklung ohne Schriftsprache ausgekommen ist. Die Beherrschung einer Schriftsprache war kein Selektionskriterium und es bestand keine Notwendigkeit, die gesprochene Sprache in der Form von Sehzeichen als Schrift zu konservieren. Noch heute leben übrigens Hunderttausende von Menschen als Analphabeten:

1.1 Allgemeine Entwicklung von Hirnfunktionen

Sie benötigen für ihr derzeitiges Überleben auch keine Schriftsprache, sondern Trinken, Essen und eine wettergeschützte Bleibe. Sie lernen durch Hören, nicht durch Lesen.

Die Frühgeschichte lehrt uns, dass es mesnchliche Sprache seit etwa 100.000 Jahren gibt. Aber erst vor etwa 5000 Jahren gab es so etwas wie eine Schriftsprache. Aber es handelte sich um Bildersprachen: Die damaligen Menschen zeichneten sozusagen die Dinge auf, die sie sahen, und wenn jemand anderes dieses Bild sah, konnte er es mit einem Wort benennen. Bei dieser Art von Schriftsprache musste das Gehirn der Menschen nichts wirklich Neues lernen. Wer schreiben lernen wollte, musste eigentlich zeichnen lernen und das nicht einmal besonders gut. Wer lesen lernen wollte, musste nichts anderes tun, als aus den manchmal unvollkommenen Zeichnungen das richtige herauszulesen: Die Schriftsprache stellte zwar gewisse Anforderungen an das Abstraktionsvermögen der Menschen, aber ihre Elemente waren der natürlichen Welt entnommen, die die Menschen sowieso sahen und benennen konnten. Der moderne Mensch begegnet dieser Art von Bildersprache heute fast überall in der Form von Piktogrammen, z.B. auf Flughäfen oder auf den Bildschirmen der Computer, wo kleine Bildchen angeklickt werden müssen, um bestimmte Funktionen zu aktivieren. Eine Art Bildersprache hat sich unversehens in unser modernes Leben geschlichen und erfreut sich einer großen Verbreitung und Beliebtheit.

Natürlich war es auf Dauer schwierig, komplexere Zusammenhänge mit Bildern zu erfassen. Schon allein die Anzahl der notwendigen Bilder wäre so groß geworden, dass deren korrekte Zeichnung viel zu umständlich geworden wäre. Da kam die eigentlich großartige Idee auf, durch Zusammensetzen von kleinen Mengen von Elementen (Buchstaben) aus einer größeren Menge endlich vieler Elemente (Alphabet) Gebilde zu erstellen, die ein gesprochenes Wort darstellten. Die Elemente heißen bei uns Buchstaben, weil sie ursprünglich aus Holzstäben gelegt wurden, bzw. aus Zeichenelementen zusammengesetzt wurden, die wie Stäbe aussahen. In anderen Sprachen heißen sie anders, z.B. "letter" im Englischen.

Die Menge der Buchstaben ist nach den ersten Buchstaben benannt: "Alphabet" oder das "ABC". Die Bezeichnung "Alphabet" ist also nichts anderes als die Nennung der ersten beiden Buchstaben der griechischen Buchstaben: Alpha (α) und Beta (β).

Die Form der Buchstaben sind aber keineswegs der Natur abgeschaut, sondern ein Buchstabe ist eine vollkommen willkürliche Zuweisung eines zweidimensionalen abstrakten Sehzeichens zu einem Laut. Diese Festlegung zeigt sich in der Weise, wie das Alphabet gesprochen wird, also in der Zuweisung von Buchstaben zu Lauten, die in gesprochenen Wörtern vorkommen.

Während die Griechen tatsächlich für jeden Buchstaben ein eigenes Wort, den Namen des Buchstaben, benutzten, haben moderne Sprachen es versäumt, sich diese Hilfe für die Aussprache zunutze zu machen, in dem sie jedem Buchstaben nur eine Silbe zugewiesen haben. Für die Vokale A, E, I, O und U mag das kein großer Nachteil sein, aber für die Konsonanten muss man schon sehr genau sprechen und hören, um nicht einige zu verwechseln.

Beispielsweise klingen "Be" und "Pe" sehr ähnlich, ebenso "De" und "Te" und auch "eN" und "eM". Dazu kommt, dass einige Konsonanten dem Vokal, mit dessen Hilfe sie ausgesprochen werden, vorangestellt, andere dagegen angehängt sind. Ein unglückseliges Erbe, mit dem wir leben müssen.

Dass dies zu Verständnisproblemen, zu falschen akustischen Übertragungen führen kann und auch tatsächlich führt, wurde von den Telefonistinnen schon seit langem erkannt. Sie haben sich selbst geholfen, in dem sie für jeden Buchstaben einen Namen erfunden und sich dabei meist auf Vornamen von Personen beschränkt haben.

Die Tabelle auf Seite 45 gibt einige Beispiele solcher Zuweisungen und macht klar, dass in der Kürze keineswegs immer die Würze liegt. Es kann, wie hier, vorkommen, dass "praktische" kurze und schnelle Lösungen Schwierigkeiten erzeugen, die vermeidbar gewesen wären, wenn man z.B. ein paar mehr Zeichen für die vorkommenden Laute zur Verfügung hätte. Dazu schauen wir uns mal das griechische Alphabet an. Zunächst bemerken wir: Die griechischen Buchstaben haben alle einen Namen, meist sogar zweisilbig, sodass die Chance, sie akustisch zu verwechseln, sehr klein ist.

Weiterhin gibt es mehr griechische als deutsche Buchstaben. Der Selbstlaut "O" beispielsweise kann offen ausgesprochen werden, dann wird er als "Omikron" geschrieben, oder er wird geschlossen ausgesprochen, dann wird "Omega" geschrieben. Für den Mitlaut "T" gibt es im Griechischen zwei Buchstaben, nämlich "Theta" und "Tau". Wir müssen "T"

1.1 Allgemeine Entwicklung von Hirnfunktionen

und "H" hintereinander schreiben, obwohl dies eine unaussprechbare Buchstabenkombination darstellt. Besonders erstaunlich ist es, dass für den häufigsten Laut in der deutschen Sprache, für das kurze tonlose "E", kein eigener Buchstabe bereitgestellt ist. Man denke an das Wort "denke", in dem das erste e tatsächlich wie der Buchstabe "E" gesprochen wird, das zweite e aber fast tonlos bleibt.

Buchstabe	"Name"	Telefon-Name	griechischer Name	
A	A	Anton	Alpha	α
B	Be	Berta	Beta	β
C	Ce	Christoph		
D	De	Dora	Delta	δ
E	E	Emil	Eta	η
.			Epsilon	ϵ
.				
.				
O		Otto	Omikron	o
			Omega	ω
T		Theodor	Theta	θ
			Tau	τ

Mit einer Sammlung solcher Zuweisungen von grafischen Zeichen zu Lauten kann man eine große Zahl von Kombinationen bilden und versuchen, durch Aneinanderreihung eine Kombination zu erreichen, deren nacheinander ausgesprochenen Laute ein Wort wiedergeben, welches in der Sprache, die es ja schon vorher gab, vorkommt.

So entstanden nach und nach verschiedene Schriftsprachen, wie es eben auch verschiedene Sprachen gab und immer noch gibt. Eine Koordination und eine Verabredung war geschichtlich gar nicht möglich. Aber auch heute, wo wir uns eventuell auf eine Weltsprache einigen könnten, gelingt es nicht: Die Bemühungen darum hat es mit Esperanto gegeben und sie sind gescheitert.

Allen Buchstabensprachen ist gemeinsam, dass sie sich aus vollkommen unbiologischen abstrakten Elementen zusammensetzen, die man weder essen, noch trinken noch riechen kann. Sie kommen in der Natur tatsächlich überhaupt nicht vor, es sind künstlich erdachte Sehzeichen, die wir schlicht und einfach auswendig lernen müssen.

Es wundert nach diesen Überlegungen nicht mehr allzu sehr, wenn wir erfahren, dass in all den Jahrhunderten, in denen es prinzipiell schon Schriftsprache gab, kaum jemand in der Lage war, sie auch zu benutzen. Die weitaus überwiegende Zahl der Menschen waren Analphabeten. Das änderte sich nicht einmal dann, als die Druckerkunst von Gutenberg erfunden wurde. Das ist etwa 500 Jahre her. Gedruckt wurde damals vor allem die Bibel. Luther hatte sie ins Deutsche übersetzt und es wäre eigentlich möglich, dass jedermann nun die "Heilige Schrift" lesen konnte. Indessen konnte außer den Schriftgelehrten (gemeint sind die, die Schriftsprache beherrschten und damit die Heilige Schrift lesen konnten, das waren meist Priester und Mönche) kaum jemand lesen und schreiben. Nur besonders reiche Menschen konnten sich einen Hauslehrer leisten. Es galt daher als ein Zeichen niederen Standes, wenn man nicht lesen und schreiben konnte. Diese Kunst bekam also eine soziale Bedeutung, die sie leider heute noch hat, wenn auch nicht mehr so oft und so deutlich. Dennoch: Auch heute wird man noch belächelt, wenn man Schwächen beim Lesen oder Schreiben zeigt. Wenn man dann noch bedenkt, dass Bildung durch Lesen erworben wird und ungebildet leicht mit dumm verwechselt wird, so erkennt man die Herkunft des fatalen Irrtums: Wer nicht lesen und schreiben kann, ist dumm.

Erst vor rund 200 Jahren wurde die allgemeine Schulpflicht eingeführt. Jetzt durfte und musste jeder Lesen und Schreiben lernen. Das war, abgesehen vom Rechnen, tatsächlich die Hauptaufgabe der damaligen Schule und sie ist es auch heute noch, zumindest für die ersten 4 Jahre der Grundschule.

Übrigens: In den Setzkästen von Gutenberg befanden sich über 200 Zeichen. Wir haben diese Zahl auf nur 2x24 Buchstaben reduziert. Mit denen wollen wir auskommen, um den schier unendlichen Schatz an Lauten und Lautkombinationen zu Papier zu bringen, den die menschliche Stimme in der Lage ist zu erzeugen und auch tatsächlich in den verschiedenen Sprachen zur Verständigung nutzt. Einen Eindruck davon, wie schwierig, ja unmöglich dies ist, bekommt man, wenn man ein Fremdwörterbuch aufschlägt, in dem die fremde Aussprache einer Kombination bekannter Buchstaben (das fremde Wort) mit phonetischen Zeichen geschrieben wird: Die Buchstaben reichen nämlich nicht und man hat sich neue Zeichen ausdenken müssen. Man muss diese zusätzlichen Zeichen auch erst erlernen und wiederum wissen, wie diese auszusprechen sind.

1.1 Allgemeine Entwicklung von Hirnfunktionen

In neuester Zeit schleicht sich aber wieder so etwas wie Bilder- bzw. Zeichensprache ein: Wie selbstverständlich benutzen wir Zeichen, die nicht zu unserem Buchstabenreservoir gehören, als Bild für ein ganzes Wort. Die bekanntesten sind hier aufgelistet:

§ = Paragraph
$ = Dollar
% = Prozent
& = und
@ = at (sprich: et, weil englisch)

Dieses letzte Zeichen steht nicht für ein Wort und bezeichnet auch keinen Gegenstand, den man benennen könnte. Es ist eigentlich eine Art Trennzeichen, welches derzeit fast ausschließlich in E-Mail-Adressen verwendet wird, um zwei Wörter innerhalb der Adresse zu trennen. Das Sehzeichen @ kennzeichnet damit eine Buchstabenkette eindeutig als eine e-mail Adresse.

Die Computerhersteller haben auch schon längst kleine Bilder auf ihren Benutzeroberflächen produziert, um die Benutzung von Programmen für den Kunden möglichst einfach zu gestalten. Man denke an die Windows-Oberfläche, die eine Ansammlung kleiner Bilder ist, die man anklickt, um das damit bezeichnete Programm aufzurufen. Der Nutzer muss in diesen Fällen keine Buchstaben mehr lesen und zu eventuell ungewöhnlichen Wörtern zusammensetzen, die dann auch noch verschiedenen Sprachen entnommen sein können. Eine internationale Sprachebene ist entstanden, ohne dass Kommissionen oder Regierungen jahrelang darüber beraten haben.

Die Buchstabensprache stellt unser Gehirn eigentlich vor eine sehr unnatürliche Aufgabe, für die es in all den Hunderten von Jahrtausenden nicht vorbereitet wurde. Als Neurobiologe könnte man sich sogar darüber wundern, dass so viele Menschen diese ungewöhnliche Fähigkeit des Buchstabenwörterlesens erwerben können.

Tatsächlich hat man schon vor über 100 Jahren bemerkt, dass es Menschen gibt, die die Schriftsprache nicht oder nur sehr schwer und unzuverlässig erlernen können. Man nannte dieses Phänomen "Wortblindheit" und brachte damit zum Ausdruck, dass es sich wohl um eine besondere Art von Sehschwäche handeln würde. Wie wahr und wie falsch das wirklich ist, werden wir später sehen, wenn wir uns anschauen, wie bestimmte Seh- und Blickfunktionen sich entwickeln (Kapitel 1.2.2 und

1.2.3) und prüfen, ob diese Funktionen bei Legasthenie altersgerecht erbracht werden können (Kapitel 2.2.2 und 2.2.3).

1.1.7 Zählen und Rechnen

In diesem Kapitel wollen wir uns ein paar grundsätzliche Gedanken zum Thema Zahl, Zählen und Rechnen vor Augen führen. Ganz im Gegensatz zum Lesen und Schreiben ist nämlich der Umgang mit mehreren gleichen oder wenigstens sehr ähnlichen Dingen sehr früh in der Geschichte der Menschheitsentwicklung wichtig gewesen. Das fängt schon damit an, dass eine Familie aus mehreren Personen besteht, dass man viele Bäume und Tiere sieht, dass man es mit mehr oder weniger vielen Feinden zu tun hat, deren Menge durchaus von großer Bedeutung sein kann. Man musste also schon bald lernen, diesem Umstand irgendwie Rechnung zu tragen, indem man für die verschiedenen Mengen eigene Wörter erfand. So entstanden die Zahlwörter. Welches Zahlwort zu welcher Menge gehört, lernt man, indem man die Menge anschaut, nicht indem man sie zählt, zumindest wenn es sich um kleine Mengen handelt. Zählen kann man nämlich erst, wenn man schon die Zahlwörter hat und sie zuordnen kann.

Spätestens mit der Einführung von Münzen als Tauschmittel musste man Zahlen benutzen. Noch heute sagen wir "zahlen", wenn wir eine Rechnung mit Geld begleichen.

Zu den Zahlwörtern, die man hört und spricht, gesellen sich die Ziffern. Sie sind die Sehzeichen der Zahlwörter. Beide – Wörter und Ziffern – stehen für Mengen. Wer sinnvoll mit Zahlen umgehen will, muss nicht nur die Zahlwörter und die Ziffern beherrschen, sondern auch wissen, zu welchen Mengen sie gehören. Er muss den Zahlensinn oder Zahlbegriff entwickeln.

Eigentümlicherweise sind eigenständige Zahlwörter nur bis zu relativ kleinen Mengen erfunden worden. Größere Mengen wurden dann mit zusammengesetzten Wörtern benannt. Man zerlegte sozusagen die größeren Mengen in kleinere gleich große Gruppen und zählte sie wiederum mit den schon bekannten Zahlwörtern: Ein sehr kluger Einfall. Unversehens war so nämlich schon das Multiplizieren erfunden worden. Man sieht auf diese Weise, dass der Umgang mit Zahlen sich durch Betrachten (wörtlich) von Mengen fast von alleine ergibt. Man muss dazu

1.1 Allgemeine Entwicklung von Hirnfunktionen

z.B. nicht lesen, auch nicht Ziffern lesen können. Das Niederschreiben und Lesen von Zahlen beruht auf der Zuweisung von Zahlwörtern zu Ziffern. Die Ziffern sind die Buchstaben des Zählens, der großen Zahlen und des Rechnens. Sie haben aber mit dem Rechnen genauso wenig zu tun wie die Buchstaben mit dem Sprechen.

Jetzt wollen wir aber genauer hinschauen, wie groß diese kleineren Untermengen sind, mit denen wir größere Mengen abzählen. In unserem heutigen Zahlensystem ist die Untermenge mit der Zahl 9 bzw. 10 gegeben. Hat das mit den zwei mal fünf Fingern zu tun? Möglich, aber in anderen früheren Zahlsystemen war es die Zahl 6 oder 12. Wir haben sie bis heute in unserer Zeitzählung von Sekunden, Minuten, Stunden des Tages und Monate des Jahres. Bei den Tagen der Woche haben wir es mit der 7 zu tun und die Computerspezialisten kennen die 2 (im dualen Zahlensystem), die 4, die 8 und die 16 als gern benutzte Untermengen, weil sie der ersten vier Potenzen der Zahl 2 darstellen.

Auffallend ist, dass diese jeweils größte Zahl für die Untermenge in der Gegend von 6 bis 12 liegt. Warum, so fragt man sich, ist sie nicht deutlich kleiner oder deutlich größer ausgefallen. Der Hinweis auf die religiösen Bedeutungen mancher dieser Zahl ist zwar wichtig, aber als Erklärung eher unbefriedigend.

Eine mögliche andere Antwort auf diese Frage werden wir noch genauer kennen lernen, wenn wir uns damit beschäftigen, wie viele Dinge man gleichzeitig mit einem Blick erfassen kann. Es stellt sich nämlich heraus, dass diese auf einen Blick noch leicht erfassbare Anzahl bei erwachsenen Menschen bei etwa acht liegt. Vier schaffen fast alle, manche schaffen noch sechs, andere aber auch noch acht mit einer Fehlerquote von 20%.[3] Dies mag manch einem als kleine Zahl vorkommen, andere mögen erstaunt sein, dass sie so groß ist. Fest steht, dass unser Gehirn, genauer unser Sehsystem, die Fähigkeit besitzt, bis zu etwa acht Dinge auf einen Blick zu erfassen, und dass diese Fähigkeit offenbar auch voll ausgeschöpft wird. Allerdings gilt auch hier wieder: Man muss es lernen, so viele Dinge auf einmal zu erfassen. Wie genau "gleichzeitig" die Wahrnehmung von acht gleichen Symbolen ist, müssen wir auch erst noch genauer betrachten: Genau genommen sind es nämlich nur drei

---
[3] Genau genommen sind es nur vier Dinge, die man gleichzeitig erfasst und auch angeben kann. Sind es mehr, braucht das Gehirn zwar nicht mehr Zeit zur Erfassung, aber mehr Zeit um das richtige Ergebnis zu finden.

oder vier. Die Ziffernzeichen der Römer für 1, 2 und 3 waren dementsprechend I, II und III, d.h. ein, zwei oder drei senkrechte Striche. Das bedeutet nichts anderes, als dass die Römer als Ziffern für eins, zwei und drei das benutzt haben, was man auch tatsächlich sehen konnte, aber nicht jedesmal zählen musste.

Will man mit Zahlen umgehen, so genügt es nicht, ihre Namen (die Zahlwörter) und Sehzeichen (Ziffern) zu kennen, man muss sie sozusagen als Einheit für eine Menge begreifen. Und das geht am einfachsten, wenn wir sie als Größe vor uns sehen, zumindest vor unserem inneren geistigen Auge. Um den Begriff der Zahl leichter entwickeln zu können, ist diese spezielle Sehfähigkeit nützlich.

Interessanterweise baut eine der frühesten Rechenmaschinen, der Abakus, auf diese Fähigkeit: Man sieht auf den horizontalen Stäben die kleinen Gruppen von je zehn (oder zwölf) Kugeln aufgeteilt und farbig gekennzeichnet in nochmal zwei gleich große Gruppen. Diese Rechenhilfe bedient sich förmlich des schnellen visuellen Erkennens der Anzahl in kleinen Gruppen und erfüllt so ihren Sinn, nämlich über das Abzählen hinaus zu kommen. Auch der Übertrag für das Zählen der Gruppen wird sichtbar gemacht, indem von einem Stab auf den nächsten übergegangen wird.

Wir sind von klein auf an das Zählen bis 10 gewöhnt und es fällt uns schwer, anders als im Zehnersystem zu denken und zu rechnen. Das weiß jeder, der in einem Computer-Grundkurs versucht hat, im dualen System zu zählen und zu rechnen, obwohl dieses ja eigentlich das einfachste System darstellen sollte. Daran sieht man, wie sehr wir davon geprägt sind, was wir früh gelernt haben und was wir nur deswegen für selbstverständlich und eventuell sogar irrtümlich für natürlich halten. Der Mensch des Jahres 2002, der die Umstellung der Währung von Mark auf Euro miterlebt hat, erinnert sich, dass er "100 DM" als "teuer" empfindet, "50 Euro" dagegen als "preiswert".

Das einfache Zählen, das Abzählen ist sozusagen die Beschränkung auf den Begriff der Zahl 1. Kommt man darüber nicht hinaus, so erledigt man das Addieren von zwei Zahlen durch Abzählen bzw. Weiterzählen. Kinder, die den Zahlbegriff (noch) nicht entwickelt haben, benutzen dabei typischerweise die Finger. Ihnen bleibt deswegen nicht gleich die Welt der Mathematik verschlossen, aber der Weg durch die Schule kann zur Qual werden und als Folge davon wird auch der Zugang zur Mathematik verstellt, weil das Fach schon seine Attraktivität verloren hat,

1.1 Allgemeine Entwicklung von Hirnfunktionen

ehe es eine Chance bekam, sich in seiner Schönheit zu zeigen. Dass die "Mathematik die Königin der Wissenschaften" ist, bleibt aber nicht nur diesen Kindern ein lebenslanges Rätsel, sondern auch jenen, denen man die ganze Großartigkeit der Mathematik nicht nahe bringen konnte.

Zum Thema Zahl, Zählen und Rechnen gibt es ein ganz hervorragendes Buch, das jeder lesen sollte, der sich für dieses hoch interessante Gebiet unserer Hirntätigkeit interessiert [Dehaene, 1999]. Darin findet sich auch der Hinweis, dass die schriftliche Notierung der Mengen, also die Ziffernschreibung, auch in anderen Kulturen bis zur Ziffer für drei oder vier darin bestand, einfach eine entsprechende Zahl von vertikalen oder horizontalen Linien zu malen. Dies war natürlich sehr praktisch, weil man diese Ziffern einfach in ein Holz schnitzen konnte. Aber warum ist man ab der Ziffer für vier oder fünf davon abgerückt? Auch hier kann der Grund darin liegen, dass man bemerkte, dass man bis zu vier nebeneinander angeordnete Dinge mit einem Blick sicher – soll heißen: fehlerfrei und schnell – sehen kann.

Wir werden uns damit beschäftigen, inwieweit die visuelle Erfassung der Anzahl kleiner Mengen bei der Rechenfertigkeit bzw. beim Erwerb dieser Fertigkeit eine Rolle spielen kann.

1.1.8 Aufmerksamkeit und Konzentration

Aufmerksamkeit ist ein schwer zu definierender Begriff. Viel schlimmer noch, jeder scheint ihn für sich selbst irgendwie definiert zu haben und benutzt ihn entsprechend seiner höchst privaten Bedeutung. Kein Wunder, dass es zu Widersprüchen kommt, die in Wirklichkeit keine sein müssten, weil sie auf einer Begriffsverwirrung beruhen.

Es muss aber einen Grund haben, dass genau mit dem Begriff der Aufmerksamkeit so schlampig einerseits und so (selbst) sicher andererseits umgegangen wird. Vermutlich verdanken wir diesen Missstand unserer Introspektion, die jeden einzelnen ganz sicher sein lässt, dass er mit den auf ihn einwirkenden Sinnesreizen so oder anders umgehen kann: Er kann den einen beachten, den anderen übergehen. Er kann alle Sinnesreize mißachten, weil er müde ist und auf gar nichts wirklich achtet.

Deswegen wird wenigstens eine allgemeine Aufmerksamkeit (engl.: alertness) unterschieden von einer gerichteten oder selektiven Aufmerksamkeit (engl.: directed oder: selective attention). Diese Aufmerksamkeiten können sich einerseits auf die Wirkung von Sinnesreizen beziehen, andererseits auf die Ausführung von Bewegungen. Viele Wissenschaftler gehen sogar davon aus, dass Aufmerksamkeit ihrer Natur nach immer mit Bewegung zu tun hat, indem sie nämlich Bewegungsabläufe koordiniert, die eine Bewegung zulässt, eine andere zum gleichen Zeitpunkt verhindert.

Um das Phänomen oder besser die Phänomene von Aufmerksamkeit zu studieren, muss man sich auf bestimmte Sinnes- und Bewegungssysteme beziehen, die in den Versuchen benutzt werden. Betrachten wir als Beispiel folgendes Experiment: Mit einem Tastendruck soll man auf einen Sehreiz reagieren, dessen Bedeutung durch einen bestimmten Ton kurz vorher angezeigt wird. Mit solchen Anordnungen kann man zeigen, dass ein Lichtpunkt auf der rechten Seite schneller beantwortet wird, wenn sein Erscheinen durch einen Ton von rechts statt von links angezeigt worden war. Eine entsprechende Reaktionszeitverkürzung hat man der Wirkung der gerichteten Aufmerksamkeit zugeschrieben und diese unversehens dadurch definiert. Wird dieser Sehreiz wegen seiner genauen Vorankündigung nicht nur schneller beantwortet, sondern auch besser gesehen, so kann man natürlich auch diesen Effekt der gerichteten Aufmerksamkeit zuweisen.

Durch solche und weitaus kompliziertere Anordnungen hat man herausgefunden, dass es zumindest im Bereich des Sehens sowohl eine von innen als auch eine von außen (durch Sinnesreize) gesteuerte Aufmerksamkeit geben muss. Die reizgesteuerte Komponente unterliegt unserer willentlichen Entscheidung eigentlich gar nicht. Sie wird automatisch gelenkt. Die von innen gesteuerte Komponente dagegen haben wir, zumindest ab einem bestimmten Alter, selbst im Griff. Das heißt, wir können sie willkürlich und bewusst lenken.

Während die automatische Komponente sehr schnell wirksam wird und ebenso rasch wieder verschwindet (transiente, vorübergehende Komponente), benötigt die innere Komponente längere Zeit bis zu ihrer Wirksamkeit, kann aber dann sehr lange aufrecht erhalten werden (sustained, andauernde Komponente). Vollkommen verwirrend wird es, wenn wir erfahren, dass die automatische Komponente die Reaktionszeiten (z.B. der Blicksprünge) verkürzt und die Sichtbarkeit verbessert, die innere Komponente die Sichtbarkeit auch verbessert, aber die Reaktionszeiten verlängert.

1.1 Allgemeine Entwicklung von Hirnfunktionen

Sind die beiden Komponenten der Aufmerksamkeit gleichgerichtet und lenken sie die Aufmerksamkeit sozusagen im Gleichschritt zu ein und derselben Stelle im Gesichtsfeld, so gibt es keine Probleme. Erst wenn man die beiden Komponenten gegeneinander richtet, kommt es zu Konflikten.

Jeder mag das selbst probieren: Wende die Aufmerksamkeit nach links und schaue gleichzeitig nach rechts. Man spürt sofort, dass dies eine schwierige und unnatürliche Aufgabe ist. Im Laborversuch wird diese Konfliktsituation dadurch absichtlich geschaffen, dass man einen Reiz als Aufmerksamkeitsfänger auf der einen Seite zeigt und den Blickfänger auf der anderen. Jetzt kann man prüfen, inwieweit man Herr darüber ist, wohin man blicken möchte.

Weil dieser Versuch so einfach und gleichzeitig so grundlegend ist, wollen wir ihn noch etwas näher betrachten und schauen, zu welch verblüffendem Ergebnis er führt, einem Ergebnis, das unserer Erwartung und unserem Eigenerleben (Introspektion) vollkommen widerspricht.

Der Antisakkaden-Versuch: Man stelle sich vor, wie es in der Abb. 2 links dargestellt ist, dass man zunächst einen kleinen Lichtpunkt in der Mitte vor sich sieht, sagen wir für eine oder zwei Sekunden. Dieser sog. Fixationspunkt verschwindet und nur 2 Zehntelsekunden später erscheint z.B. rechts ein anderer Lichtpunkt. Nun soll man aber nicht etwa diesen neuen Reiz anblicken, wie es unserer Natur entspräche und was uns entsprechend leicht fiele, sondern man soll in genau die entgegengesetzte Richtung blicken. Man nennt einen solchen Blicksprung eine Antisakkade.

Man wird sich denken, dass diese Aufgabe richtig durchzuführen zwar Konzentration erfordern, aber schlussendlich doch gelingen wird. Zur Verblüffung der meisten Menschen tauchen aber doch häufig Fehler auf: Unversehens schaut man eben doch erst zum neuen Reiz, um dann möglichst schnell mit einem weiteren Blicksprung auf die ursprünglich anvisierte Seite zu blicken. Dem erwachsenen gesunden Menschen in seinem besten Alter (zwischen 20 und 35 Jahren) passieren im Durchschnitt 15% bis 20% Fehler. Wir werden im Kapitel 1.2.3 genauer erfahren, wie sich die Antisakkaden-Leistung im Laufe des Lebens entwickelt.

Hier wollen wir uns jetzt aber der Frage zuwenden, ob eine durch den Lichtpunkt fehlgeleitete Aufmerksamkeit den Blick unwillkürlich ein-

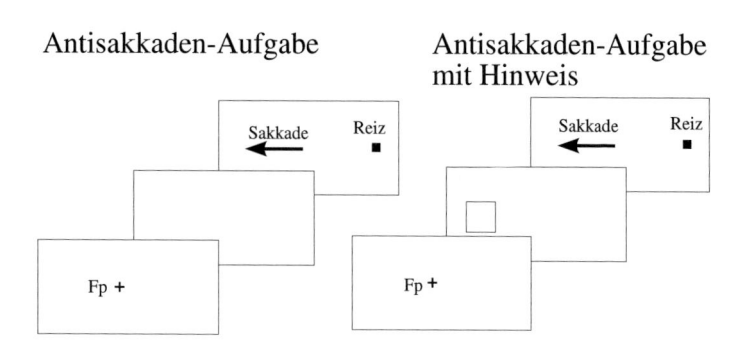

Abbildung 2: Die Antisakkaden-Aufgabe in ihrer einfachen Form (links) und mit einem Hinweisreiz (rechts). Der Zeitablauf wird in dieser Abbildung dadurch veranschaulicht, daß mehrere Momentaufnahmen des Bildschirmes hintereinander versetzt dargestellt sind: Die Zeit verläuft von vorne (unten links) nach hinten (oben rechts). Das Pluszeichen kennzeichnet den Fixationspunkt (Fp), das kleine schwarze Quadrat den Reiz und das große weiße Quadrat den Hinweisreiz. Die Pfeile kennzeichnen die Richtung, in die man blicken soll, wenn der Reiz erscheint.

gefangen und damit falsch gelenkt haben könnte. Das liegt ja sehr nahe. Deswegen werden wir nun einen weiteren Lichtreiz verwenden, der rechtzeitig vor dem anderen erscheint und zwar immer auf der jeweils anderen Seite. Das ist dann genau die Seite, auf die wir ja schauen sollen, es manchmal aber nicht gleich schaffen. In dieser Situation wird uns also durch den Hinweisreiz vorher schon angezeigt, wohin der Blick gehen soll und wir vermuten, dass uns dies hilft, die Fehler zu vermeiden und sogar schneller als ohne diese Hilfe auf die gewünschte Seite zu schauen. Auf der rechten Seite der Abb. 2 ist der Hinweisreiz durch ein kleines Quadrat gekennzeichnet.

Nun kommt die zweite Überraschung: Statt weniger Fehler zu machen und schneller zu reagieren, wird die Fehlerquote größer und die Reaktionszeit länger. Ein völlig unerwartetes Ergebnis, das uns zeigt, wie unser Gehirn nach seinen eigenen Regeln verfährt, die wir verstehen lernen müssen. Eine ausführliche Diskussion dieses Ergebnisses kann nachgelesen werden [Fischer and Weber, 1996].

Als Entschuldigung kann gelten, dass man diese "falschen" Blicksprünge und deren Korrektur in etwa der Hälfte der Fälle gar nicht bemerkt. Es sind reflexartige Bewegungen der Augen, die unserer bewussten Wahr-

1.1 Allgemeine Entwicklung von Hirnfunktionen

nehmung entgehen und zu einer vollkommen falschen Selbsteinschätzung führen können [Mokler and Fischer, 1999].

An dieser Stelle ist es für uns wichtig zu bemerken, dass wir mit dem Begriff der "Aufmerksamkeit" sehr behutsam umgehen und bedenken sollten, dass sich keineswegs immer alles so verhält, wie es uns auf den ersten Blick erscheinen mag.

Wir wissen heute, dass die korrekte Durchführung dieser eigentümlichen Antisakkadenaufgabe ein intaktes Frontalhirn benötigt: Patienten mit Verletzungen des frontalen Gehirns auf einer Seite können diese Aufgabe nicht mehr durchführen, aber nur zur verletzten Seite nicht, zur gesunden Seite ist die Fehlerquote unverändert.

Leider wird den beiden Komponenten der Aufmerksamkeit trotz dieser gravierenden Unterschiede das gleiche Wort, nämlich "Aufmerksamkeit" zugewiesen. Einzelheiten hierzu können in dem Buch "Blickpunkte" nachgelesen werden [Fischer, 1999]. Im Hinblick auf die Aufmerksamkeit und deren Auswirkung auf die Blicksteuerung ist es wichtig, die automatische vorübergehende und die innere andauernde Komponente von einer allgemeinen Aufmerksamkeit zu unterscheiden, wenn wir uns in Kapitel 2.4 mit Aufmerksamkeitsstörungen und deren Auswirkung auf die Blicksteuerung beschäftigen.

Wie immer die Einzelheiten aussehen – alle sind ja noch gar nicht erforscht – Aufmerksamkeit hat immer etwas mit Koordination zu tun, indem z.B. der eine Sinnesreiz zu einer motorischen Reaktion führt und ein anderer Reiz nicht. Deswegen muss der Aufmerksamkeit eben so viel Aufmerksamkeit gewidmet werden.

Über die Entwicklungen dieser wichtigen Koordinationsleistung ist noch nicht sehr viel Zuverlässiges bekannt. Sicher ist, dass die automatische Komponente ihre Entwicklung schon früh beginnt, während die innere Komponente erst spät mit ihrer Entwicklung fertig wird. Kinder tun sich schwer, sich für längere Zeit auf eine Sache zu konzentrieren, ohne sich dabei ablenken zu lassen. Wenn irgendwann irgendwo in ihrer Seh- oder Hörweite etwas passiert, können sie es kaum vermeiden, darauf zu reagieren. So wichtig diese Reaktionen im Überlebenskampf des Menschen gewesen sein mögen, so wichtig ist es in unserer heutigen Bildungsgesellschaft, dass wir auch diese Reflexe beherrschen lernen.

1.1.9 Gedächtnis und Arbeitsspeicher

Es bedarf keines komplizierten Gedankenganges und keiner neurobiologischen Kenntnisse, um zu dem Ergebnis zu kommen, dass Sprache und Schriftsprache ohne Gedächtnisleistungen undenkbar sind. Das gleiche gilt auch für sensomotorische Koordinationsleistungen. Dabei ist es aber unmöglich, wirklich alles, was benötigt wird, auf Dauer in einem Speicher parat zu halten. Schon seit vielen Jahren gibt es dementsprechend das Konzept des Arbeitsspeichers (working memory), in dem Informationen für relativ kurze Zeit bereitgehalten werden, die für die Durchführung einer bestimmten Aufgabe benötigt werden.

Für unser Thema ist das Arbeitsgedächtnis insoweit wichtig, als es auch zu solchen Leistungen eingesetzt wird, die wir besprechen wollen, also z.B. das Lesen. Wie anders kann ich den Inhalt eines geschriebenen Satzes verstehen, wenn ich die einzelnen Wörter des Satzes nicht wiedererkenne und sie nicht bis zum Ende des Satzes speichern kann? Nicht nur die Wörter selbst sind wichtig, sondern auch deren grammatische Form, mit deren Hilfe die Wörter in Beziehung gesetzt werden. Oft wird die grammatikalische Struktur eines Satzes erst am Ende eines Satzes klar und, wenn man den Anfang vergessen hat, muss man von vorne beginnen.

Das erscheint uns natürlich beim Darüber-Nachdenken als selbstverständlich. Und dennoch entgeht uns nur allzu schnell, dass dieses Arbeitsgedächtnis seine Leistung nur erbringen kann, wenn es mit den richtigen aktuellen Informationen von außen zeitgerecht versorgt wird. Fehlt z.B. von einem Wort ein Teil, weil dieser beim Abtasten des Wortes mit den Augen übersprungen oder falsch ersetzt wurde, so kann auch der beste Arbeitsspeicher diesen Fehler nicht ohne zusätzlichen Aufwand ausgleichen.

Über die Entwicklung des Arbeitsgedächtnisses weiß man, dass zwischen dem 4. und 11. Lebensjahr Fortschritte von einem Faktor 3 erzielt werden, wobei dies aber noch nicht unbedingt des Ende der Entwicklung darstellt.

Man lokalisiert das Arbeitsgedächtnis in präfrontalen Strukturen des Gehirns. Diese Strukturen greifen auch in die Steuerung der Blickrichtung ein und vermitteln auf diese Weise eine Koordination dessen, was wir gerade in diesem Moment erkennen und dem, was wir als nächstes anschauen und erkennen wollen, um den gesamten Erkennungsprozess zu vollenden. Es wird uns später nicht allzusehr verwundern, wenn wir Zusammenhänge zwischen dieser Art der Blicksteuerung und dem Leseprozess entdecken und feststellen, dass die Entwicklung dieser Spezialleistungen des Gehirns sich bis ins Erwachsenenalter hinziehen kann (Kapitel 2.2.3 auf Seite 123).

1.2 Entwicklung der Sinnesverarbeitung

Wir kommen jetzt zum ersten eigentlichen Kern dieses Buches. Hier wird die Entwicklung einzelner Sinnesfunktionen quantitativ dargestellt. Es geht dabei also nicht um die Sinnesorgane, sondern um die Verarbeitung der Sinnesmeldungen, die die Sinnesorgane an die höheren Hirngebiete weiterleiten.

In den Sinnesorganen sind spezielle Nervenzellen, sog. Rezeptorzellen, die den jeweiligen Sinnesreiz aufnehmen und in elektrische Signale umwandeln. Diese Zellen heißen dementsprechend Rezeptoren. Die Signale der Rezeptoren werden in Nervenimpulse umgewandelt, die von den Nervenfasern zu weiteren Verarbeitungszentren geleitet werden. Dort finden Prozesse statt, bei denen zusammengeführt wird, was zusammen gehört. Zum Beispiel müssen die Meldungen, die zunächst vom linken und vom rechten Organ getrennt geleitet wurden, zusammengeführt werden, weil sie ja Informationen über ein und dasselbe äußere Objekt enthalten. Das gilt für alle Sinnessysteme, die paarig angelegt sind, besonders also auch für die Ohren und die Augen.

Auf den einfachen Verarbeitungsstufen wird also Information nicht gleich zu dem verarbeitet, was wir später bewusst wahrnehmen und berichten können, sondern hier geschieht so etwas wie bei verschiedenen Verwaltungsakten in einer Behörde. Von denen bekommen wir Außenstehenden auch nichts mit. Wir erfahren lediglich das Ergebnis. Aber wenn in den Verwaltungsetagen etwas schief geht oder wenn die Akten unzuverlässig oder verzögert bearbeitet werden, dann kann es zu falschen und irreführenden Verlautbarungen kommen, die manchmal erst nach langer Zeit aufgeklärt werden können. Solche Fehler oder besser: Fehlbearbeitungen zu entdecken und zu entlarven, sie zu berichtigen und den Schaden, den sie eventuell bereits angerichtet haben, wieder gut zu machen, ist eine Aufgabe der Wahrnehmungsforschung. Diese Forschung hat zur Aufgabe, uns zu sagen, welche Verarbeitungsstufen es gibt und in welchem Zustand sie sich in jedem Lebensalter befinden sollten. Sie muss uns sagen, wie wir diese Stufen untersuchen können und wie wir sie eventuell zu besserer Arbeit anleiten können, wenn sie sich zu viele Fehler erlauben.

Deswegen beschäftigen wir uns in diesem Kapitel mit der Entwicklung der Sinnesverarbeitung in verschiedenen Bereichen des Hörens, des Sehens und des Blickens. Wir werden hier auch das Zählen behandeln, denn auch wenn dies keine Sinnesverarbeitung im engeren Sinn darstellt, werden wir doch später erfahren, dass es bestimmte Leistungen des Sehsystems sind, die für die Entwicklung des Zahlbegriffs, des Zählens und des einfachen Rechnens in kleinen Zahlenräumen sehr nützlich sind (Kapitel 2.3.4 auf Seite 134).

1.2.1 Sprachfreies Hören

Die Laute und die Geräusche um uns herum bestehen aus Schallwellen. Das sind Druckschwankungen der Luft, die über den äußeren Gehörgang zum Trommelfell und von dort über den inneren Gehörgang schließlich in die sog. Schnecke (Cochlea) gelangen. Dort erst sitzen die Schallrezeptoren. Sie sind im "Schneckengehäuse" so angeordnet, dass benachbarte Rezeptorzellen benachbarte Frequenzen aufnehmen.

Die von den Schallrezeptoren erzeugten elektrischen Signale werden dann auf komplizierte Weise in verschiedenen Nervenbahnen und über mehrere Stufen in das Gehirn geleitet. Von der Komplexität der Nervenverbindungen im Hörsystem bekommt man einen guten Eindruck, wenn man versucht, sie schematisch darzustellen. Das Ergebnis ist in der Abb. 3 zu sehen. Wir können hier nicht alle Verbindungen im Einzelnen besprechen und es würde uns auch nicht viel helfen, weil man die einzelnen Strukturen nicht mit definierten Funktionen belegen kann. Wichtig ist nur, zu bemerken, dass es zu einer höchst komplexen Verarbeitung der Hörsignale kommt, ehe Wörter erkannt oder überhaupt Sprache bearbeitet wird.

Beliebige Laute und Geräusche und auch die menschlichen Sprach- bzw. Sprechlaute lassen sich zerlegen in eine (bzw. sind zusammengesetzt aus einer) mehr oder minder großen Zahl von einfachen Schallwellen, die sich nach ihrer Lautstärke und ihrer Frequenz (Tonhöhe) unterscheiden. Diese Grundwellen heißen Sinustöne, weil der zeitliche

1.2 Entwicklung der Sinnesverarbeitung

Hörverarbeitung

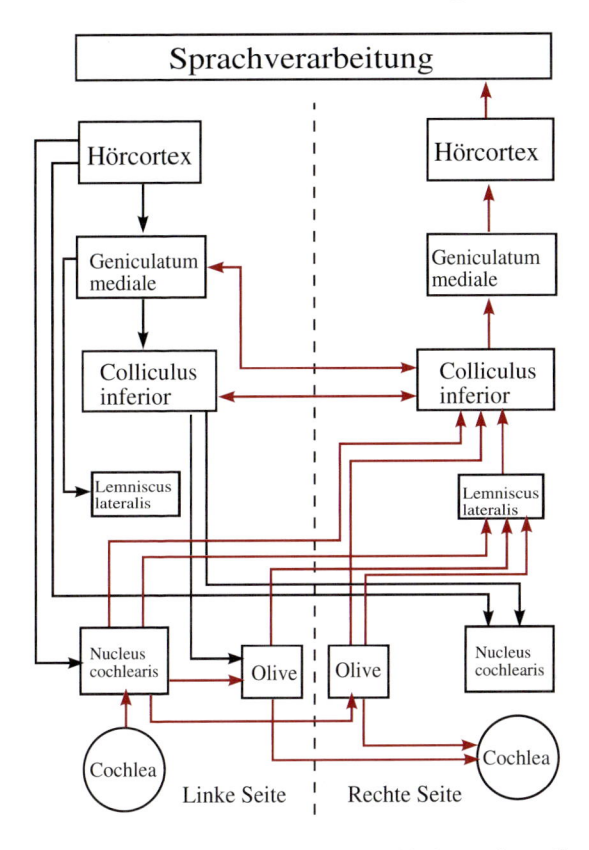

[Schematische Darstellung: Sprachverarbeitung oben, darunter für linke und rechte Seite jeweils: Hörcortex, Geniculatum mediale, Colliculus inferior, Lemniscus lateralis, Nucleus cochlearis, Olive, Cochlea]

Linke Seite | Rechte Seite

Abbildung 3: Schematische Darstellung der Nervenverbindungen im auditorischen System. Die gestrichelte vertikale Linie bezeichnet die Trennlinie zwischen den beiden Gehirnhälften. Zur besseren Übersicht sind von den existierenden Verbindungen nur die Hälfte gezeigt, nämlich in roter Farbe nur die Verbindungen, die von der *linken* Schnecke (Cochlea) ausgehen und ins Gehirn ziehen, in schwarz die Verbindungen, die von der *linken* Gehirnhälfte zurück in Richtung Cochlea ziehen.

Verlauf des Luftdrucks einer Sinuskurve folgt. Eine Zerlegung nach Sinuswellen ist mathematisch gesehen immer möglich, aber nicht immer sinnvoll. Im Bereich des Hörens aber werden die Töne, wie wir oben schon gelernt haben, in der Cochlea sozusagen auf anatomisch-physiologische Weise nach Frequenzen sortiert, sodass sich eine Sonderbehandlung von Sinustönen hier anbietet. Das trifft vor allem auf Vokale zu, also auf selbstklingende Laute, die wir auch über einen bestimmten längeren Zeitraum von einigen Sekunden hervorbringen können. Für Konsonanten ist dies fast nicht möglich, weil sie nur sehr kurz (und eben zusammen mit einem Vokal) klingen, sofern man dieses Wort hier überhaupt verwenden möchte.

In der Sprache gibt es aber nicht nur Vokale und Konsonanten, deren Schall man zerlegen könnte, sondern zwischen den einzelnen zusammenhängenden Lauten kann es sehr kurze, aber bedeutsame Pausen geben. Solche Pausen kennen wir alle, als Sprechpausen zwischen den Wörtern oder zwischen den Sätzen. Wir wissen alle aus entsprechender trübseliger Erfahrung, dass wir unser zuhause gelerntes Italienisch im Urlaub kaum gebrauchen können, weil wir die fast "pausenlos" aneinander gebundenen Wörter nicht auseinander halten und so auch nicht identifizieren und verstehen können. Da geht es also nicht darum, dass wir das einzelne Wort nicht kennen, sondern darum, es aus anderen heraus zu hören, die kurz davor bzw. kurz danach gesprochen werden. Es ist nicht unbedingt ein fehlendes kognitives Sprachverständnis, sondern eine ungenügende zeitliche Gliederung von aneinander hängenden Lauten, die das Verstehen der Sprache in dieser Hinsicht behindert.

Wenigen ist klar, dass es auch innerhalb eines Wortes Pausen geben kann, die so kurz sind, dass wir sie nicht oder nicht alle und nicht immer bewusst wahrnehmen. Solche Pausen passieren zum Beispiel bei der Aussprache von "G" und "K", wenn für sehr kurze Zeit der Luftstrom durch den Kehlkopf im Hals unterbrochen wird. Sie passieren auch beim Sprechen der Buchstaben "P" und "D", wenn für kurze Zeit die Lippen geschlossen sind oder die Zunge oben von innen an die Zähne stößt. Man nennt sie deswegen auch Verschlusslaute.

Des weiteren muss gewährleistet sein, dass die Reihenfolge von unterschiedlichen Lauten, die sehr kurz aufeinander folgen, bei der Weitergabe an das Gehirn richtig beibehalten wird und sich nicht manche Töne sozusagen beim Wettlauf zum Hörzentrum des Gehirns überholen.

Für das Verständnis gesprochener Sprache, und natürlich auch für die genaue Wahrnehmung anderer kurzer Laute, ist es auch wichtig, dass die Töne, die das rechte Ohr und das linke Ohr erreichen, ebenfalls in

1.2 Entwicklung der Sinnesverarbeitung 61

ihrer zeitlichen Reihenfolge nicht verwechselt werden. Wenn dies dennoch passieren sollte, so wäre damit zu rechnen, dass unter anderem auch das Verstehen von gesprochenen Wörtern erschwert ist, weil die Meldung des einen Ohrs zeitlich falsch versetzt ankäme. Es könnte zu einer Art "Hörsalat" kommen. Die Seitenordnung, so nennt man diese Hörwahrnehmungsqualität, muss also eingehalten werden, zumindest für bestimmte minimale Zeitunterschiede zwischen den Tönen, die das eine und das andere Ohr erreichen.

Es gibt natürlich auch noch andere physikalische Merkmale, die für die Charakterisierung von Sprachlauten benutzt werden, aber hier nicht alle behandelt werden können. Schon gar nicht können wir für sie alle einen Prüftest bereithalten und einsetzen. Wir beschränken uns auf die fünf genannten Tests bzw. auf die Fähigkeit, diese Klang- oder Lauteigenschaften wahrzunehmen.

Dabei geht es immer um Vergleiche von zwei ähnlichen Lauten oder Lautfolgen, nicht um die Wahrnehmung eines einzelnen Lautes selbst. Die absolute Hörschwelle wird mit den klassischen Methoden der Ohrenheilkunde, z.B. mit dem Tonaudiogramm untersucht.

Wir werden nun der Reihe nach die fünf gerade besprochenen Hörleistungen durchgehen:

- die Lautstärken-Unterscheidung
- die Tonhöhen-Unterscheidung
- die Lücken-Erkennung
- die Zeitordnung
- die Seitenordnung

Alle fünf Aufgaben sind in der Abb. 4 grafisch erläutert.

Lautstärken-Unterscheidung: Man hört über einen Kopfhörer einen Ton (es ist ein Rauschton, in dem alle Frequenzen vorkommen) mit einer festgelegten Lautstärke und kurz darauf einen zweiten gleichartigen Ton, der aber etwas lauter oder etwas leiser ist. Daraufhin soll man eine Taste betätigen, sagen wir die Pfeil-nach-oben-Taste, wenn der zweite Ton der lautere von beiden war, und eine andere Taste, die Pfeil-nach-unten-Taste, wenn der zweite Ton der leisere war.

Nun wird der Lautstärkeunterschied in Stufen immer kleiner gemacht, bis er irgendwann so klein wird, dass er gerade unhörbar wird bzw. gerade noch hörbar ist. Dieser Wert heißt Schwellenwert oder einfach

Lautstärke - Unterscheidung

Wenn 2. Ton lauter, dann Taste ↑

Wenn 2. Ton leiser, dann Taste ↓

Zeitordnung

Wenn 2. Ton höher, dann Taste ↑

Wenn 2. Ton tiefer, dann Taste ↓

Tonhöhen - Unterscheidung

Wenn 2. Ton höher, dann Taste ↑

Wenn 2. Ton tiefer, dann Taste ↓

Seitenordnung

Wenn 2. Ton links (L), dann Taste ←

Wenn 2. Ton rechts (R), dann Taste →

Lücken - Erkennung

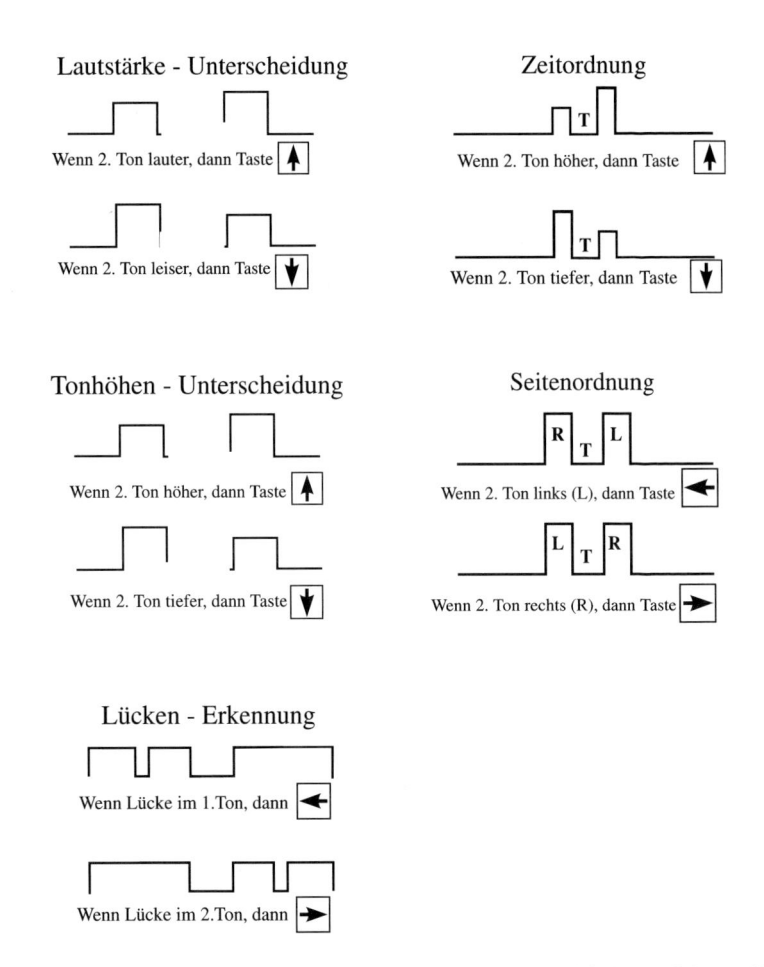

Wenn Lücke im 1.Ton, dann ←

Wenn Lücke im 2.Ton, dann →

Abbildung 4: Grafische Darstellung der fünf Hörtests zur sprachfreien auditiven Differenzierung. Bei der Lautstärken-Unterscheidung kennzeichnet die Höhe der Linien die Lautstärke. Bei der Tonhöhen-Unterscheidung und der Zeitordnung dagegen wird durch die Höhe die Linien die Tonhöhe, also die Frequenz, gekennzeichnet. Bei der Lücken-Erkennung sind beide Laute gleich, der eine aber durch eine kurze Pause (Lücke, engl. gap) unterbrochen. Mit dem Buchstaben T ist die Zeit (engl. Time) gemeint, die zwischen den beiden Testlauten vergeht. Bei der Zeitordnung haben die beiden Töne deutlich unterschiedliche Höhen. Bei der Seitenordnung sind die beiden Töne gleich, werden aber auf je ein Ohr gegeben und die Aufgabe besteht darin, anzuzeigen, auf welchem Ohr der erste Ton ankam. Die weiteren Einzelheiten sind im Text beschrieben.

1.2 Entwicklung der Sinnesverarbeitung

Schwelle. Wir werden ihn der Testperson als ihr Lautstärkeunterscheidungsvermögen zuweisen.

Tonhöhen-Unterscheidung: Man hört nacheinander zwei Töne verschiedener Frequenz (Tonhöhe). Einer der Töne hat die immer gleichbleibende Referenzfrequenz von 1000 Hz, der andere Ton hat eine etwas höhere Frequenz. In einem Durchlauf kommt zuerst der höhere, dann der niedrigere, in einem anderen Durchlauf ist es umgekehrt. Wieder muss man durch Tastendruck angeben, ob der zweite Ton der höhere oder der tiefere war.

Auch hier wird dann die Testfrequenz schrittweise der Referenzfrequenz angenähert, bis die Testperson anfängt falsche Antworten zu geben und nur noch raten kann: Da ist die Schwelle erreicht. Sie wird für jede Person in Hz angegeben.

Lücken-Erkennung: Die Abb. 4 zeigt zwei Laute, die beide aus fast allen Frequenzen zusammengesetzt sind und daher wie ein Rauschen klingen. Man nennt es das "weiße Rauschen" in Anlehnung an die Farbe Weiß, die entsteht, wenn man alle Lichtfrequenzen mischt. Einer der beiden Laute ist in der Mitte kurz unterbrochen: Er weist eine Lücke (engl.: gap) auf. Mal ist diese Lücke im ersten Laut, mal im zweiten. Sonst waren beide Laute gleich. Wieder muss man durch Tastendruck angeben, ob man die Lücke im zweiten Laut oder ob im ersten Laut gehört hat. Wird die Lücke zu kurz, kann man sie nicht mehr einem der beiden Laute zuweisen. Die Schwelle ist erreicht. Der Schwellenwert wird in Millisekunden (ms) angegeben.

Zeitordnung: Die Abb. 4 veranschaulicht die Aufgabe, die zur Ermittlung der Zeitordnungsschwelle gestellt wird: Immer werden zwei deutlich verschieden hohe Töne, einer nach dem anderen in zufällig wechselnder Reihenfolge angeboten. Der eine hatte eine Frequenz von 1000 Hz, der andere eine Frequenz von 1200 Hz. Sonst waren sie gleich. Man muss mit Tastendruck angeben, ob der zweite Ton der höhere oder der zweite Ton der niedrigere war. Im übrigen waren die beiden Hörreize gleich.

Bis hier ist diese Testaufgabe der Frequenzunterscheidung sehr ähnlich. Jetzt wird aber der zeitliche Abstand zwischen den beiden Tönen immer kleiner gemacht, bis man die zeitliche Ordnung nicht mehr hören kann. Der Schwellenwert wird in Millisekunden (ms) angegeben.

Seitenordnung: Die Abb. 4 soll zeigen, welches jetzt die Testaufgabe war. Diesmal wird ein Ton dem linken, der andere dem rechten Ohr geboten. Es handelt sich um sehr kurze Laute (Klick-Laute), die wiederum aus weißem Rauschen bestehen und ziemlich leise aber deutlich zu hören sind. Jetzt kommt es darauf an, zu erlauschen, ob der rechte Ton vor dem linken ertönte (Pfeil-nach-links-Taste) oder umgekehrt. Wieder wird die Zeit zwischen den beiden Tönen immer kürzer gewählt, bis man die Rechts-Links-Zuweisung nicht mehr treffen kann. Die Seitenordnungschwelle ist erreicht. Ihre Einheit ist ebenfalls die Millisekunde (ms).

Unter der Bezeichnung "Ordnungsschwelle" versteht man eine prinzipiell gleiche Hörleistung. Allerdings ist dieser Begriff unscharf, weil er nicht darauf hinweist, dass es um die Zeitdifferenz von Tönen geht, von denen der eine von einem Ohr der andere vom anderen Ohr kommt. Außerdem hängen diese Größen natürlich alle von den genauen physikalischen und psychologischen Randbedingungen der Testmethode ab, sodass wir die nur teilweise vorhandenen Werte der Ordnungsschwelle nicht benutzen können.

Für alle fünf Tests geht es prinzipiell darum, den kleinsten noch wahrnehmbaren Unterschiede zwischen den Tönen festzustellen. Das dauert im Allgemeinen ziemlich lang und ist in der Praxis als Routinemaßnahme kaum durchführbar. Es ist hier aber auch nicht entscheidend, den Wert sehr genau zu ermitteln. Es soll lediglich eine Methode gefunden werden, mit der man die Altersnormen erstellt und durch Vergleich mit einem Einzelwert festellen kann, ob er die Altersnorm erfüllt oder nicht. Deswegen wurde ein Kompromiss zwischen Testdauer und Testgenauigkeit gewählt. Eine Schätzung der Irrtumswahrscheinlichkeit hat ergeben, dass man mit knapp 10% falsch positiver Zuordnungen rechnen muss, wenn man die zweite Messung mit ersten vergleicht. Diese Zahl bezieht sich aber nicht auf 10% der Personen, sondern auf 10% der Messungen.

Alle fünf Hörtests wurden mit 508 Kontroll-Personen durchgeführt. Die Personen wurden in Altersgruppen eingeteilt und für jede Altersgruppe wurde die Werteverteilung angeschaut. Es stellte sich sehr schnell heraus, dass es unter den Kindern und unter den Älteren Personen gab, die die eine oder die andere der fünf Aufgaben überhaupt nicht bewältigen konnten. Das soll heißen: Auch in den einfachsten Formen hatten sie die

1.2 Entwicklung der Sinnesverarbeitung

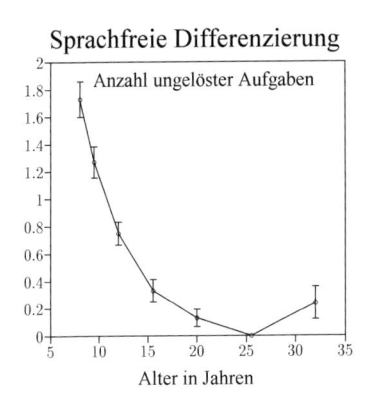

Sprachfreie Differenzierung

[Diagramm: Anzahl ungelöster Aufgaben als Funktion des Alters in Jahren (5 bis 35); Werte fallen von etwa 1,8 bei 7 Jahren auf nahe 0 bei 22–28 Jahren und steigen danach leicht an.]

Abbildung 5: Die mittlere Anzahl von Aufgaben, die die Testpersonen gar nicht bzw. nur durch Raten erledigen konnten, als Funktion des Alters. N=508. Im schlimmsten Fall wäre diese Zahl 5, im Idealfall Null. Hier wie in den folgenden Abbildungen stellen die senkrechten Fehlerbalken die Vertrauensgrenze dar.

betreffenden Unterschiede nicht wirklich gehört oder waren nur durch Raten noch in die zweite Schwierigkeitsstufe gelangt.

Man könnte mutmaßen, dass die Aufgaben nicht verstanden wurden. Aber unter diesen Personen war keine, die alle fünf Aufgaben nicht bestanden hätte. Eine oder zwei der Aufgaben konnten sie alle bewältigen.

Als ersten Schritt, diesen Befund darzustellen, wurde die Anzahl der Aufgaben ermittelt, die jemand auch in der leichtesten Form nicht erledigen konnte. Diese Zahl, so stellt sich heraus, ist eine Funktion des Alters: Je älter die Personen waren, je mehr Aufgaben konnten sie durchführen und einen Schwellenwert erreichen.

Die Abb. 5 zeigt die mittlere Anzahl der ungelösten Aufgaben für alle Altersgruppen. Man erkennt, dass 7-jährige Kinder im Durchschnitt in fast zwei der Aufgaben nur geraten hatten. Mit zunehmendem Alter sinkt die mittlere Zahl und erreicht ihren Idealwert, nämlich Null, erst bei den 22-28 jährigen Personen.

Damit ist schon ein grobes Maß für die Entwicklung der auditiven Differenzierungsfähigkeit angegeben und es zeigt, dass – ganz global gesprochen – das Erwachsenniveau in allen fünf Hörbereichen erst mit 20 Jahren wirklich erreicht wird.

Wer diese Hörtests selbst einmal gehört hat und noch im "besten Alter" ist, kann es kaum glauben, dass Kinder im schulfähigen Alter und Jugendliche noch so unsicher in der Unterscheidung von Lauten sein können.

Natürlich wollen wir jetzt genauer wissen, wie viele Personen in jeder Altersgruppe eine bestimmte der fünf Aufgaben nicht bewältigen konnte. Dazu nur ein paar Angaben: Am stärksten sind die Tonhöhenunterscheidung und die Zeitordnung betroffen. Bei den jüngsten Kindern sind es je 50%, die hier nur geraten haben. In den anderen drei Bereichen sind es zwischen 10 und 20%. Mit zunehmendem Alter sank diese Zahl für alle Bereiche bis auf den Idealwert von Null. Auffallend war, dass besonders die Zeitordnung schon im jungen Alter von 25 bis 30 Jahren zunehmend vielen Menschen wieder große Schwierigkeiten machte. Am wenigsten ist die Seitenordnung beeinträchtigt, bei der weniger als 10% der jüngsten Kinder die Aufgabe nicht lösen konnten. Ab einem Alter von 15 Jahren konnten alle die Testaufgabe durchführen und einen Schwellenwert unterhalb des Eingangswerts erzielen.

In den Fällen, in denen ein Schwellenwert ermittelt werden konnte, wurden die Mittelwerte für die verschiedenen Altersgruppen berechnet. Die Abb. 6 zeigt die fünf Alterskurven. Für alle Bereiche und alle Altersstufen der Kinder und Jugendlichen ist die Streuung der Werte erheblich. Einerseits sind natürlich die Messungen selbst mit einem Fehler behaftet, andererseits sind die einzelnen Kinder jeweils auf einem individuell verschiedenen Entwicklungsstand.

Die Werte in den fünf Bereichen zeigen keine Korrelationen (Wechselbeziehung) untereinander. Das bedeutet, dass man aus dem Ergebnis eines der Tests nicht auf das Ergebnis in einem der anderen schließen kann. Mit anderen Worten: Die fünf Bereiche erscheinen als funktionell voneinander unabhängig.

Außerdem gibt es keine Korrelationen mit dem Intelligenzniveau der Kinder. Das ist sehr wichtig, wenn wir später die auditive Differenzierung von Kindern mit verschiedenen Teilleistungsstörungen betrachten (Kapitel 2. auf Seite 107).

Lautstärkeunterscheidung: Man erkennt in der Alterskurve, dass Kinder mit 7 Jahren noch deutlich höhere Schwellenwerte haben als Erwachsene, aber über die nächsten 10 Jahre sinkt die Schwelle im Durchschnitt nur um etwa 3 dB(A).

1.2 Entwicklung der Sinnesverarbeitung

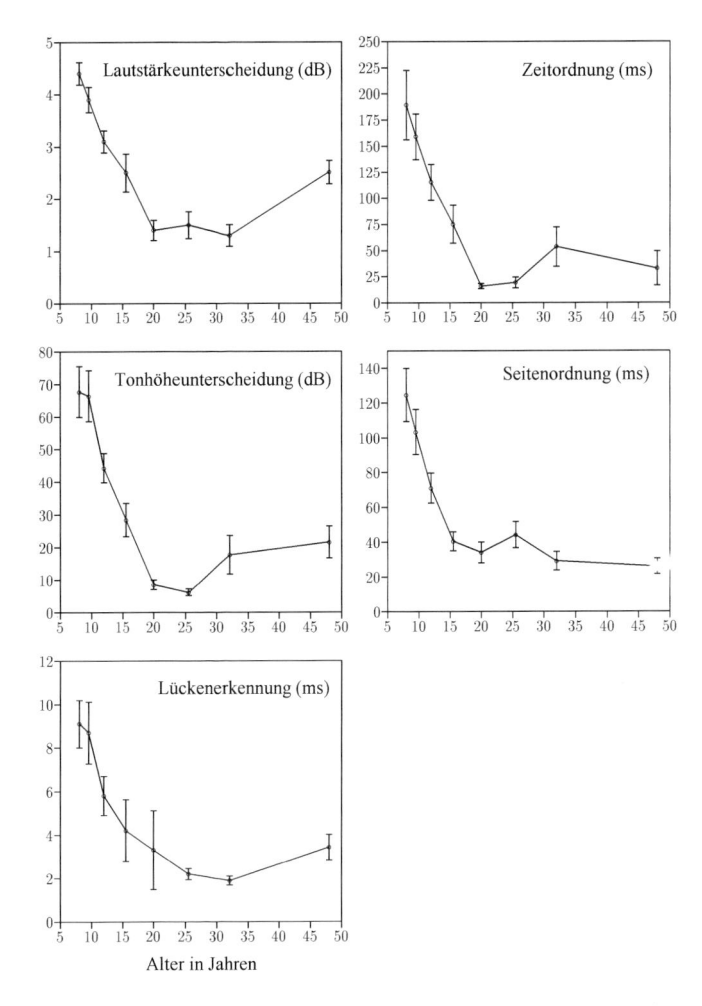

Abbildung 6: Die fünf Diagramme zeigen die Altersentwicklung in den fünf Bereichen der auditiven Differenzierung. Man erkennt die lange anhaltende Entwicklung bis ins Erwachsenenalter in allen Bereichen. Die Seitenordnung, die schon im jugendlichen Alter von 15 Jahren ihren besten Wert erreicht, nimmt auch mit wachsendem Alter nicht wieder zu.

Tonhöhenunterscheidung: Wieder sieht man ein stetes Absinken der Schwellenwerte mit zunehmendem Alter. In diesem Bereich wird allerdings die Schwelle mit der Entwicklung um etwa einen Faktor 7 kleiner. Es gibt also eine ganze erheblich Entwicklung.

Lückenerkennung: Hier reicht die Entwicklung von 9 ms bis hinunter auf 2 ms, ein Wert, der im Mittel erst mit 25 Jahren erreicht wird.

Zeitordnung: Hier gibt es die weitaus drastischste Entwicklung: Während Kinder mit 7 Jahren noch fast 200 ms zwischen den beiden verschiedenen Tönen benötigen, um sie in der richtigen zeitlichen Reihenfolge wahrnehmen zu können, entwickeln Erwachsene diese Fähigkeit bis auf einen sehr kurzen Wert von etwa 10 ms, manche erreichen sogar Werte von nur 1 ms.

Seitenordnung: Der mittlere Schwellenwert sinkt von 120 ms bei den 7-jährigen bis auf 40 ms bei den 15-Jährigen und sogar auf 30 ms bei den Erwachsenen.

Bei der Betrachtung der Mittelwerte muss man die Streuung der Einzelwerte in jeder Altersgruppe bedenken und im Gedächtnis behalten, dass nicht alle Personen eines bestimmten Alters so "gute" bzw. so "schlechte" Ergebnisse erzielt haben. Deswegen berechnen wir jetzt, wieviel Prozent der Personen in jeder Altersgruppe den Stand der Erwachsenen im Alter von 18 bis 28 Jahren noch nicht erreicht haben oder nicht mehr erreichen. Als Maß für die "beste" Leistung wurde gewählt, dass mindestens vier der fünf Aufgaben besser als durch Erraten durchgeführt werden konnten.

Die Abb. 7 zeigt diesen Prozentsatz. Man erkennt, dass die Zahl von 55% im Alter von 7 Jahren auf Null im Alter von 15 Jahren sinkt und ab einem Alter von über 30 Jahren wieder etwas steigt.

"Gut" oder "schlecht" hören zu können, ist eine verallgemeinerte Aussage. In Wirklichkeit muss man die verschiedenen Bereiche des Hörens unterscheiden, weil es sein kann, dass man in einem Bereich ganz gut abschneidet, in einem anderen aber nicht.

Zusammenfassend wollen wir im Gedächtnis behalten, dass in allen fünf Bereichen der auditiven Unterscheidungsfähigkeit relativ lang andauernde Entwicklungen zu verzeichnen sind. Dies bedeutet, dass es praktisch während der gesamten Schulzeit immer noch Schüler gibt, die in einem oder mehreren Hörbereichen das Niveau der Erwachsenen noch

1.2 Entwicklung der Sinnesverarbeitung

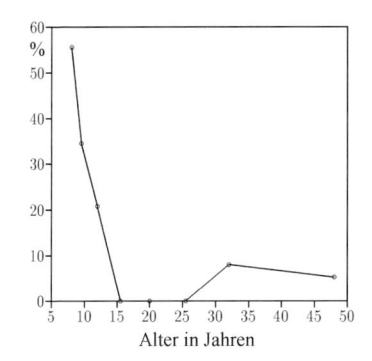

Abbildung 7: Die Abbildung zeigt die Prozentzahl von Personen in jeder Altergruppe, die die Hörleistung der "Besten" noch nicht oder nicht mehr erreichen.

nicht erreicht haben. Solange man dies als Eltern, Lehrer, Arzt oder Psychologe nicht weiß, kann man schnell zu einer falschen Beurteilung eines Schülers gelangen, denn man kann es sich kaum vorstellen, dass jemand in diesem Alter "schlechter" hört als man selbst. Dies wäre ein typischer Beurteilungsfehler, der sich aus der Introspektion ergibt, die einem sagt, dass man selbst diese Hörleistung doch auch erbracht hat, als man im fraglichen Alter war. Erstens muss das nicht stimmen, es wurde nämlich nicht überprüft, und zweitens entwickeln sich eben nicht alle Kinder gleich schnell. Das genau zeigen die Daten dieses Kapitels.

Wir haben hier lediglich fünf Unterfunktionen der auditiven Differenzierung behandelt. Alle gehören in den vorsprachlichen Bereich und vier von ihnen beziehen sich auf zeitliche Eigenschaften des Hörprozesses. Dieser Umstand wird uns noch beschäftigen, wenn wir über die möglichen Ursachen von Defiziten bei Legasthenie sprechen und diese mit Defiziten in der zeitlichen visuellen Wahrnehmung und in der Blicksteuerung vergleichen.

Selbstverständlich gibt es auch sprachgebundene Hörtests. Einige von ihnen werden wir kennen lernen, wenn wir über das sprachfreie Hörtraining und seine Wirkung auf nicht-trainierte sprachgebundene Hörbereiche sprechen. Hier lassen wir sie aus, denn es gibt nur wenig systematische Daten von genügend vielen Kontrollpersonen in den verschiedenen Altersstufen. Dies ist derzeit noch ein Missstand in der medizinischen, psychologischen und pädagogischen Diagnostik von Teilleistungen im

Bereich des Hörens: Wie soll man einem Kind das Prädikat "nicht altersgerecht" oder "auffällig" oder gar "krank" zuweisen, wenn man den Altersmittelwert und dessen Streuung nicht kennt?

Der genauen Betrachtung der oben beschriebenen sprachfreien Hörtests wollen wir noch die phonologische Bewusstheit gegenüber stellen. Wir hatten schon im Kapitel 1.1.5 erwähnt, dass diesem Begriff leider eine eindeutige Definition fehlt und dass es auch keine eindeutige Messvorschrift gibt, mit deren Hilfe man der phonologischen Bewusstheit einen quantitativen Zahlenwert zuweisen könnte. In seinem einschlägigen Buch hat Hartmann die verschiedenen Definitionen klassifiziert: Er unterscheidet Tests, die auf der Erkennung von Silben beruhen, solche, die die Unterscheidung von Reimeinheiten benutzen und schließlich solche, die eine Unterscheidung phonematischer Einheiten nutzen, um die phonologische Bewusstheit zu erfassen [Hartmann, 2002].

Wir können diese Gedanken und Fakten hier nicht weiter verfolgen, aber es muss uns klar sein, dass die phonologische Bewusstheit eine sprachnahe auditive Fähigkeit beinhaltet, während die hier behandelten Tests vollkommen sprachfrei sind und daher noch grundlegendere auditive Leistungen ansprechen. Im anglikanischen Sprachraum wird auch von "low level auditory discrimination" gesprochen.

1.2.2 Dynamisches Sehen

Wenn vom Sehen die Rede ist, denken wir sofort an die Augen. Indessen sehen wir mit den Augen gar nichts. Allerdings sehen wir ohne die Augen auch nichts. Wir benötigen die (gesunden) Augen zum Sehen, aber sie reichen nicht zum Sehen. Gesehen wird mit dem Gehirn. Zwar beginnt die Verarbeitung der Sinnesmeldungen der Lichtrezeptoren schon in der Netzhaut und es handelt sich dabei sogar um eine relativ komplizierte Verarbeitung, aber bis zu bewussten Sehwahrnehmungen ist es dann immer noch ein sehr weiter Weg.

Um die Güte des Sehens zu beurteilen, wird – das kennt jeder – ein Sehtest durchgeführt, bei dem man kleine und immer kleinere Zeichen (meist Ziffern oder Buchstaben) richtig erkennen und benennen muss. Werden die Zeichen zu klein, können wir sie mit unserem Auge nicht mehr auflösen, die Sehschwelle ist erreicht. Der Wert dieser Schwelle kann durch "schlechte" physikalische Eigenschaften der brechenden

1.2 Entwicklung der Sinnesverarbeitung

Augenmedien (Hornhaut und Linse) erhöht sein und durch eine physikalische Maßnahme in der Form einer Brille korrigiert werden. Auch anatomische Anomalitäten der Augen können so korrigiert werden.

Die Messung der Sehschärfe erinnert uns sehr an die Hörtests, bei denen wir auch nach den Schwellenwerten gesucht haben. Hier handelt es sich tatsächlich um einen ganz analogen Vorgang. Genauso wie wir beim Hören verschiedene Unterfunktionen prüfen können und müssen, müssen wir jetzt auch beim Sehen daran denken, dass es Störungen in verschiedenen Bereichen geben kann. Bekannte Bereiche sind beispielsweise das Farben-Sehen, das Stereo-Sehen und das Kontrast-Sehen. Aber die Sehschärfe ist am bekanntesten.

Es ist sehr wichtig, sich klar zu machen, dass die Sehschärfe ein Maß für das räumliche Auflösungsvermögen darstellt: Wie nahe bei einander dürfen zwei kleine Punkte sein, oder wie weit muss ich sie auseinander rücken, damit ich sie als zwei getrennte Punkte sehen kann? Bei einer solchen Prüfung spielt die Zeit keine Rolle, nur der Abstand zählt.

Jetzt erinnern wir uns daran, dass zum Sehen die Bewegungen der Augen benötigt werden: Das Netzhautbild wird dadurch etwa drei bis fünf mal in jeder Sekunde rasch verschoben. Dies bedeutet, dass ein Bild für nur 200 bis 300 Tausendstel Sekunden still steht. Dann kommt schon das nächste. Unser Sehsystem muss diese Bildfolgen richtig wahrnehmen und in der Lage sein, die einzelnen Bilder auseinander zu halten. Es wird also auch ein bestimmtes zeitliches Auflösungsvermögen, eine zeitliche "Sehschärfe" benötigt, um gut sehen zu können.

Die Tatsache, dass der Sehprozess auch ein zeitlicher Prozess ist, der bei bestimmten Sehaufgaben besonders wichtig wird, ist sehr lange unbeachtet geblieben und hat noch keinen festen Platz in der augenärztlichen Überprüfung der Sehfähigkeit gefunden.

Den Aspekt des zeitlichen Sehens nennt man das dynamische Sehen und stellt ihm das statische Sehen gegenüber. Dies ist eine Anlehnung an die entsprechenden Begriffe der Physik. Tatsächlich wird diese Trennung auch neurobiologisch nahegelegt: Schon in der Netzhaut finden sich zwei anatomisch unterscheidbare Zellfamilien: Eine mit relativ großen Zellkörpern und dicken, schnell leitenden Nervenfasern und eine andere mit relativ kleinen Zellkörpern und dünnen langsam leitenden Nervenfasern. Diese Zweiteilung wird auch in weiteren Schaltstationen bis zur primären Sehrinde beibehalten und von dort projizieren die beiden Zell-

| Pfeil-nach-oben-Taste | Pfeil-nach-oben-Taste | Pfeil-nach-oben-Taste |

Fixation   **Sprung**   **Anti**

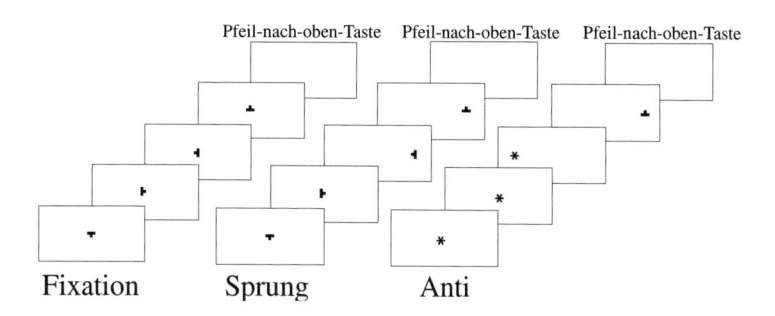

Abbildung 8: Die schematische Darstellung der drei Varianten zur Prüfung des dynamischen Sehens. Die Bilder sind in ihrer Zeitabfolge von links unten nach rechts oben angeordnet wie in Abbildung 2 (Seite 54). Das kleine Zeichen in der Mitte kann vier verschieden Orientierungen annehmen. Die jeweils letzte in einer Zufallsserie muss erkannt und durch Tastendruck angezeigt werden.

systeme zu unterschiedlichen höheren Hirngebieten, die entsprechend verschiedenen Funktionen dienen.

Während wir sehr viel über das statische Sehen wissen, sind die Aspekte des dynamischen Sehens bisher hauptsächlich in den Labors der Wissenschaftler erforscht worden, so z.B. die Bewegungswahrnehmung als ein Hauptvertreter des dynamischen Sehens.

Jetzt gibt es aber auch Tests des dynamischen Sehens, die routinemäßig durchgeführt werden können, und wir wollen uns anschauen, was sie ergeben haben. Vor allem wollen wir die Entwicklung des dynamischen Sehens kennen lernen.

Die Fixationsaufgabe prüft das foveale (zentrale) dynamische Sehen: Damit ist die zeitliche Leistung der Fovea gemeint. Der Test ist in der Abb. 8 dargestellt. Natürlich ist es schwer, zeitliche Abläufe in einem Bild darzustellen. Deswegen zeigt die Abbildung wieder mehrere hinter einander angeordnete Bilder, die beim Testen zeitlich nacheinander für verschieden lange Zeiten gezeigt werden.

Ein kleines Symbol, es sieht aus wie der Buchstabe T, wird für kurze Zeit gezeigt. Es kann vier verschiedene Orientierungen annehmen: aufrecht (das Beinchen zeigt nach unten), auf dem Kopf (das Beinchen zeigt nach oben), nach links gedreht (das Beinchen zeigt nach rechts) oder nach rechts gedreht (das Beinchen zeigt nach links).

1.2 Entwicklung der Sinnesverarbeitung

In einer Serie von rasch auf einander folgenden Reizen musste die zuletzt gezeigte Orientierung erkannt und durch Betätigung der Pfeiltasten angezeigt werden. Dabei konnte sich die Testperson beliebig viel Zeit lassen: Die Reaktionszeit wurde zwar gemessen, aber nicht in die Bewertung einbezogen.

Vorweg wurde jede Testperson in die Aufgabe eingewiesen, indem das Symbol nacheinander in seinen vier Orientierungen stationär gezeigt wurde. So wurde auch gesichert, dass die Sehschärfe ausreichend war, um die vier verschiedenen Reize richtig unterscheiden zu können.

Für jeden Test wurden mindestens 50 (meist sogar 100) Durchläufe durchgeführt, um ein statistisch gesichertes Maß für die Leistung jeder einzelnen Person zu erhalten. Ermittelt wurde die Gesamtzahl der richtigen Antworten in Prozent, wobei die Ratewahrscheinlichkeit von 25% abgezogen und das Resultat wieder auf den Zahlenbereich von Null (=alles geraten) auf 100% (=alle richtig gesehen) normiert wurde.

Der Test wurde mit 291 Personen im Alter von 7 bis 65 Jahren durchgeführt. Die Alterskurven sind in der Abb. 9 dargestellt.

Bei fovealer (zentraler) Testung mit der Fixationsaufgabe erreichen auch die kleinen Kinder im Alter von 7 bis 8 Jahren schon gute Werte, die sich bis zum Alter von 14 Jahren noch verbessern. Das hohe mittlere Niveau von knapp 100% wird aber nur bis zum Alter von etwa 35 Jahren beibehalten. Danach nehmen die Leistungen deutlich wieder ab und erreichen bei den bis zu 60-Jährigen nur noch einen Mittelwert von etwa 60%.

Die Sprungaufgabe prüft das dynamische Sehen direkt nach einem Blicksprung: Das dynamische Sehen wird auch gefordert, wenn es darum geht, Sehen und Augenbewegungen miteinander zu koordinieren. Deswegen wurde der Test für das zentrale dynamische Sehen abgewandelt. Die Abb. 8 zeigt diese Abwandlung: Zunächst beginnt jeder Durchlauf wie beim zentralen Test, aber nach einer zufälligen Zeit verlagert sich plötzlich der sich drehende Reiz zur einen oder anderen Seite und setzt seine Drehungen noch für sehr kurze Zeit fort, ehe er verschwindet.

Wieder ist es die Aufgabe, die letzte Orientierung zu erkennen und durch Tastendruck anzugeben. Dabei spielte die Reaktionszeit des Tastendrucks keine Rolle. Die beste Strategie, die in dieser Situation Erfolg verspricht, besteht darin, wieder das zentrale Sehen zu nutzen. Man macht einfach einen raschen Blicksprung zum neuen Ort des Geschehens. Dies ist möglich, weil genügend viel Zeit (die Reaktionszeit) zur

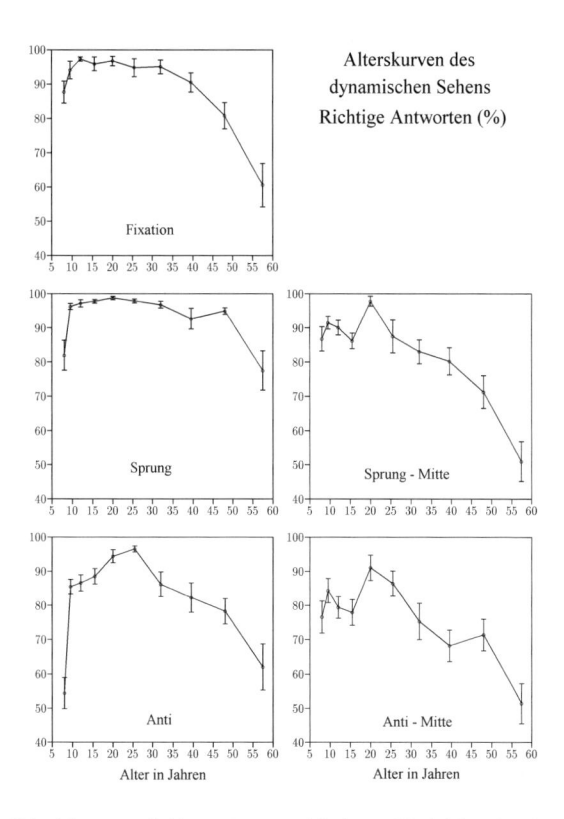

Abbildung 9: Die Altersentwicklung der verschiedenen Variablen des dynamischen Sehens bei Fixation, Sprung und Anti-Bedingungen. N=291.

Verfügung gestellt wird. Wer aber zu langsam ist oder das Ziel deutlich verpasst oder zur falschen Seite schaut oder direkt nach einem Blicksprung schlechter sieht, wird des öfteren die wirkliche Orientierung nicht erkennen.

Die Ergebnisse der Sprungaufgabe sind in Abb. 9 in der mittleren Zeile als Alterskurven dargestellt. Sie fallen in fast allen Lebensaltern im Vergleich zur Fixation besser aus. Der Grund hierfür ist wahrscheinlich, dass das natürliche Sehen mit Blicksprüngen einhergeht, wohingegen eine Fixationphase von 1 Sekunde eher die Ausnahme ist. Einen Leistungsabfall erkennt man erst ab einem Alter von 45 Jahren.

1.2 Entwicklung der Sinnesverarbeitung 75

Um die Testperson zu "zwingen", ihren Blick solange in der Mitte zu halten, bis der Reiz tatsächlich nach rechts oder links springt, verschwindet in 20% der Durchläufe der Reiz schon vor seinem Sprung. Wer zu schnell mit seinem Blick unterwegs war oder seine Aufmerksamkeit generell auf die Umgebung der Mitte gerichtet hat, der wird in den unvorhersagbaren Fällen eines frühen Verschwindens des Reizes in der Mitte Fehler machen, obwohl er eventuell bei der Fixationsaufgabe seine Sache gut gemacht hatte. Tatsächlich fallen diese Werte im Vergleich zur Fixationsaufgabe auch niedriger aus. Die Abb. 9 zeigt rechts die Alterskurve für die Mitte-Durchläufe.

Die Anti-Aufgabe prüft das dynamische Sehen bei einem Ablenkungsreiz auf der jeweils gegenüberliegenden Seite: Als wir weiter oben über Aufmerksamkeit sprachen, sind auch Hinweisreize benutzt worden, mit denen man die Aufmerksamkeit lenken kann, um eine Wahrnehmung an einer Stelle zu beeinflussen. Diese Technik wurde auch für die Überprüfung des dynamischen Sehens angewandt.

Die Abb. 8 zeigt im rechten Teil die Abfolge der Reize für diese Fälle. Es beginnt mit einem deutlich sichtbaren Sternsymbol in der Mitte. Dieser Stern wurde dann plötzlich entweder nach rechts oder links verlagert und sehr kurze Zeit später erschien der Testreiz auf der jeweils anderen Seite mit einer seiner vier Orientierungen. Der Stern war also ein Konkurrenzreiz, den man zwar beachten, aber nicht mit einem Blicksprung beantworten sollte. Denn die Aufgabe war wieder, die Orientierung des Testreizes zu erkennen und mit Tastendruck zu beantworten und das ist am leichtesten, wenn man diesen anblickt. Es gab auch hier keine Zeitbegrenzung für die Tastendrucke.

Die Abb. 9 zeigt in der unteren Zeile die Entwicklungskurve für diese Aufgabe. Man erkennt, dass sie für alle Personen jeden Alters die schwierigste war.

Zur Lösung dieser Aufgabe gibt es mehrere Strategien: Man kann wieder versuchen, das zentrale dynamische Sehen zu nutzen. Dazu muss man einen Blicksprung entgegen der Richtung des Stern-Reizes machen. Man nennt solche Blicksprünge "Antisakkaden". Dazu ist auch wiederum genügend Zeit gelassen. Gelingen diese Antisakkaden nicht oder zu spät, so macht man Fehler und die Erfolgsquote sinkt.

Die zweite Möglichkeit besteht darin, die Aufgabe aus dem Augenwinkel zu lösen: Man behält den Blick in der Mitte und versucht, die Orientierung zu sehen, die der Reiz auf der einen oder anderen Seite hatte. Diese Strategie mag gut funktionieren, wenn man es tatsächlich schafft, keine Augenbewegung zu machen. Aber da auch bei diesem Test in 20% der Durchläufe der Reiz in der Mitte gezeigt wurde und den Stern einfach ersetzte, darf man bei dieser Strategie die Aufmerksamkeit nicht zu früh verlagern, denn sonst verpasst man es, die richtige Orientierung des Reizes in der Mitte zu erkennen.

Schließlich gibt es noch eine dritte Möglichkeit: Man macht zunächst einen Blicksprung zum Stern (das ist eine natürliche Reaktion), um dann möglichst schnell zu der anderen Seite zu blicken, auf der der Reiz erschienen ist. So würde man wieder versuchen, die zentrale dynamische Sehfähigkeit zu nutzen, aber zwei Blicksprünge vorher machen. Wer dies schnell genug schafft, hat eine gute Chance den Durchlauf erfolgreich zu beenden. Eigentlich ist diese Strategie nicht gewünscht und man muss den Probanden sagen, dass sie sie nicht benutzen sollen. Aus diesem Grund wurden die Zeiten so gewählt, das der "Umweg" in der Regel zu lange dauern würde, weil eine richtige Antisakkade meist schneller zum Ziel führt als eine falsche Sakkade plus deren Korrektur.

Die Erfolgsquote für die Durchläufe, bei denen gar kein Ablenkungsreiz gezeigt wurde und auch keine Reizverlagerung stattfand, fällt erwartungsgemäß am niedrigsten aus, noch einmal niedriger als bei der Sprungaufgabe. In der Abb. 9 ist diese Alterskurve rechts unten zu sehen.

Der Abfall der Alterskurven aller fünf Variablen bedeutet nicht, dass alle Menschen in den höheren Altersstufen den entsprechenden Leistungsverlust erleiden. Richtig ist, dass die abfallenden Werte durch einen größer werdenden Anteil von Personen in diesen Altersgruppen verursacht werden, die die Leistung ihrer "besten" Jahre nicht mehr erbringen können.

Definiert man als "bestes" Alter die Periode zwischen 18 und 28 Jahren (das ist die Lebensspanne, in der die Kurven ihr Minimum durchlaufen), so kann man jetzt berechnen, wieviel Prozent der Personen in jeder Altersgruppe außerhalb dieser Norm liegen. Die Abb. 10 zeigt für alle fünf Variablen den Verlauf der Kurven.

Nehmen wir als Beispiel die Werte der Anti-Aufgabe, so zeigt die u-förmige Kurve, dass im Alter von 7 Jahren nur 10% der Kinder schon die Leistung der Erwachsenen erbringen, und dass im Alter von 60 Jahren

1.2 Entwicklung der Sinnesverarbeitung

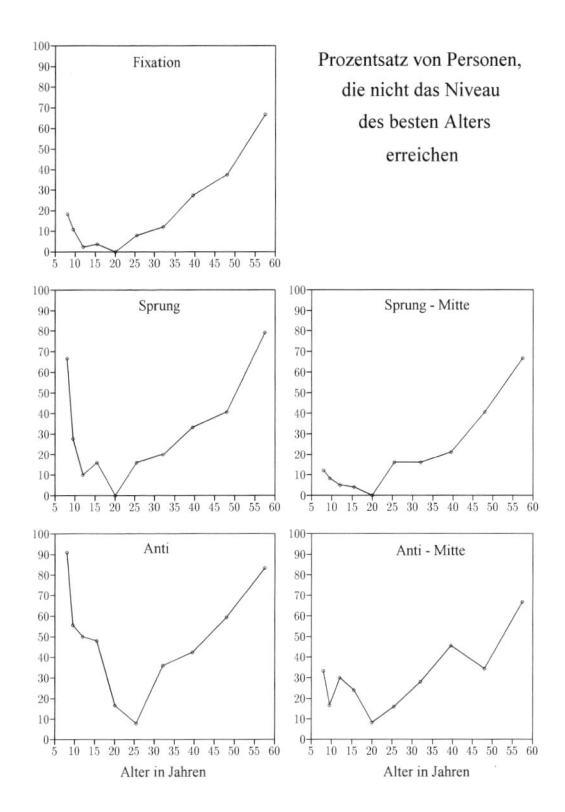

Abbildung 10: Prozentzahlen der Personen, die beim dynamischen Sehen die Altersnorm der "besten" noch nicht oder nicht mehr erreichen.

nur noch 20% so gut geblieben sind, wie sie es vor 40 Jahren einmal waren.

Interessanterweise gab es nur geringfügige Korrelationen zwischen den drei Hauptvariablen des dynamischen Sehtests. Die Korrelationskoeffizienten erreichten höchstens einen Wert von 0,3, verfehlten aber in den meisten Altersgruppen die Signifikanz von $p < 0,01$. Dies bedeutet, dass die drei Varianten des Tests verschiedene Funktionen des Sehens bzw. der Blicksteuerung prüfen.

Dieser Abschnitt hat uns gelehrt, dass man mit einfachen Mitteln das dynamische Sehen unter drei Bedingungen prüfen kann und dass die dabei benötigten Fähigkeiten sich auch nach dem Schuleintrittsalter noch entwickeln. Dies gilt besonders für die Anti-Aufgabe, mit der wir es im nächsten Abschnitt wieder zu tun haben werden, wenn wir über die Blickfunktionen sprechen.

Im übrigen ist die Meldung dieses Kapitels ganz analog zum Hören: Man muss damit rechnen, dass Kinder auch noch Jahre nach Schulbeginn das dynamische Sehen nicht bis zum Niveau der Erwachsenen entwickelt haben und dass es Menschen über 40 gibt, die nicht mehr die Leistung erbringen, die sie einige Jahre zuvor noch erbrachten. Diese Daten sind ausführlich publiziert und diskutiert [Fischer and Hartnegg, 2002].

1.2.3 Blicken

Mit dem Wort "blicken" bezeichnen wir in der deutschen Sprache die Tätigkeit der Augenbewegungen beim natürlichen Sehprozess. Tatsächlich gibt es eine Reihe von ganz verschiedenen Steuersystemen im Gehirn, die dem Blicken dienen können. Sie ergeben sich aus sehr einfachen Überlegungen: Die Augen verfügen nur in der Mitte der Netzhaut über eine gute Sehschärfe. Schon wenige Sehwinkelgrade neben der gerade eingenommenen Blickrichtung sehen wir nur noch unscharf. Wir können zwar sehen, dass da etwas ist, aber wir können keine kleinen Details erkennen, um zu sehen, was es ist. Dieser fundamentale Bauplan des menschlichen Auges macht die vielen Blickbewegungen notwendig. Für deren Steuerung haben wir gleich mehrere Steuersysteme im Gehirn:

i) Die Augenfolgebewegungen dienen dem Verfolgen von bewegten Dingen: Durch ein besonderes System im Gehirn ist es möglich, ein bewegtes Objekt "im Auge zu behalten" und dadurch stets scharf zu sehen. Dies geschieht zwar mit Hilfe eines Reflexes, dem optokinetischen Reflex, aber wir können diesen Reflex unter den meisten Umständen außer Kraft setzen, indem wir beschließen, das betreffende Objekt nicht näher zu beachten.

ii) Die vestibuläre Kompensation dient dazu, Dinge im Auge zu behalten, wenn wir uns oder nur unseren Kopf bewegen. Das dazu

1.2 Entwicklung der Sinnesverarbeitung 79

benötigte Sinnesorgan sitzt im Innenohr und meldet die Drehbeschleunigungen des Kopf in allen drei Raumrichtungen. Auch hier ist ein Reflex am Werk, den wir aber nur schlecht ausschalten können. Das ist aber kein Problem, im Gegenteil sollen wir froh sein, dass er so zuverlässig ohne unser Zutun arbeitet. Soll nach einer Köper- oder Kopfbewegung ein anderes Ziel angeschaut werden, so haben wir entsprechende andere Möglichkeiten, dies zu erreichen.

iii) Das beidäugige Konvergenz-Divergenzsystem sorgt dafür, dass wir Dinge in verschiedenen Entfernungen von uns in Augenschein nehmen und dort den Blick auch stabil halten können. Dazu muss man sich nur überlegen, dass für den Blick von nah nach fern oder umgekehrt die beiden Augen sich um nur weniges in entgegengesetzte Richtungen bewegen und anschließend in dieser Stellung gehalten werden müssen.

iv) Wir bedenken oft nicht, dass die Augen auch eine Haltefunktion brauchen, damit sie für bestimmte Zeit in einer Stellung gehalten werden können. Wir nennen diese Steuerfunktion die Fixation.

v) Das beim Sehen am häufigsten benutzte System ist das Sakkadensystem. Es dient dazu, Dinge, die zunächst nur undeutlich aus dem Augenwinkel wahrgenommen wurden, mit einer raschen Bewegung der Augen "ins Auge zu fassen", um sie mit der Fovea gut zu sehen und richtig erkennen zu können. Es scheint uns als ganz selbstverständlich, dass wir mal hierhin und mal dahin blicken, um etwas besonderes anzuschauen. Wir können unseren Blick nach eigenem Willen da oder dorthin richten und machen von dieser Möglichkeit auch häufig Gebrauch. Was uns dagegen entgeht, ist der Umstand, dass wir unseren Blick tatsächlich *andauernd* in kleineren oder größeren Sprüngen hin und her senden, ohne darüber nachdenken zu müssen und ohne für jeden Blicksprung einen bewussten Willensimpuls abzugeben. Nichtsdestoweniger benötigen die Augenmuskeln für jeden Blicksprung einen eigenen Befehl, dessen Zeitpunkt davon abhängen muss, was wir gerade sehen und was wir gerade als nächstes anschauen wollen.

Wir können uns dieses Steuersystem in seiner ganzen Komplexität mit einem Schema der Nervenverbindungen zwischen den Augen und den

Die anatomischen Verbindungen im Dienst der Blicksteuerung

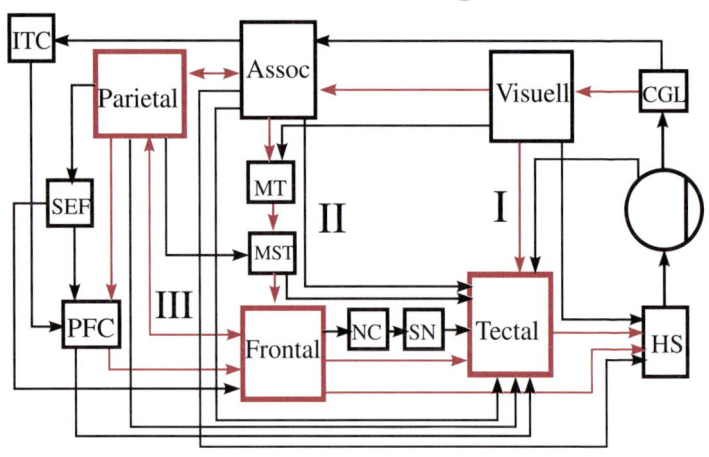

Abbildung 11: Schema der Nervenverbindungen im Dienst der Blicksteuerung durch Sakkaden. Die Linien stellen Nervenverbindungen dar, die das Auge verlassen (rechts nach oben) und auf verschiedenen Wegen und über verschieden viele Stationen schließlich an den Augenmuskeln enden (rechts von unten). CGL – Corpus Geniculatum Laterale; Visuell – steht für den primären visuellen Cortex; Assoc – steht für bestimmte Teile des visuellen Assoziationscortex; Parietal – parietaler Cortex; ITC – Infero Temporaler Cortex; SEF – Supplementäres Augenfeld; PFC – Präfrontaler Cortex; Frontal – Frontales Augenfeld; NC – Nucleus Caudatus; SN – Substantia Nigra; Tectal – Tektum, bzw. Colliculus Superior. Die drei römischen Zahlen kennzeichnen die drei Hauptverbindungen

Augenmuskeln veranschaulichen. Die Abb. 11 zeigt ein solches Schema. In rot sieht man die drei Hauptverbindungswege, die mit den Ziffern I, II und III bezeichnet sind. Diese Dreiteilung hat sich ursprünglich aus einer entsprechenden Dreiteilung von Reaktionszeiten ergeben, die dann zu entsprechenden funktionellen Überlegungen geführt hat.

Aus diesen funktionellen Betrachtungen ergeben sich zunächst verschiedene wichtige Schlussfolgerungen für unsere spätere Behandlung[4] von Lesestörungen: Die beiden ersten Systeme sind für unser tägliches Leben, für die Steuerung unserer Körperbewegungen und für die visuel-

---

[4] siehe Kapitel 2.2 auf Seite 110

1.2 Entwicklung der Sinnesverarbeitung

le Wahrnehmung bei Eigen- und Fremdbewegungen von grundlegender Bedeutung. Für das Lesen werden sie aber nicht benötigt. Auf das Konvergenzsystem könnten wir beim Lesen eigentlich auch verzichten, denn wir wechseln ja nicht dauernd den Abstand zwischen Buch und Augen und die Buchstaben sind platt auf einer Ebene angeordnet. Aber: Der einmal gewählte Leseabstand muss auch gehalten werden und zwar von beiden Augen. Dabei muss auch die richtige Brennweite der Linsen in beiden Augen auf den gleichen Abstand eingerichtet und gehalten werden. Funktioniert diese beidäugige Stabilität nicht zuverlässig, haben wir beim Lesen schlechte Karten. Wir sollten dann am besten einmal versuchen, mit einem Auge lesen, damit unser Gehirn nicht dauernd zwei verschiedene und auch noch langsam wechselnde Bilder erhält. Indessen wissen wir schon lange, dass unser Gehirn selbst über Mittel und Wege verfügt, das Bild eines der beiden Augen abzuschalten, wenn es zu einer Rivalität kommt. Aber diese Unterdrückung ist eigentlich dazu da, die Doppelbilder von Objekten, die weit weg von oder sehr nah bei uns sind, zu verhindern. Objekte, die sich in einer bestimmten Entfernung befinden und die wir anschauen, sollten dagegen keinen Anlass zu einem beidäugigen Wettstreit geben. Tun sie es doch, muss unser Gehirn Extraarbeit leisten: Wir haben es schwer mit dem beidäugigen Sehen.

Das Sakkadensystem wird sehr häufig benutzt. Etwa drei bis fünf mal in der Sekunde wechselt unser Blick. Wir können großzügig mit Sakkaden umgehen: Eine mehr oder weniger macht keinen großen Umstand, was wir beim ersten Mal hinschauen nicht gleich richtig erkannt, weil wir nicht richtig getroffen haben, blicken wir eben mit einer nächsten Sakkade an. Deswegen werden Unzuverlässigkeiten im Sakkadensystem im Alltag nicht unbedingt bemerkt. Aber beim Lesen kann es zu großen Problemen kommen, wenn die Steuerung der Sakkaden unzuverlässig ist und sich nicht danach richten lässt, was in jedem Moment - zu jedem Augenblick - gerade gelesen werden soll.

Ebenso häufig wie das Sakkadensystem benutzen wir natürlich das Fixationssystem, denn zwischen zwei Sakkaden muss der Blick ruhig gehalten werden. Funktioniert das Stillhalten nicht, kann es zu unerwünschten Sakkaden kommen, die den Sehprozess in diesem Moment unterbrechen. Es kommt zu unvollkommenen Sehergebnissen: Man sieht etwas nicht oder fehlerhaft.

Aus diesen Betrachtungen wird klar, dass das Sakkadensystem, das Fixationssystem und das Konvergenzsystem unsere besondere Beachtung verdienen, wenn wir uns mit dem Leseprozess beschäftigen wollen.

Sakkadensystem: Wir beginnen bei der Betrachtung der Blicksteuerung mit dem Sakkadensystem. Die neurobiologischen Prinzipien sind in dem Buch "Blick-Punkte" im einzelnen beschrieben [Fischer, 1999], sodass wir hier nur die funktionellen Aspekte behandeln, die für die Beurteilung des Entwicklungsstandes und die Bewertung von Abweichungen von der Altersnorm von Bedeutung sind.

Dazu müssen wir uns klar machen, dass die Sakkadensteuerung mit Hilfe von mindestens drei funktionellen Komponenten erfolgt (sie sind in der Abb. 11 mit den römischen Ziffern gekennzeichnet): I. der Fixation (die Haltefunktion), II. dem optomotorischen Reflex (zieht die Augen reflektorisch zu neuen Lichtreizen) und III. der willentlichen Komponente, mit der wir blicken können, wohin und wann wir wollen.

Der optomotorische Zyklus

Das Zusammenspiel dieser drei Komponenten versteht man am besten, wenn man das Konzept des optomotorischen Zyklus benutzt.

Durch die Aufteilung der Netzhaut in Fovea und Peripherie müssen wir die Augen ständig bewegen. Das geschieht beim natürlichen Sehen etwa drei bis fünf mal in jeder Sekunde. Diese Bewegungen sind sehr schnell und dauern nicht mal eine Zehntelsekunde, genauer: Etwa 20 bis 60 Tausendstelsekunden, je nach Größe. Zwischen den Blicksprüngen ruhen die Augen, sie sind fixiert.

Der Sehprozess besteht demnach aus einem dauernden Wechsel von Fixationszeiten und Blicksprüngen, die gleichsam im Stop-and-Go-Verkehr das Gehirn mit Bildern versorgen, die fein säuberlich sortiert bleiben müssen, damit das am Ende entstehende Gesamtbild richtig werden kann und man darin das Richtige an der richtigen Stelle sieht. Erst wenn man dies bedenkt, erkennt man, dass das Sehen ein Prozess ist, der in zeitlich nacheinander folgenden Schritten abläuft, ein Umstand, der uns subjektiv völlig entgeht, weil wir die Blicksprünge nicht bemerken und sie in der Regel auch nicht bewusst und willentlich steuern.

Wir können uns dies förmlich vor Augen führen, indem wir bestimmte optische Täuschungen in zwei verschiedenen Weisen anschauen: Einmal auf die natürliche Weise, also mit Blicksprüngen, und einmal auf

1.2 Entwicklung der Sinnesverarbeitung

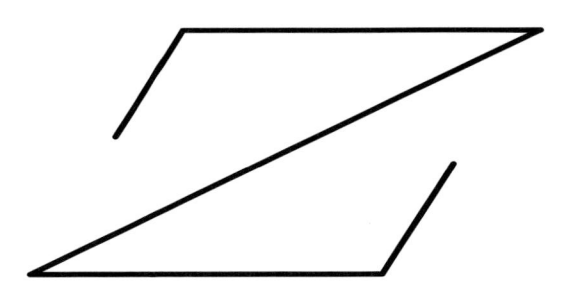

Abbildung 12: Die Z-Täuschung und ihre Ent-Täuschung. Bei dieser Form des Buchstabens Z scheint die kurze Endlinie oben links (unten rechts) in ihrer Verlängerung nicht die jeweilige Ecken zu treffen. In Wirklichkeit treffen sie aber sehr wohl.

die unnatürliche Weise, indem wir willentlich und bewusst die Blicksprünge unterdrücken. Die Abb. 12 zeigt die Z-Täuschung. Wenn wir sie wie gewohnt anschauen, meinen wir, dass die Verlängerung der linken oberen Linie nach unten die untere linke Spitze nicht trifft. Genauso sehen wir die Verlängerung der rechten unteren Linie nach rechts oben an der Spitze vorbei gehen. Aber das ist eine Täuschung: Schauen wir in die Mitte der Zeichnung und bewegen unseren Blick nicht mehr, sondern achten auf die Linien, so dauert es eine Weile, bis wir sehen, dass diese Linien sehr wohl die Spitzen treffen. Davon kann man sich auch leicht überzeugen, indem man mit die Linien einem Lineal verlängert.

Dieses Phänomen soll hier nicht erörtert werden, sondern es soll zeigen, dass wir im Allgemeinen beim natürlichen Sehen hin- und herblicken und dies nicht bemerken, und zweitens, dass der Sehprozess mit zeitlich aufeinander folgenden Bildern arbeitet.

Spätestens hier wird klar, dass unser Sehsystem eine gewisse zeitliche Mindestauflösung benötigt, um diesem Zyklus von Fixation und Sakkade folgen zu können. Natürlich kann man sozusagen langsamer gucken, wenn es einem zu schnell vorkommt, aber wenigstens müssen die Sehgeschwindigkeit und der optomotorische Bildwechsel aufeinander abgestimmt sein.

Wir werden sehen, dass die drei Komponenten "Fixation", "Reflex", "willentliche Komponente" verschiedene Entwicklungen durchlaufen und Fehlentwicklungen daher erst in verschiedenen Lebensaltern be-

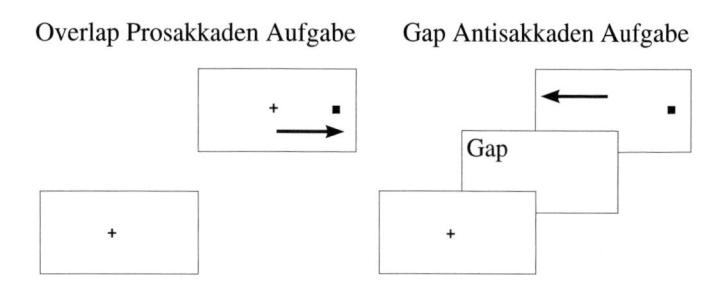

Abbildung 13: Darstellung der beiden Augenbewegungsaufgaben zur Bestimmung des Status der Blicksteuerung durch Blicksprünge. Links ist die Overlap-Bedingung für Prosakkaden, rechts die Gap-Bedingung für Antisakkaden dargestellt. Die Darstellung des Zeitablaufes erfolgt wie in Abbildung 2 (Seite 54). Das Pluszeichen kennzeichnet den Fixationspunkt, das kleine Quadrat den Reiz. Während des Gap (zeitliche Lücke) sieht die Testperson für 200 ms gar nichts.

merkt werden, dann nämlich, wenn sie sich entwickeln sollten, es aber nicht oder nur unzureichend tun.

Die Prüfung der Blicksteuerung

Die drei soeben besprochenen Unterfunktionen werden hauptsächlich von drei verschiedenen Hirngebieten kontrolliert. Um sie zu prüfen, benötigen wir zwei optomotorische Testaufgaben. Wir werden sie eine nach der anderen besprechen.

Pro-Overlap-Aufgabe

In der ersten Aufgabe sieht man einen Fixationspunkt. Nach etwa 1 Sekunde erscheint rechts oder links ein zweiter Lichtreiz, den man dann anblicken soll. Nach weiteren 0,8s verschwinden beide Reize und eine Sekunde später beginnt ein neuer Durchlauf. Ein solcher Durchlauf ist in der Abb. 13 links dargestellt. Die Aufgabe hat ihren Namen also sowohl wegen der zeitlichen Reizanordnung (Overlap = zeitliche Überlappung von Fixationspunkt und Reiz) als auch wegen der Anweisung, eine Prosakkade zu machen.

Anti-Gap-Aufgabe

In der zweiten Aufgabe ist der Ablauf sehr ähnlich mit zwei kleinen, allerdings sehr bedeutsamen Unterschieden. Erstens wird der Fixationspunkt schon 0,2s vor dem Erscheinen des neuen Reizes ausgeschaltet

1.2 Entwicklung der Sinnesverarbeitung

und zweitens heißt die Anleitung, dass man in die dem Reiz jeweils entgegengesetzte Richtung schauen soll. Es entsteht also eine zeitliche Lücke (engl.: gap) zwischen den beiden Reizen und man muss eine sog. Antisakkade machen. Ein Durchlauf dieser Art ist in der Abb. 13 rechts dargestellt. So ist die Bezeichnung "Anti-Gap-Aufgabe" zustande gekommen.

Es mag den Leser erstaunen, dass diese beiden eigentlich nicht sehr gravierenden Unterschiede in der Anordnung und Anweisung zu einem vollkommen verschiedenen Blickverhalten führen können. Die neurologischen Grundlagen können wir hier nicht besprechen, sondern müssen einfach akzeptieren, was die Daten uns sagen. Sie zeigen, dass mit diesen Aufgaben tatsächlich verschiedene voneinander unabhängige Funktionen gemessen werden können. Die Methodik und ihre neurologischen Grundlagen sind ausführlich beschrieben [Fischer et al. 1997].

Messung der Augenbewegungen: Zuvor aber noch ein paar Worte zur Messung der Augenbewegungen. Das ist kein leichtes Unterfangen, da man die Augen nicht anfassen und nichts an ihnen befestigen kann. Die Videobilder, die man heute leicht aufnehmen und speichern kann, ergeben nur alle 13ms ein neues Bild. Das ist eine zu grobe Auflösung. Für die routinemäßige Anwendung beim Menschen, besonders bei Kindern und Patienten, kommt eigentlich nur die inzwischen gut entwickelte Infrarotlicht-Reflex-Methode in Betracht. Dabei wird das Auge mit schwachem infrarotem Licht beleuchtet. Das vom Auge reflektierte Licht wird von kleinen Sensoren (Fotozellen) rechts und links vom Auge aufgefangen und analysiert. Daraus kann man mit erstaunlicher Genauigkeit von Bruchteilen eines Sehwinkelgrades und mit großer zeitlicher Auflösung von einer Tausendstelsekunde die Bewegungen des Auges messen. Wenn man sowohl die Messelemente als auch die Lichtquellen für die drei benötigten Lichtreize (einer für die Mitte, je einer für den Reiz rechts und links) in Form von Minilasern an dem Kopf der Testpersonen befestigt, so wird die Messung gegenüber kleinen Kopfbewegungen sehr unempfindlich und man erhält eine stabile Kalibrierung. Das ist gerade bei Kindern, die nicht lange ruhig sitzen können, von großem Vorteil. Seit einigen Jahren gibt es ein solches sogar tragbares Gerät, das eigens für diese Art von Routineuntersuchungen entwickelt wurde (s. Anhang).

Jetzt können wir uns den Messwerten zuwenden.

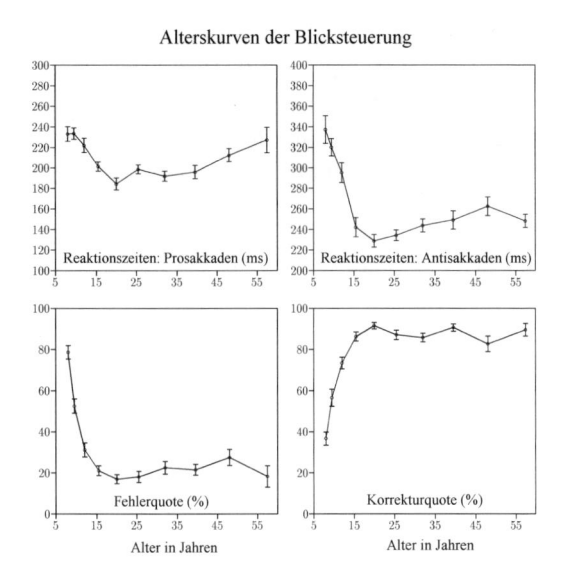

Abbildung 14: Die Abbildung zeigt die Alterskurven für vier Variable, die aus den Messungen der Augenbewegungen gewonnen werden. Man beachte die verschiedenen Bereiche der y-Achsen in den beiden oberen Diagrammen. N=296.

Pro-Overlap: Als erstes interessieren uns die Reaktionszeiten der ersten, der Pro-Overlap-Aufgabe. Sie sind in der Abb. 14 links oben als Funktion des Alters dargestellt. Man erkennt eine noch bis zum Alter von 20 Jahren anhaltende schwache Entwicklung zu kürzeren Reaktionszeiten, aber danach bleiben sie ziemlich konstant bei einem Mittelwert von 200 ms bis sie ab Alter 40 bzw. 50 wieder ansteigen.

Anti-Gap: Aus der Antissakkaden-Aufgabe können wir mehrere Variablen berechnen, denn es gibt Blicksprünge in die richtige und in die falsche Richtung, deren Reaktionszeiten wir getrennt betrachten. Dazu gibt es die Häufigkeit der Fehler, sowie die Häufigkeit der Korrekturen und die Korrekturzeiten. Alle diese Variablen geben uns Hinweise auf das gesamte Steuersystem der Blicksprünge.

Die Abb. 14 zeigt oben rechts die Reaktionszeiten der Antisakkaden. Man sieht, dass Kinder im Alter von 7 Jahren nur sehr langsam reagieren und dann eine sehr deutliche Entwicklung durchlaufen, bei der sie mit zunehmendem Alter ihre Reaktionszeiten um etwa eine Zehn-

1.2 Entwicklung der Sinnesverarbeitung

telsekunde verkürzen. Der schnellste Wert von etwa 230 ms ist aber immer noch langsam verglichen mit den Reaktionszeiten der Prosakkaden. Man beachte die verschiedenen Skalenbereiche der y-Achse für die beiden Kurven.

Was man in der Forschung lange vernachlässigt hat, ist die genauere Untersuchung von Fehlern bei den Augenbewegungsaufgaben. Dies resultiert aus der Tatsache, dass Erwachsene relativ wenig Fehler machen und man dazu neigt, ihnen diese nachzusehen, als versehentliche Reaktionen, die sie hätten verhindern können, wenn sie aufmerksamer gewesen wären. Indessen ist es sehr schwer, ja sogar unmöglich, alle Fehler zu verhindern, zumindest in der Gap-Bedingung.

Wir schauen deswegen zusätzlich die Entwicklung der Fehlerquoten an. Die Abb. 14 zeigt, wie lange die Entwicklung andauert, nämlich bis ins Erwachsenenalter. Zusätzlich zeigen die Fehlerkurven, dass bei Schuleintritt die Antisakkaden-Aufgabe noch sehr schlecht beherrscht wird. Die Fehlerquote liegt im Mittel bei 80% und zeigt, dass die Frontalhirnkomponente der Blicksteuerung erst ab diesem Alter wirklich entwickelt wird.

Wenn Fehler vorkommen, erwartet man, dass sie korrigiert werden. Das ist aber erstaunlicherweise gar nicht immer der Fall. Die Korrekturquote der jüngsten Kinder ist nur knapp 40%, d.h. dass die Kinder im Alter von 7 Jahren nicht nur ihren Reflexen erlegen sind, indem sie entgegen der Aufgabenstellung doch zum Lichtreiz schauen, sondern diese Fehler auch nur selten korrigieren können, indem sie wenigstens mit einem zweiten Blicksprung auf die Seite kommen, auf die sie ursprünglich sofort kommen wollten und sollten.

Wir haben die Fehlerquote auf die Zahl der Durchläufe bezogen und die Korrekturquote auf die Zahl der Fehler. Man kann natürlich auch ausrechnen, wie häufig man die Anti-Seite überhaupt nicht und auch nach zwei Sakkaden nicht erreicht hat. Diese Zahl errechnet sich aus der Fehlerquote und der Korrekturquote. Die Abb. 15 zeigt diese Alterskurve auf der linken Seite. Hier sieht man, dass man wenigstens in seinen "besten Jahren" praktisch alle Fehler, die man machte, auch verbessert und dass diese Fähigkeit auch nicht zu stark abnimmt, wenn man über das Alter von 40 Jahren hinauskommt. Kindern können aber auch dies nur unvollkommen und im Alter wird die Wahrscheinlichkeit, die andere Seite wenigstens mit zwei Blicksprüngen zu erreichen, wieder etwas kleiner.

Alterskurven der Blicksteuerung

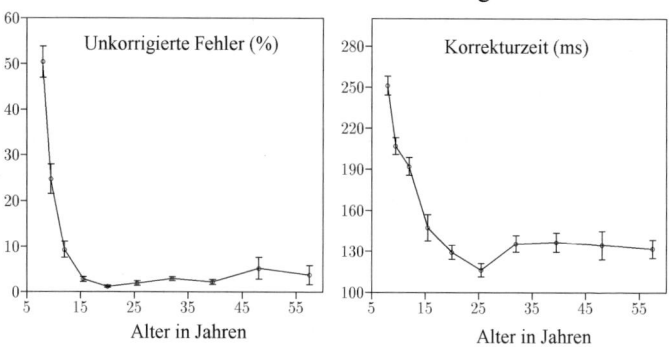

Abbildung 15: Die Entwicklung der willentlichen Blicksteuer-Komponente gemessen anhand der Prozentzahl unkorrigierter Fehler (links) und anhand der Korrekturzeiten (rechts).

Schließlich wollen wir auch noch wissen, wie lange die Korrekturen nach dem Fehler auf sich warten lassen. Wenn man nämlich Schwierigkeiten hat, auf die Anti-Seite zu schauen, so hat man diese ja nicht in einem Bruchteil einer Sekunde abgelegt, sondern wird eventuell auch nach dem gemachten Fehler wieder eine längere Zeit benötigen, bis man den Blick zur Anti-Seite richten kann. Die Abb. 15 zeigt den Verlauf der Entwicklung der Korrekturzeiten auf der rechten Seite.

Andere Variablen, die aus den Daten der Messung der Augenbewegungen gewonnen werden können, werden hier nicht gesondert grafisch dargestellt, können aber bei der Beurteilung der Blicksteuerung durchaus eine Rolle spielen. Ausführliche Darstellungen der Entwicklung bis ins hohe Alter können nachgeschaut werden [Fischer et al. 1997]; [Klein et al. 2000] und eine Übersicht über die klinische Anwendung wurde gesondert publiziert [Everling and Fischer, 1998].

Man kann unter den Reaktionen in der Prosakkaden-Aufgabe die Reflexe anhand ihrer besonders kurzen Reaktionszeit getrennt zählen und deren Häufigkeit berechnen. Diese Variable ist eines der Maße für die Güte der Fixation, denn sie sagt uns, wie oft die Haltefunktion zu schwach war, um eine reflexmäßige Augenmuskelreaktion zu verhindern. Tatsächlich nehmen die Reflexe ab Alter 7 ab, werden während der Jugendzeit etwas weniger und sinken im Erwachsenenalter auf etwa 10%.

1.2 Entwicklung der Sinnesverarbeitung

Diese Zahl nimmt dann noch etwas weiter ab und erreicht im Alter von 50 Jahren einen Wert von etwa 7%. Hierzu werden keine Entwicklungskurven gezeigt, weil das Ergebnis mit Worten ebenso gut und kürzer beschrieben und begriffen werden kann.

Es gibt Menschen, besonders Kinder, die keine rechte Kontrolle über ihre Reflexe entwickeln konnten. Sie müssen sozusagen auch gegen ihren Willen zu plötzlich auftauchenden Lichtreizen hinschauen. Sie machen dies oft mit den kürzest möglichen Reaktionszeiten von etwa 100 ms. Man erkennt diese Kinder an der großen Zahl von Express-Sakkaden[5] und sie heißen deswegen etwas salopp "Express Saccade Maker" oder kurz: ExpressMaker. Diese besonderen Menschen haben eine zu schwache Fixation [Biscaldi et al. 1996] und können aus eben diesem Grund auch die Antisakkaden-Aufgabe kaum ohne Fehlblicke zum Reiz durchführen.

Zusammenhang der Variablen der Blicksteuerung: Die Parallelität der Entwicklung der Variablen aus der Antisakkaden-Aufgabe könnte ein reiner Alterseffekt sein, sodass ein Zusammenhang zwischen den Variablen in den Daten der Einzelpersonen gar nicht unbedingt besteht. Indessen kann man die Korrelationen zwischen den Variablen berechnen und zeigen, dass auch bei Berücksichtigung des Alters hohe Korrelationen auftreten.

Jetzt bleibt uns noch, die Zusammenhänge zwischen den Variablen der Prosakkaden-Aufgabe und denen der Antisakkaden-Aufgabe zu untersuchen. Wir müssen das hier aber nicht im Einzelnen durchsprechen, weil es schon in dem Buch "Blick-Punkte" erklärt wurde. Es ist aber wichtig zu bemerken, dass eine Faktorenanalyse (das ist das statistische Werkzeug für solche Fälle) ganz klar zwei Faktoren isoliert, wobei die Variablen der Prosakkaden den einen, die der Antisakkaden den anderen Faktor ausmachen. Die Unterscheidung erfolgt also nicht anhand der Aufgabe, sondern anhand der Art der Blickreaktionen.

Zusätzlich kam heraus, dass die Fehlerquote nicht eindeutig dem einen oder anderen Faktor zugeordnet werden konnte, sondern zu beiden beiträgt. Auch dies ist sehr wichtig, denn es zeigt, dass es für hohe Fehlerquoten zwei Gründe geben kann: Eine zu schwache Fixation oder eine Schwäche der willentlichen Komponente oder beides. Wenn man dann

---

[5]Express-Sakkade ist der Name für den Reflex, mit dem die Augenmotorik auf einen neuen Reiz reagieren kann.

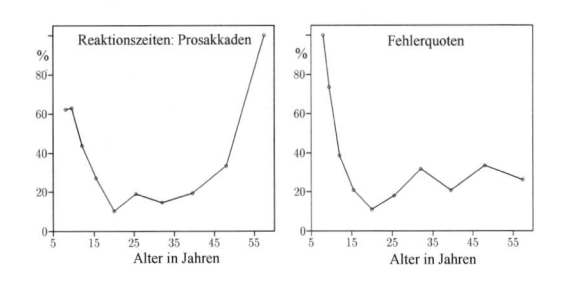

Abbildung 16: Die Abbildung zeigt die Prozentzahlen der Personen, die die Normwerte der "Besten" noch nicht oder nicht mehr erreichen, als Funktion des Alters.

genauer analysiert, sieht man, dass ExpressMaker, also Menschen mit zu vielen Reflexen, zu überdurchschnittlich vielen Fehlern neigen, die sie aber sehr häufig und sehr schnell korrigieren. Sie haben also eigentlich gar kein so großes Problem auf die Anti-Seite zu blicken, sondern sie unterliegen ihren schnellen Reflexen und können dann im zweiten Schritt schnell und relativ leicht auf die andere Seite blicken.

Zum Schluss wollen wir auch hier betrachten, wieviel Prozent der normalen Bevölkerung mit ihren Blickfunktionen hinter den "Besten" zurück liegen. Die Besten, das sind die 18- bis 28-Jährigen.

Die Abb. 16 zeigt das Ergebnis für die Reaktionszeiten der Prosakkaden und für die Fehlerquoten. Wie schon beim Hören und beim dynamischen Sehen stellt sich heraus, dass es nur eine vergleichsweise kurze Lebensspanne gibt, während der die meisten Menschen die besten Leistungen erbringen können.

1.2.4 Fixationsstabilität

Dieses Kapitel beschäftigt sich mit mehreren Aspekten der augenmotorischen Stabilität der Fixation. Wir werden sehen, dass es zwei grundsätzlich verschiedene Kontrollsysteme gibt, die getrennt untersucht werden müssen.

Es erscheint uns als das Selbstverständlichste von der Welt, dass wir etwas "in aller Ruhe" anschauen können, ohne unseren Blick zu bewegen. Indessen ist die Stabilität der Blickrichtung keineswegs von alleine

1.2 Entwicklung der Sinnesverarbeitung

gegeben, sondern sie muss vom Gehirn erarbeitet bzw. dauernd geleistet werden. Beim Darüber-Nachdenken wird das sehr schnell klar, denn wir müssen uns nur fragen, wie wir zunächst den ersten Buchstaben ganz links am Beginn dieser Zeile anschauen können und dann, ohne den Kopf zu bewegen, den letzten Buchstaben ganz rechts auf dieser Zeile.

Wenn wir annehmen, dass die Mitte der Zeile der "natürlichen" Ruhestellung der Augen entspricht, dann sind beide Positionen, die linke und die rechte, außerhalb der Ruhestellung. Deswegen müssen die Augen an diesen Positionen aktiv gehalten werden können, weil sie sonst von alleine in die Mittelstellung zurück kehren würden.

Abweichungen von einer gewünschten Blickrichtung können prinzipiell auf zwei Weisen passieren. (i) Beide Augen können eine mehr oder weniger große und mehr oder weniger schnelle Bewegung in die gleiche Richtung machen, ohne dass sich der Winkel zwischen den Blicklinien der beiden Augen ändert. (ii) Jedes der beiden Augen kann unabhängig vom anderen eine Bewegung machen. Dabei wird der Winkel zwischen den Blicklinien geändert und sie schneiden sich danach entweder weiter hinten oder weiter vorne.

Die Abb. 17 zeigt schematisch diese beiden Möglichkeiten. Auf der linken Seite sind die Blicklinien gezeigt, wenn die Augen beide nach rechts springen. Der Winkel zwischen den Blicklinien (der Konvergenzwinkel) bleibt dabei erhalten, weil beide Augen sich im gleichen Sinn um denselben Betrag im Uhrzeigersinn drehen. Rechts sind die Blicklinien gezeigt, wenn die Augen von hinten (weiter weg) nach vorne (näher) blicken. Dazu machen die beiden Augen Bewegungen in entgegengesetzter Richtung: Der Konvergenzwinkel ändert sich.

Wenn gleichgerichtete Bewegungen (meist kleine schnelle Blicksprünge) und/oder kleine entgegengesetzte Bewegungen (meist langsame Drifts) unwillkürlich passieren und nicht verhindert werden können, ist die Fixation nicht stabil und eine entsprechend stabile Wahrnehmung nicht gewährleistet.

Wir wissen heute, und werden es gleich auch belegen, dass für diese beiden Möglichkeiten der Instabilität zwei verschiedene funktionale Systeme im Gehirn verantwortlich sind. Einerseits werden nämlich kleine gleichgerichtete Sakkaden durch eine Hemmung des Sakkadensystems unterdrückt, andererseits werden kleine langsame Drifts jedes einzelnen

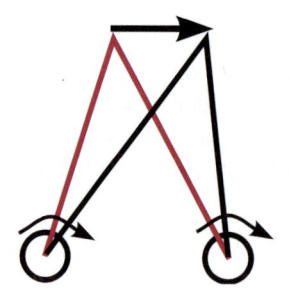

Abbildung 17: Die Abbildung zeigt schematisch zwei grundsätzlich verschiedene Formen der Augenbewegungen, deren Kontrolle für eine stabile Fixation benötigt wird. Links erkennt man gleichgerichtete Blicksprünge nach rechts, bei denen sich beide Augen rasch im Uhrzeigersinn (von oben gesehen) bewegen. Rechts erkennt man entgegengesetzte Bewegungen der beiden Augen, wie sie vorkommen, wenn man von einem entfernteren Punkt zu einem näheren Punkt blickt.

Auges durch ein System der beidäugigen Koordination verhindert. Je nachdem welches der beiden Systeme nicht ordentlich arbeitet, kann es zu der einen oder der anderen Art der Instabilität kommen.

Um sie auseinander zu halten, nennen wir sie die "einfache In-Stabilität" und die "binokulare In-Stabilität".

Mit Schielstellungen, mit latentem (verborgenen) Schielen bzw. Heterophorie und Fixationsdisparität haben diese motorischen Instabilitäten nicht unmittelbar etwas zu tun, denn dabei handelt es sich um jeweils konstante Abweichungen der Blickrichtung eines der beiden Augen von einem Sollwert. Diese Arten von Schwächen erschweren allerdings auch das beidäugige Sehen und gehören daher zu der großen Familie der binokularen Störungen. Es kann sogar auch in bestimmten Fällen sein, dass die Bemühungen des Gehirns, eine kleine konstante Fehlstellung zu kompensieren, zu motorischen Unruhen führt. Dann kann mit einer prismatischen Brille geholfen werden. Solche Prismenbrillen werden heute relativ häufig eingesetzt, um sogenannte Winkelfehlsichtigkeiten zu beheben. Dabei handelt es sich um einen Begriff, der in der klassischen Augenheilkunde zwar als solcher nicht benutzt wird, aber er bezeichnet ein binokulares Sehproblem, das sehr wohl bei den Augenärzten bekannt ist, aber mit anderen Methoden bestimmt wird.

1.2 Entwicklung der Sinnesverarbeitung

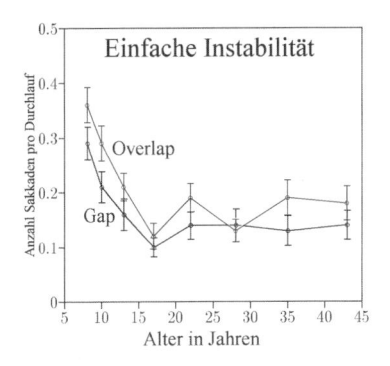

Abbildung 18: Die Entwicklung der Fixation zeigt sich in einer Abnahme der mittleren Anzahl unerwünschter Sakkaden pro Durchlauf, während ein Fixationspunkt fixiert werden soll. In rot sind die Ergebnisse aus der Overlap-, in schwarz die aus der Gap-Aufgabe gezeigt. N=240.

Die einfache Instabilität

Wir benutzen zur Messung der einfachen Instabilität entsprechend ihrer Definition die Anzahl von unwillkürlichen Sakkaden während einer Zeitperiode, in der die Augen einen Punkt fixieren sollen. Glücklicherweise kennen wir solche Aufgaben bereits: Die jeweils ersten Abschnitte der Overlap- und der Gap-Bedingung bestehen aus etwa 1 Sekunde, während der lediglich ein Fixationspunkt zu sehen ist. Wir brauchen also nur zu zählen, wie viele Sakkaden in dieser Zeit auftreten. Dazu müssen wir auch nur die Bewegungen eines der beiden Augen messen und analysieren, denn das andere macht in aller Regel die gleichen Blicksprünge. Idealerweise sollten natürlich gar keine Sakkaden zu sehen sein, aber das ist eben nicht immer der Fall.

Die Abb. 18 zeigt die Zahlen der unwillkürlichen Sakkaden geteilt durch die Anzahl der untersuchten Durchläufe, also die mittlere Zahl pro Durchlauf, die in der Overlap- und in der Gap-Bedingung gezählt wurden als Funktion des Alters. Wieder sieht man eine Altersentwicklung, die sich bis zum Alter von 17 Jahren hinzieht. Einen wirklich "ruhigen" Blick hat man erst im Erwachsenenalter. Da tritt zwar immer noch ein Blicksprung in 10 Durchläufen auf, aber das ist eben "normal".

Man erkennt außerdem, dass in der Gap-Bedingung tendenziell weniger unwillkürliche Sakkaden auftreten. Um das zu verstehen, müssen wir uns daran erinnern, dass in der Gap-Bedingung Antisakkaden verlangt werden. Um den verführerischen reflexiven Blick zum Reiz zu vermeiden, strengen sich die Versuchspersonen mehr an und versuchen ihren Blick in der Mitte zu fixieren, bis sie sich bewusst für die richtige Richtung entschieden haben. Dies gelingt ihnen auch, wenigstens zum Teil. In der Overlap-Bedingung dagegen werden Sakkaden zum Reiz verlangt und der Fixationspunkt bleibt sichtbar. Das erscheint einem als einfach, und weil man sowieso in Kürze eine Sakkade machen soll, löst man die Fixation manchmal schon etwas früher, die Hemmung der Sakkaden wird schwächer und spontane Sakkaden werden eher möglich.

Für uns ist es an dieser Stelle wichtig, die noch schwache Fixationsstabilität der Kinder während der gesamten Schulzeit zur Kenntnis zu nehmen. Später werden wir sehen, dass bei Legasthenie und/oder bei ADHS die einfache Stabilität im Mittel sogar noch schwächer ist als bei Kontrollkindern des gleichen Alters (Kapitel 2.2.4 auf Seite 126).

Die binokulare Instabilität

Zur Bestimmung der binokularen Instabilität müssen die Bewegungen beider Augen gleichzeitig gemessen und analysiert werden. Am besten verstehen wir die Methode anhand der Originalregistrierungen der Abb. 19.

Sie zeigt den Zeitverlauf der Bewegungen beider Augen während eines Durchlaufs der Overlap-Prosakkaden-Aufgabe, die in Kapitel 1.2.3 erläutert wurde. Im Idealfall sollten beide Augenspuren exakt parallel verlaufen. Bewegt sich eines der beiden Augen ohne das andere oder bewegen sich beide mit verschiedener Geschwindigkeit eventuell sogar in verschiedene Richtung, so ist die binokulare Stabilität für einen bestimmten Zeitraum aufgehoben. Im Beispiel der Abbildung sind solche Perioden rot markiert und deutlich zu erkennen. Die Sakkaden selbst, die von beiden Augen gleichzeitig gemacht werden, sowie kurze Zeiten davor und danach schließen wir aus dieser Analyse vollständig aus.

Die Zeitperioden der Abweichungen in einem Durchlauf kann man zusammen zählen und anschließend berechnen, in wieviel Prozent der gesamten Analyseszeit eines Durchlaufs die Augen mit verschiedener Geschwindigkeit unterwegs waren. Im Beispiel der Abb. 19 betrug die Länge dieses Intervals insgesamt 22% der Auswertezeit. Natürlich muss man kurze und kleine Abweichungen als "normal" tolerieren. Deswegen wurde eine Schwelle von insgesamt 20% gesetzt und ein Durchlauf erst

1.2 Entwicklung der Sinnesverarbeitung

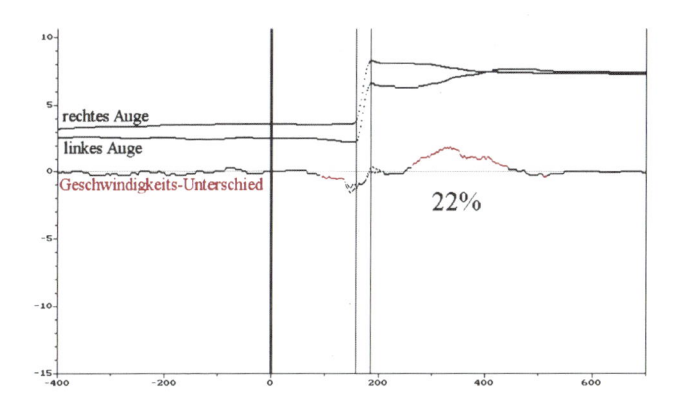

Abbildung 19: Die Augenbewegungsspuren des rechten und des linken Auges und die relative Geschwindigkeit der beiden Augen als Funktion der Zeit. Die beiden oberen Linien sollten immer parallel verlaufen, die untere Linie sollte keine Veränderungen zeigen. Während der rot markierten Zeitabschnitte waren die beiden Augen mit verschiedener Geschwindigkeit und in verschiedenen Richtungen unterwegs. Im Fall dieses Durchlaufes war während 22% der Analysezeit die binokulare Stabilität aufgehoben.

dann als "binokular auffällig" klassifiziert, wenn diese Schwelle überschritten wurde. Als Maß für die binokulare Instabilität einer Person wurde dann die Gesamtzahl der auffälligen Durchläufe in Prozent aller analysierten Durchläufe festgelegt.

Die Abb. 20 zeigt die Altersentwicklung dieser binokularen Instabilität. Auch hier sieht man, wie schwer sich Kinder im Alter von 7 bis 14 Jahren noch tun, ihre Augen zuverlässig und ruhig auf einen Punkt gerichtet zu halten. Die Streuung in den einzelnen Altersgruppen ist erheblich. Das zeigt an, dass es immer wieder Personen mit ganz schwacher Stabilität gibt. Der ideale Fall, von denen in den Lehrbüchern ausgegangen wird, tritt eher selten ein.

Die Unabhängigkeit der einfachen und der binokularen Instabilität

Wir hatten oben schon erwähnt, dass die Optomotorik des Menschen zwei unabhängige Systeme für die Stabilisierung des Blicks zur Verfügung hat. Das sollte sich nun darin zeigen, dass die beiden Variablen der einfachen Instabilität und der binokularen Instabilität nicht miteinander zusammenhängen, d.h. nicht miteinander korrelieren. Die Abb. 21 zeigt

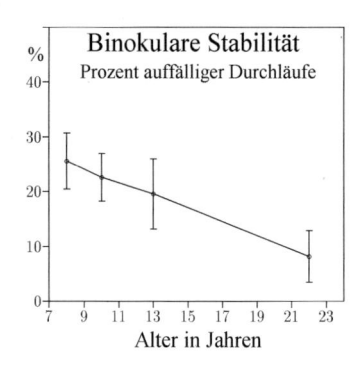

Abbildung 20: Die Entwicklungskurve der binokularen Stabilität. Die Daten weisen eine erhebliche Streuung auf, aber man erkennt die Verbesserung mit steigendem Alter. N=91.

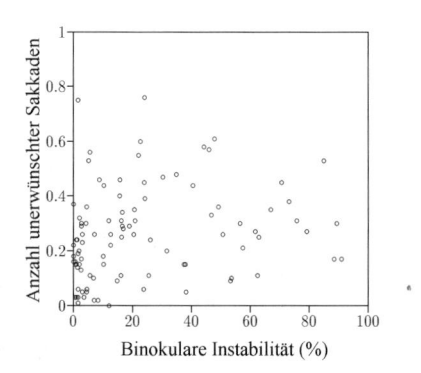

Abbildung 21: Der ScatterPlot der binokularen vs. der einfachen Stabilität zeigt keine systematische Korrelation. Das heißt, dass die beiden Funktionen voneinander unabhängig sind.

den sog. ScatterPlot. Tatsächlich sieht man keinen systematischen Zusammenhang und der Korrelationskoeffizient ist nicht nur klein, sondern auch nicht signifikant. Dies bedeutet nichts anderes, als dass man aus der Kenntnis der einen Variablen nichts erfährt über die andere. Mit anderen Worten: Die beiden sind unabhängig voneinander oder: Für jeden muss man die beiden Arten der Instabilität gesondert diagnostizieren.

1.2 Entwicklung der Sinnesverarbeitung

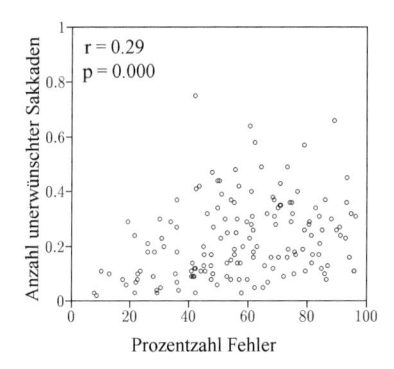

Abbildung 22: Der ScatterPlot der Fehlerquoten vs. der einfachen Instabilität zeigt eine vollkommen asymmetrische Verteilung. Rein rechnerisch ergibt sich eine hochsignifikante Korrelation, die aber den wirklichen Sachverhalt falsch wiedergeben würde, wenn man keine weiteren Informationen – wie etwa diesen ScatterPlot – benutzt. N=271.

Zusammenhang zwischen der einfachen Stabilität und der willentlichen Blick-Komponente

Wir hatten weiter oben gesehen, dass ein schwaches Fixationssystem zu vielen Fehlern in der Antisakakden-Aufgabe führt. Jetzt haben wir ein anderes, weiteres Maß für die einfache Stabilität der Fixation, das mit der Unterdrückung von Sakkaden zu tun hat, denn so war es ja durch die Art der Messung definiert.

Deswegen wollen wir nun wissen, ob die einfache Fixationsinstabilität mit der Fehlerquote in der Antisakkaden-Aufgabe zusammenhängt. Wieder schauen wir uns den entsprechenden ScatterPlot in der Abb. 22 an. Hier zeigt sich eine unsymmetrische Verteilung der Datenpunkte: Personen mit einer hohen Instabilität machen auch viele Fehler. Aber das umgekehrte gilt nicht: Zu hohen Fehlerquoten gehören nicht unbedingt hohe Werte der Instabilität. Vielmehr kann man eine sehr gute Stabilität haben und dennoch viele Fehler machen. Daraus lässt sich folgern, dass es mindestens zwei Gründe für hohe Fehlerquoten gibt: Eine schwache Fixation oder eine ungenügende Kontrolle der Sakkaden durch das frontale Gehirn.

An diesem Beispiel kann man übrigens sehr schön sehen, zu welch falschen Schlüssen man kommen kann, wenn man "blind" die statistischen Zahlen anschaut. Hier wird nämlich ein zwar kleiner Korrelationskoeffizient von 0,29 aber mit einer sehr hohen Signifikanz erreicht. Daraus könnte man schließen, dass die beiden Variablen sich gegenseitig bedingen, aber dies ist eben nicht der Fall. Vielmehr bedingt die eine die andere, aber nicht umgekehrt. (Siehe hierzu auch Kapitel 4.3 "Einfache Statistik und Logik" auf Seite 191).

1.2.5 Zählen

Das Zählen ist keine eigentliche Sinnesleistung, denn es ist ein Prozess, der ganz im Inneren des Gehirns abläuft, jedenfalls dann, wenn er richtig erlernt werden konnte. Vom Zählen ist es dann ein weiterer Schritt zum Zusammen-Zählen (Addieren). Man beginnt ja als Kind tatsächlich so, dass man zu den vier Fingern noch drei Finger dazu zählt und dann diese hochgestreckten Finger wieder zählt. Man muss also nur zählen können, wenn man auf diese Weise zusammen-zählen will. Zwei Zahlen zu addieren, heißt aber etwas anderes: Man nimmt die eine Zahl, als Ganzes, und zählt die andere, als Ganzes, dazu, um dann die Summe, als Ganzes zu nennen. Man muss dazu den Begriff der Zahl als etwas, was eine Menge kennzeichnet, entwickelt haben und benutzen können.

Dabei hilft einem das Sehen: Wenn man nämlich eine bestimmte nicht zu große Zahl von Dingen sieht, kann man in der Regel sehr schnell sagen, wie viele es sind: Man schafft das sozusagen auf einen Blick, solange die Zahl nicht zu groß ist. Diese Fähigkeit, eine gewisse Anzahl von Dingen mit einem Blick zu erfassen, nennt man die visuelle Simultanerfassung.

Wir werden in diesem Abschnitt untersuchen, wie sich diese spezielle Sehfähigkeit mit dem Alter entwickelt.

Dazu musste ein standardisierter Test herbei, den es inzwischen auch gibt. Wenn wir etwas nur für einen Augen-Blick sehen sollen, so muss die Darbietungszeit so kurz sein, dass kein Blicksprung vorkommen kann. Wie wir schon wissen, sind die kürzesten Reaktionszeiten der Sakkaden etwa 100 ms lang. Wenn wir also eine gewisse Zahl von Reizen nur für einen "Augenblick" sichtbar machen wollen, dürfen wir sie nicht länger als 100 ms zeigen.

Der Test der Simultanerfassung zeigt in der Mitte des Displays zunächst einen kleinen Punkt, einen Fixationspunkt, den man für etwa 1 Sekunde anschaut. Erst dann erscheinen für kurze Zeit, nämlich für genau

1.2 Entwicklung der Sinnesverarbeitung

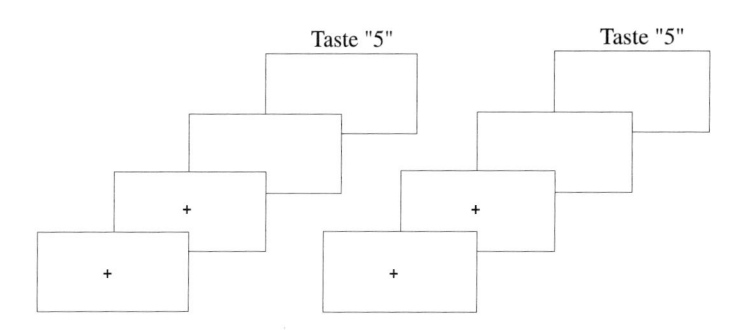

Abbildung 23: Die Abbildung zeigt den Ablauf des Tests zur Beurteilung der visuellen Simultanerfassung. Links sieht man ein Beispiel, bei dem die Reizpunkte lose-geordnet sind, rechts ein Beispiel mit dichter Anordnung, bei dem man die Würfel-Fünf erkennt. Die Zeit verläuft von unten links nach oben rechts wie in Abbildung 2 beschrieben (Seite 54).

100 ms, eine bestimmte Zahl von kleinen Kreisen und man muss dann diejenige Zifferntaste drücken, die der gesehenen Zahl entspricht, sobald man sie ermittelt hat.

Die Abb. 23 zeigt den Ablauf von zwei Durchläufen dieses Tests, bei denen die Anzahl von fünf Reizen lose-geordnet und dicht-geordnet gezeigt wurde. Anders als beim Test des dynamischen Sehens, wird hier auch die Zeit bis zum Tastendruck ermittelt, um später zu sehen, wie lange man benötigt, um die Anzahl richtig (oder auch falsch) zu bestimmen. Im Verlauf des Tests werden in zufälliger Folge Anordnungen von ein bis neun Kreisen gezeigt. Die Kreise waren zufällig auf ein Raster von 4x4 Positionen verteilt.

Der erwachsene Beobachter wird sofort sagen, dass es einen großen Unterschied ausmacht, ob die Kreise geordnet sind, wie z.B. die Punkte auf einem Würfel, oder ob sie keine deutliche Gruppenanordnung erkennen lassen. Wir unterscheiden daher lose-geordnete und dicht-geordnete Darstellungen, zu denen auch die Würfelmuster gehören (s. Abb. 23).

Bevor wir mit der Betrachtung der Altersentwicklung beginnen, müssen wir erst noch sehen, wie zwei herausgegriffene Gruppen von Kontrollpersonen aus zwei Altersbereichen diese Aufgabe lösen. Wir entscheiden uns für eine Gruppe von 9 und 10-jährigen Kindern und für eine Gruppe von Erwachsenen im Alter zwischen 23 und 28 Jahren.

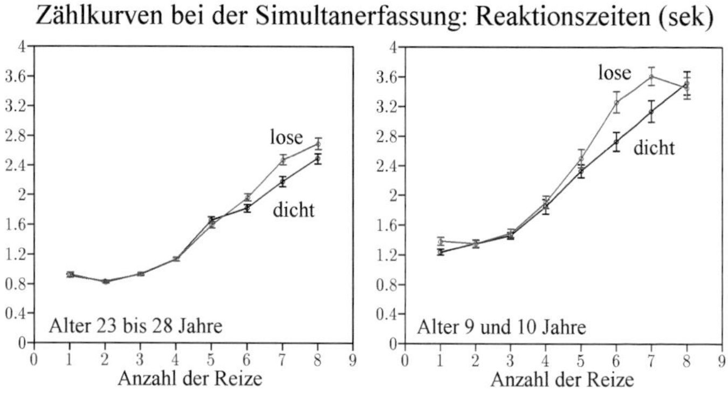

Zählkurven bei der Simultanerfassung: Reaktionszeiten (sek)

Abbildung 24: Die Abbildung zeigt die Reaktionszeiten beim Test der Simultanerfassung bei loser (rot) und bei dichter (schwarz) Anordnung der Reize. Links sieht man die Daten von Erwachsenen (N=95), rechts die von Kindern (N=38). Ein Vorteil zugunsten der dichten Anordnung wird erst ab einer Anzahl von fünf oder 6 Reizen sichtbar.

Die Abb. 24 zeigt getrennt für diese beiden Altersgruppen die Reaktionszeiten als Funktion der Anzahl der gezeigten Kreise, und zwar nur für die Durchläufe, bei denen die richtige Taste gedrückt wurde. Natürlich hat man eine bestimmte Grundreaktionszeit, die man sozusagen immer benötigt, auch wenn es eigentlich gar nichts zu zählen gibt, nämlich bei nur einem oder zwei Kreisen. Allerdings muss man auch in diesen eigentlich einfachsten Durchläufen sehen und entscheiden, ob es nicht doch mehr als 1 oder 2 waren. Das führt zu den relativ langsamen Reaktionszeiten im Vergleich zu einer Aufgabe, bei der man nur eine Taste betätigen muss, wenn man irgendetwas gesehen hat. Diese "schnellsten" visuellen Handreaktionen haben viel kürzere Reaktionszeiten in der Größenordnung von 250 bis 350 ms.

Bis zur Anzahl von drei Kreisen bleiben die Reaktionszeiten ziemlich konstant: Dies ist eigentlich erstaunlich, denn schließlich muss man die drei von ein, zwei und von vier oder mehr Kreisen unterscheiden. Das Phänomen dieser Konstanz hat dem Seh- und Zählprozess seinen Namen gegeben: Simultanerfassung, also "gleichzeitiges" Erfassen. Subjektiv erleben viele Erwachsene auch die Erfassung von mehr als vier bis hinauf zu fünf oder sechs Zeichen noch als gleichzeitig. Die Daten zeigen aber, dass dies (wieder einmal) eine Selbst-Täuschung ist.

1.2 Entwicklung der Sinnesverarbeitung

Man erkennt nämlich, dass die Reaktionszeiten ab drei oder spätestens vier systematisch zunehmen: Je mehr Kreise es sind, je länger braucht man, um die richtige Anzahl zu ermitteln. Dies gilt nicht nur für die Kinder, sondern auch für die Erwachsenen. Dieser zunehmende Zeitbedarf scheint in etwa konstant zu sein: Für jeden Kreis, den es mehr zu erkennen gilt, wird eine etwa gleiche zusätzliche Zeit benötigt. Dieser Umstand drückt sich darin aus, dass die Kurven ab drei oder vier Kreisen geradlinig (linear) ansteigen. Beachtlich ist auch, dass diese beiden Geraden in ihrer Verlängerung für beide Altersgruppen ungefähr den Nullpunkt schneiden.

Die gleich geäußerte Vermutung, dass bei dicht-geordneten Mustern ein Vorteil entsteht, wird erst ab einer Anzahl von 6 sichtbar. Ab dieser Anzahl mag es gelegentlich vorkommen, dass die Testperson rasch kleine Untergruppen bilden kann, deren Anzahl sie schnell und richtig addiert. Für Erwachsene ist dieser Vorteil etwas kleiner als für die Kinder, aber dort streuen die Daten auch mehr und es bleibt hier offen, ob dieser Unterschied überhaupt statistisch bedeutsam ist.

Als nächstes müssen wir anschauen, wieviel richtige Antworten es gab. Die Abb. 25 zeigt die Trefferquoten, wieder für die beiden herausgegriffenen Altersgruppen von Kontrollpersonen. Jetzt sieht man, was mit Simultanerfassung gemeint ist: Zwar wird die Trefferquote mit steigender Anzahl von mehr als 3 oder 4 deutlich kleiner, aber der erwachsene Mensch schafft im Mittel auch bei 8 gleichzeitig gezeigten Kreisen noch eine Trefferquote von 80%, d.h. es ist in fast allen Durchläufen die richtige Anzahl gesehen worden. Aber diese Erkennungsleistung geht eben auf Kosten der Zeit. Außerdem ist sie für Kinder deutlich geringer. Allerdings können auch Kinder in dieser Altersgruppe vier noch genauso gut sehen wie eins, zwei oder drei.

Die Art der Anordnung spielt auch für die Trefferquoten eine Rolle, allerdings auch erst ab einer Anzahl von 6 oder, bei den Kindern, sogar erst ab der Anzahl 7. Auch hier sieht man eine zunehmende Streuung, sodass es fraglich ist, ob die dichte Anordnung wirklich einen statistisch gesicherten Vorteil bedeutet.

Wenn man unter den dicht-geordneten Darbietungen die wirklichen Würfelzahl alleine betrachtet, so ergibt sich für beide Gruppen ein deutlicher Vorteil gegenüber dem Rest. Dies kann aber damit zu tun haben, dass diese Würfelzahlen als Bilder gespeichert sind und abgerufen wer-

Zählkurven bei der Simultanerfassung: Richtige Antworten (%)

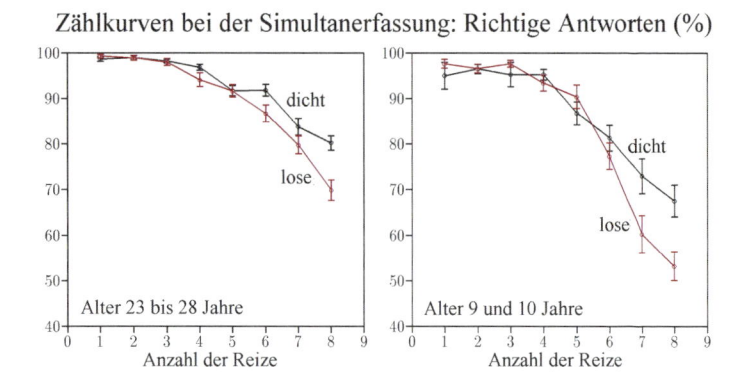

Abbildung 25: Die Abbildung zeigt die Trefferquoten als Funktion der Anzahl der Reize für Erwachsene (links) und Kinder (rechts) jeweils für lose und dichte Anordnung der Reize. Einen Vorteil bei dichter Anordnung wird erst ab einer Anzahl von sechs oder gar sieben Reizen erkennbar.

den können, ohne dass dies etwas mit dem Sehen von Anzahlen zu tun hat.

Wir haben diese Sonderauswertung hier erwähnt, weil wir später sehen wollen, wie es Kindern mit einer spezifischen Rechenschwäche im Vergleich zu den gleichaltrigen Kontrollen ergeht, wenn sie diesen Test durchlaufen (Kapitel 2.3.4 auf Seite 134).

Um die Leistung einer Person nicht unnötig mit mehreren Kurven kennzeichnen zu müssen, berechnen wir drei zusammenfassende Variablen: Die Grundreaktionszeit (T1) bei ein und zwei Kreisen, den Zeitbedarf pro Reiz (tm) und die Trefferquote (pm). Wir nutzen für tm und pm dazu nur die Durchläufe mit vier bis acht Kreisen, weil die Unterschiede für mehr als drei Kreise deutlicher waren und weil die Anzahl neun häufiger richtig geraten werden konnte, denn es gab maximal nur neun Kreise. Das bedeutet, man kann, wenn es "sehr viele" waren, einfach die Zifferntaste "9" betätigen und damit dann des öfteren richtig liegen.

Aus pm und tm berechnen wir schließlich noch die effektive Erkennungsrate (eeg) durch Division von pm durch tm. Der Kehrwert von tm gibt an, wieviel Kreise pro Zeit man erkennen konnte. Aber diese Geschwindigkeit hat man nur bei den richtigen und nicht bei allen Antwor-

1.2 Entwicklung der Sinnesverarbeitung

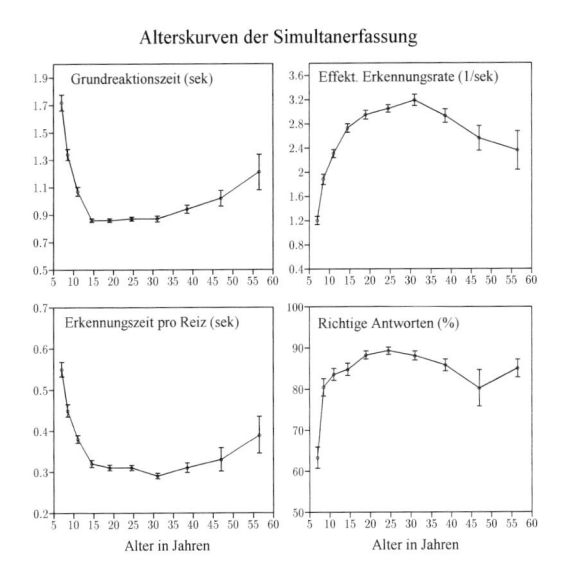

Abbildung 26: Die Abbildung zeigt die Altersentwicklung von vier Variablen, die aus dem Test der Simultanerfassung gewonnen werden können. Eine lange anhaltende Entwicklung und deren Umkehr ab einem Alter von etwa 35 Jahren ist erkennbar. N=555.

ten gehabt. Deswegen gewichten wir die Erkennungsgeschwindigkeit noch mit der Zahl der richtigen Antworten dividiert durch die Zahl der Möglichkeiten, also wir multiplizieren mit der Trefferquote. Das Ergebnis ist die Anzahl richtig erkannter Symbole pro Sekunde.

Mit diesen Werten können wir uns der Altersentwicklung zuwenden. Die Abb. 26 zeigt die vier Alterskurven.

Zuerst betrachten wir die Grundreaktionszeit T1. Sie beträgt für die jüngste Gruppe etwa 1,7 Sekunden und sinkt in den folgenden Jahren ab auf unter 1 Sekunde. Ab dem Alter von 35 Jahren nimmt sie wieder zu.

Die effektive Erkennungsrate (eeg) verhält sich zwar grafisch umgekehrt, aber sinngemäß gleich: Sie ist im Alter von 7 Jahren vergleichsweise schwach ausgebildet, wird im Verlauf der nächsten 5 Jahre deutlich höher und erreicht im Alter von 30 Jahren ihren höchsten Wert. Danach geht es schon wieder "bergab".

Entwicklung der eigentlichen Simultanerfassung

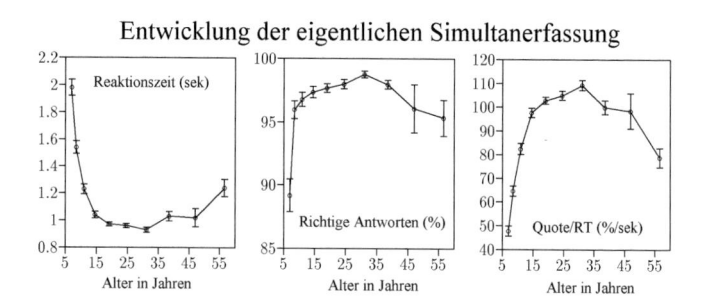

Abbildung 27: Die Entwicklung der eigentlichen Simultanerfassung. Einzelheiten im Text.

Die Variablen pm und tm können darüber Auskunft geben, ob ein schlechter Wert von eeg auf die Fehlerzahl oder auf den Zeitbedarf oder auf beides zurück zu führen ist. Die Kurven zeigen, dass die Erkennungszeit für jeden weiteren Reiz mit dem Alter abnimmt und die Prozentzahl richtiger Tastendrucke zunimmt. Das mehr an Zeit, welches die jungen Kinder benötigen, können sie nicht nutzen, um mehr richtige Antworten zu geben. Im Gegenteil: Sie brauchen länger und machen mehr Fehler. Oder: Wer die Anzahl nicht so oft richtig erkennen konnte, benötigte auch für die, die er richtig gesehen hatte, mehr Zeit.

Natürlich kann man auch die Entwicklung der eigentlichen Simultanerfassung anschauen, indem nur die Reaktionen bei Darbietung von nur zwei, drei und vier Reizen analysiert werden. Die Abb. 27 zeigt den Verlauf. Schon mit 7 Jahren können die Kinder knapp 90% richtige Antworten geben (mitte), aber sie benötigen dafür im Mittel 2 Sekunden (links). Während die Quote der richtigen Antworten dann nur noch wenig steigt (sie ist ja schon fast auf dem Maximalwert von 100%), nehmen die Zeiten deutlich ab. Diese Beschleunigung der Simultanerfassung dauert an bis zum Alter von 15 bis 20 Jahren.

Berechnet man den Quotienten aus der Trefferquote und der Reaktionszeit als ein Maß für die Geschwindigkeit oder Leistung der Simultanerfassung, so ergibt sich die in der Abb. 27 rechts gezeigte Kurve. Sie macht deutlich, dass das hohe Niveau der Erwachsenen nur für kurze Zeit gehalten wird und – wie andere Seh- und Hörleistungen – schon Ende der 30-er Jahre wieder sinkt.

1.2 Entwicklung der Sinnesverarbeitung

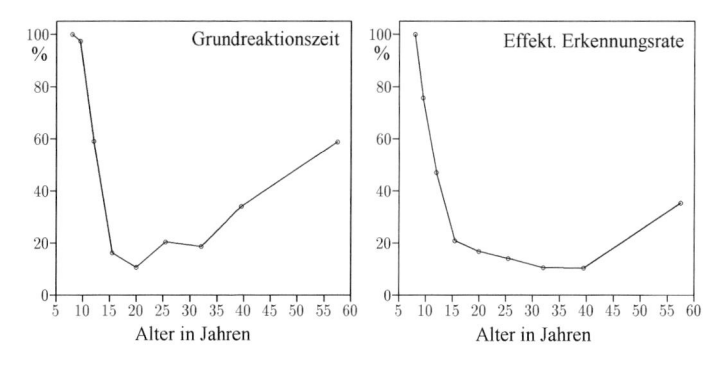

Abbildung 28: Die Prozentzahl der Personen, die die Altersnorm der "Besten" noch nicht oder nicht mehr erreichen, als Funktion des Alters.

Jetzt müssen wir noch betrachten, wie viele Menschen die Leistung der "Besten" noch nicht oder nicht mehr erbringen können. Die Abb. 28 zeigt die beiden Kurven. Wieder sieht man einen fast u-förmigen Verlauf, der zeigt, dass auch der Prozentsatz der Menschen, die keine dem "Besten" Alter entsprechenden Ergebnisse mehr bringen können, ab Alter 35 oder 40 zunimmt.

Zum Abschluss dieses Kapitels stellen wir fest, dass in der Sinnesverarbeitung einerseits lang andauernde Entwicklungen bis ins Erwachsenenalter stattfinden, dass aber das hohe Niveau nicht allzu lange gehalten werden kann. Viele der Variablen, die wir angeschaut haben, sind schon ab einem Alter von 35 bis 40 Jahren rückläufig.

Das mag uns erstaunen, ist aber eigentlich ganz "normal": Auch andere Körperfunktionen halten ihr hohes Niveau, das sie im Laufe der ersten beiden Jahrzehnte erreicht haben, nicht lange. Generell weiß man das aus dem Sport: Hochleistungssportler sind selten älter als 30 oder 35 Jahre. Flugzeugpiloten der Bundeswehr werden im Alter von 40 Jahren zum Bodenpersonal versetzt.

Schaut man z.B. die Muskeln von normalen Menschen an, so findet man auch dort das frühe Nachlassen. Die Abb. 29 zeigt links die maximale Sauerstoffaufnahme des Muskels und rechts den Muskelquerschnitt. Beide Größen sind mit Alter 30 schon wieder rückläufig.

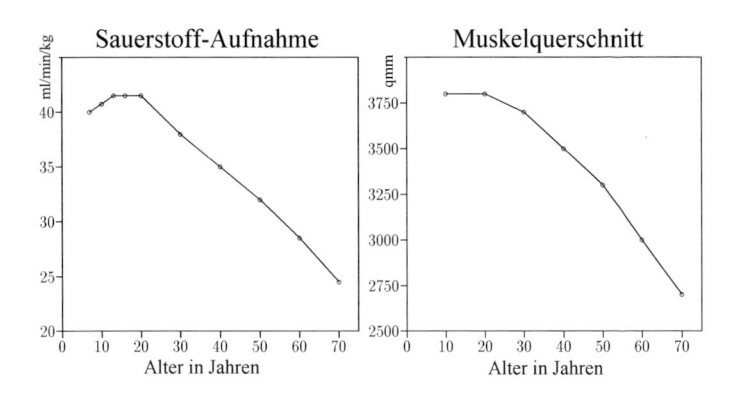

Abbildung 29: Die Sauerstoff-Aufnahme der Muskeln und der Muskelquerschnitt als Funktion des Alters zeigen die frühe "Rückentwicklung" ab einem Alter von 30 Jahren.

Was aber für die Muskeln gilt, dass man durch Training ein hohes Niveau schneller erreichen und deutlich länger halten kann, gilt auch für unsere Sinnesverarbeitung. Es ist genau dieser Umstand der Trainierbarkeit von Funktionen, der uns Mut macht, Rückstände in den Wahrnehmungs- und Blickfunktionen aufholen zu können. Wir werden im dritten Hauptteil dieses Buches sehen, wie berechtigt oder unberechtigt diese Hoffnungen sind.

Die Betrachtung der ganz "normalen" Entwicklung der verschiedenen Sinnes- und Blickfunktionen zeigt einheitlich, dass Kinder bei Schuleintritt noch weit von den Leistungen der Erwachsenen entfernt sind und diese auch erst erreichen, wenn sie tatsächlich (mit 18 oder 20 Jahren) auch erwachsen sind. Zwar sind es lediglich die Mittelwerte, in denen sich diese lange Entwicklung widerspiegelt, aber dies bedeutet immerhin, dass es unter den Jugendlichen immer noch viele gibt, die ihre Entwicklung noch nicht abgeschlossen haben. Diese Erkenntnis ist von großer Bedeutung für die Einschätzungen von schulischen Fertigkeiten, deren Erwerb auf möglichst gut funktionierende Sinne angewiesen ist.

2. Störungen

Dieses Kapitel könnte man auch mit "Diagnostik" überschreiben. Es behandelt Abweichungen der Sinnes- und Blickfunktionen von der im vorigen Teil behandelten Altersnorm. Dabei werden die Daten für verschiedene Gruppen von Kindern und Jugendlichen mit Defiziten im Bereich des Lesens, Schreibens, Rechnens, der Aufmerksamkeit und anderer nicht so genau umschriebener Teilleistungen getrennt behandelt und quantitativ dargestellt. Für jede Gruppe und jede Funktion werden die Auffälligkeitsquoten, wenn nötig auch in Abhängigkeit vom Alter, gesondert bestimmt und grafisch dargestellt.

2.1 Die Probleme

Mit dem Begriff der Teilleistung haben wir uns schon am Anfang des Buches im Kapitel kurz beschäftigt. Er ist zwar nicht sehr präzise definiert, stellt aber dennoch eine nützliche Bezeichnung für Leistungen unseres Gehirns dar, die man zusammenfassen kann, ohne damit gleich die gesamte Leistung des Gehirns zu meinen. Beispiel: Das Lesen oder das Rechnen.

Jetzt geht es um Störungen von Teilleistungen – um Teilleistungsstörungen. Wir werden nicht sonderlich erstaunt darüber sein, dass eine Teilleistung gestört sein kann, wenn nur bestimmte ihrer Unterfunktionen unzuverlässig arbeiten. Dies heraus zu finden, ist Aufgabe einer entsprechenden, möglichst vollständigen Diagnostik.

Die im vorigen Kapitel behandelten Hirnfunktionsbereiche können eine Fehlentwicklung – eine fehlende Entwicklung – aufweisen. Man erkennt sie meist daran, dass etwas nicht "normal" ist, ohne im Einzelnen schon zu wissen, um was es sich dabei handelt oder was dahinter steckt. Es kann sein, dass einer von vielen Entwicklungsschritten fehlt oder zu langsam durchlaufen wird. Es kann sein, dass eine bestimmte Leistung zu schwach ausgebildet oder gestört ist, indem sie nicht so sondern anders erbracht wird und zu einem falschen Ergebnis führt. Schließlich kann es sich um Abweichungen handeln, die den Charakter einer Krankheit haben oder die zum Bild einer Krankheit gehören.

Besteht ein Verdacht auf solche Störungen oder gibt es sogar konkrete Hinweise, stellt sich die Frage, wohin, genauer zu welchem Arzt man gehen soll. Oft scheint die Antwort nahe zu liegen. Bei Sehstörungen zum Augenarzt, bei Hörfehlern zum Ohrenarzt, bei Verhaltensstörungen zum Kinder- und Jugendpsychiater bzw. zum Psychologen. Gibt es dann eine Diagnose und ist diese richtig, ist schon einmal ein wichtiger Schritt getan, und man kann beginnen, über Abhilfen nachzudenken.

Oft gibt es aber keine Diagnose, das heißt, man verlässt die Arztpraxis "o.B.", also "ohne Befund". Was heißt das? "Nichts gefunden", bedeutet ja noch nicht "Nichts da". So kann man z.B. gesunde Augen haben, aber man sieht dennoch nicht immer alles gut. Es kann nämlich sein, dass die Verarbeitung der Sehinformationen auf dem Weg zu den Sehzentren im Gehirn nicht ordentlich funktioniert oder zu unzuverlässigen Ergebnissen führt. Oder es kann sein, dass die Stellung des einen oder

2.1 Die Probleme

sogar beider Augen nicht gut genug eingehalten wird. Wir sehen eben nicht mit den Augen, sondern wir sehen mit dem Gehirn. Das ändert nichts daran, dass wir zum Sehen die Augen benötigen.

In jedem Fall möchte man herausfinden, was nicht in Ordnung ist, warum es nicht "normal" ist, und wie man die Ursache beseitigen kann. Aber das wird nicht immer möglich sein. Einerseits fehlen eventuell noch die diagnostischen Methoden, oder der Fall liegt viel komplizierter, als es einem einfachen Ursache-Wirkung-Denken entspricht, oder beides ist der Fall. Schließlich kann es sein, dass man die Ursache findet, oder zumindest glaubt, sie gefunden zu haben. Wenn es dann aber unmöglich ist, die Ursache zu beseitigen, weil sie z.B. durch einen früheren Unfall oder durch eine Krankheit bedingt wurde, oder weil eventuell bei einer Mangelgeburt schon Schäden eingetreten sind, die eine weitere Entwicklung beeinträchtigt haben, dann leistet die Kenntnis der Ursache keinen Beitrag zur Frage von möglichen Hilfen. Denn: Einerseits kann man diese Ursachen nicht mehr beseitigen, andererseits soll und will man "die Flinte nicht ins Korn" werfen. Selbst wenn sich z.B. aus der Familiengeschichte der Verdacht einer genetischen Mitverursachung ergibt, ist es falsch, auf eine "Unheilbarkeit" zu schließen und den Versuch einer Hilfe von vorneherein abzulehnen.

Im Falle von Leistungen, die einer natürlichen Entwicklung unterliegen, ist es von großer Bedeutung, herauszufinden, ob eine Entwicklung lediglich noch fehlt, aber dann eventuell nachgeholt werden kann, oder ob diese Entwicklung gar nicht stattfinden kann, weil ihr die Voraussetzungen fehlen. Auch das wird aber nicht immer möglich sein. Im Gegenteil: In den meisten Fällen kann höchstens die Zukunft zeigen, welcher dieser Fälle vorgelegen hat. Wir werden mit diesen Fragen noch später zu tun bekommen, wenn es darum geht, Auffälligkeiten zu "beseitigen" (Kapitel 3. auf Seite 151).

Wenn man sich um eine quantitative Einschätzung von Hirnleistungen bemüht, muss man definieren, was man unter "normal" versteht und wie man feststellen kann, ob etwas nicht normal sondern auffällig ist. Dies ist nur möglich, wenn man Methoden hat, mit denen man Daten von jeder einzelnen Person erheben kann. Dies ist auch die Voraussetzung dafür, dass man überhaupt Normdaten bekommen kann.

Abweichungen von den Normdaten werden aber im allgemeinen immer noch nichts darüber aussagen, wie eine eventuelle Auffälligkeit zustande gekommen ist. Man wird zunächst nur sagen können, dass etwas nicht der Norm entspricht und um wieviel sich ein Einzelwert vom Normwert unterscheidet. Daraus kann sich ergeben, ob es sich um einen Entwicklungsrückstand handelt und um wieviel Jahre die Entwicklung hinterherhinkt.

Deswegen sollten wir in diesem Kapitel vielleicht nur die Begriffe "Entwicklungsrückstand" und "Auffälligkeit" benutzen, weil wir aus den später zu besprechenden Daten alleine nicht mehr herauslesen können. In der Literatur, unter den Ärzten und auch in der Bevölkerung hat sich allerdings der Begriff der Teilleistungsstörung bzw. Teilleistungsschwäche schon ziemlich verbreitet. Auch wenn er von einigen Fachleuten kritisiert oder gar abgelehnt wird, wollen wir den Begriff der Teilleistungen auch hier verwenden, um uns nicht in einem Dickicht von Wörtern zu verlaufen, deren Bedeutung ja auch erst einzeln und genau festgelegt werden müsste. Ob es sich im Einzelfall um eine Störung oder um eine Schwäche handelt, kann nur die Diagnose selbst ergeben, indem man schaut, wie weit ein diagnostischer Wert vom Normwert entfernt ist.

Dieses Kapitel wird nach mehr oder weniger gut bekannten und definierten Störungsbildern gegliedert, um es dem Leser zu erleichtern, sich über das eine oder andere gezielt informieren zu können. Es handelt sich um Störungen, die durch die Weltgesundheitsorganisation festgelegt und als solche anerkannt sind. Wir werden für jedes der erörterten Störungsbilder die Funktionen der Sinnesleistungen durchgehen und sie mit denen von Kontrollpersonen des gleichen Alters vergleichen. Leider gibt es nicht für alle Gruppen genügend Daten, sodass hier und da Lücken unausweichlich sind, die ja auch schon im Überblick sichtbar wurden.

Als Verständnishilfen werden die Entwicklung bzw. fehlende Entwicklung als Paare von Kurven in Diagrammen dargestellt und sichtbar gemacht. Dabei zeigt die "Normkurve" die Werte der Kontrollpersonen, die andere die der Testpersonen mit einer bestimmten Diagnose. Zur Erleichterung sind die Kurven der infrage stehenden Kontrollgruppe in schwarzer Farbe, die der Testgruppe in roter Farbe gezeichnet.

2.2 Legasthenie und Lese-Rechtschreibschwäche (LRS)

Wir beginnen mit der Legasthenie. Das Phänomen ist prinzipiell seit über 100 Jahren bekannt, aber leider nur einer relativ kleinen Zahl von

2.2 Legasthenie und Lese-Rechtschreibschwäche (LRS)

Experten unter den Lehrern, Therapeuten und Wissenschaftlern. Manch einer mag das Wort kennen, aber sich keine Gedanken darüber gemacht haben, was es genau bedeutet. Ursprünglich wurde die Unfähigkeit, das Lesen zu erlernen (bei sonst normalen Leistungen), als "Wortblindheit" bezeichnet. Man ahnte sofort, dass es sich um eine Schwäche des Sehprozesses handeln könne, die darin besteht, ein Wort nicht als solches sehen und erkennen zu können. Gemeint war natürlich nicht eine Blindheit der Augen oder des Gehirns schlechthin, sondern die Unfähigkeit, eine Buchstabenkombination als zusammengehöriges Ganzes zu erkennen bzw. wiederzuerkennen.

Im anglikanischen Sprachraum hat sich das Fremdwort Dyslexia durchgesetzt, im Deutschen spricht man von Legasthenie, manchmal auch von Dyslexie. Diese Wörter beziehen sich ganz klar auf den Leseprozess, nicht auf den Schreibprozess, aber sehr oft ist das Schreiben und das Rechtschreiben auch betroffen. Es gibt auch Fälle, wo nur die Rechtschreibung auffällig ist, das Lesen aber ganz gut zu funktionieren scheint.

Manche unterscheiden auch eine allgemeine Lese-Rechtschreibschwäche, die einfach LRS genannt wird, von einer spezifischen Lese-Rechtschreibschwäche, die Legasthenie genannt wird. Das macht dann einen Sinn, wenn die beiden Begriffe auch diagnostisch unterschieden werden, beispielsweise dadurch, dass im letzten Fall die allgemeine Intelligenz mit beurteilt wird, im ersteren Fall dagegen nicht. Dann darf es aber auch nicht wundern, dass allein schon aus diesem Grund die Angaben zur Häufigkeit von LRS viel höher ausfallen als die zur Legasthenie. In diesem Buch werden die beiden Begriffe – LRS und Legasthenie – nicht immer genau getrennt, aber immer sind Kinder gemeint, denen eine normale Intelligenz bescheinigt werden konnte.

Die Erforschung des eigentümlichen Phänomens hat über viele Jahre die unterschiedlichsten und auch widersprüchliche Ergebnisse hervorgebracht. In den Schulen und Schulbehörden konnte daher keine Klarheit herrschen, denn es gab eine solche Klarheit einfach nicht. Einen Eindruck dieser Vielfalt bekommt man, wenn man das Buch "Legasthenie" aufschlägt [Fischer and Schäfer, 2002] und – ohne es im einzelnen zu lesen – die Literaturangaben anschaut. Auch "Schnellleser" würden Jahre brauchen, um die Literatur zum Thema Legasthenie wirklich zu lesen.

Trotz aller Diskussionen und trotz der Versuche, das Phänomen weg zu definieren oder durch Verwaltungsvorschriften abzuschaffen, gab es natürlich immer wieder Schüler in den Klassen, die eben diese Schwäche hatten, und es bestand eigentlich immer ein Handlungsbedarf. Aber wie sollte man mit diesen Schülern umgehen? Jedes Mal, wenn man ein weiteres Buch aufschlug, bekam man eine andere Meinung zu lesen. Diese Unsicherheit hat schließlich sogar dazu geführt, dass die Legasthenie in Deutschland durch einen verwaltungsgerichtlichen Beschluss "abgeschafft" wurde. Aber – und das weiß man heute und hätte es schon immer wissen können – man kann ein Phänomen nicht weg-definieren. Durch Umbenennung des Phänomens ändert es sich nicht im Geringsten. Was sich ändert oder ändern kann und auch geändert hat, ist der Umgang mit diesem Phänomen bzw. mit den betroffenen Schülern und deren Eltern.

Die weiter oben schon erzählte kurze Geschichte der Lese- und der Schreibkunst tat ihr übriges dazu, dass es über viele Jahre und Jahrzehnte kein guter Umgang war: Lesen und schreiben konnten nämlich vor der Einführung der allgemeinen Schulpflicht höchstens die Kinder von Reichen, die sich einen Privatlehrer leisten konnten. Mit der Lesekunst ausgerüstet, waren es dann auch nur ein paar wenige Privilegierte, die sich Wissen und Bildung aneignen konnten. Und schon war eine unglückselige Verbindung geschaffen, zwischen "kann nicht lesen" = "ungebildet" = "dumm".

Auch heute kämpfen noch Eltern darum, dass ihre legasthenischen Kinder nicht als "dumm" eingestuft und in die Förderschule geschickt werden. Noch heute schämt sich fast jeder, insbesondere jedes Kind, wenn er bei Rechtschreibfehlern ertappt wird. Die sich daraus ergebenden seelischen Belastungen können in diesem Buch nicht besprochen werden. Sie können ganz erhebliche Formen annehmen und Probleme in den Vordergrund stellen, ohne deren Behandlung man diese Kindern kaum schulisch fördern kann. Sehr schnell wird in solchen Fällen auch die Logik umgedreht, indem die Verhaltensauffälligkeiten als Grund für mangelnde Erfolge beim Erwerb der Schriftsprache angesehen werden.

Aus all diesen Gründen war es höchste Zeit, dass eine naturwissenschaftlich orientierte Hirnforschung sich des Phänomens annahm. Man begann in kleinen logischen Schritten über den Leseprozess nachzudenken, und die Grundkenntnisse der neurobiologischen Wahrnehmungsforschung und der Neurophysiologie zu benutzen. Sehr schnell wurde

2.2 Legasthenie und Lese-Rechtschreibschwäche (LRS)

klar, dass das Lesen eben keine jener beinahe instinktiven, angeborenen Leistungen des "Augentiers" Mensch darstellt, sondern eine ganz besondere Fähigkeit, die erst spät im Leben und nur mit gutem, meist jahrelangem Unterricht (in der Regel eben nicht "von alleine") erlernt werden muss. Man lernte, die Sprache, ja jedes einzelne Wort in seiner geschriebenen und gesprochenen Form zu gliedern. Man erkannte, dass die Aufnahmefähigkeit der Augen es nicht zuließ, ein längeres Wort oder gar einen ganzen Satz "auf einen Blick" zu erfassen. Ganze Serien von Blicksprüngen werden benötigt, um einen auch nur kurzen Satz vom Papier ins Gehirn zu transportieren, wo er dann verstanden werden muss.

Dazu kam die Erkenntnis, dass beim Lesenlernen das Gesehene dem Gehörten zugeordnet werden muss und demnach der Hörprozess in das Lesenlernen einbezogen werden sollte. Und weil man den Kindern das Lesen und Schreiben gleichzeitig beibringen wollte, kam schlussendlich noch die motorische Fähigkeit dazu, das an der Tafel Gesehene und vom Lehrer Gehörte mit eigenen sehr feinen und wiederum ungewöhnlichen Bewegungen der Finger und der Hand vor sich wieder sichtbar zu machen.

***

Man lernte auch, die intellektuellen Leistungen des Menschen, besonders auch die von Kindern, mit gegliederten Intelligenztests quantitativ zu erfassen. Das war für die betroffenen Schüler, so sie denn einen solchen Intelligenztest durchführen konnten, eine große Genugtuung: Sie brachten es nämlich hier zu ganz normalen, oft sogar zu überdurchschnittlichen Leistungen.

Heute ist es endlich klar: Legasthenie ist eine neurobiologisch bedingte Schwäche beim Erwerb der Schriftsprache bei normaler Intelligenz und bei ausreichender Beschulung. Oft wird als diagnostisches Kriterium noch hinzugenommen, dass die schlechten Lese- und Rechtschreibleistungen auch durch zusätzlichen Unterricht nicht wirksam und dauerhaft gebessert werden können. Über dieses letzte Kriterium kann man allerdings streiten, denn es kann ja sein, dass die pädagogischen Methoden verbessert wurden und dass bei bestimmten Kindern bestimmte Methoden sehr wohl zu Besserungen führen können. Wir werden darüber zu sprechen haben, dass dies tatsächlich auch passieren kann, zum Beispiel dann, wenn die Hilfen, die ein Kind bekommt, gerade solche Wahrnehmungsfähigkeiten fördern, die es nicht gut genug entwickelt hatte. Dann

2. Störungen

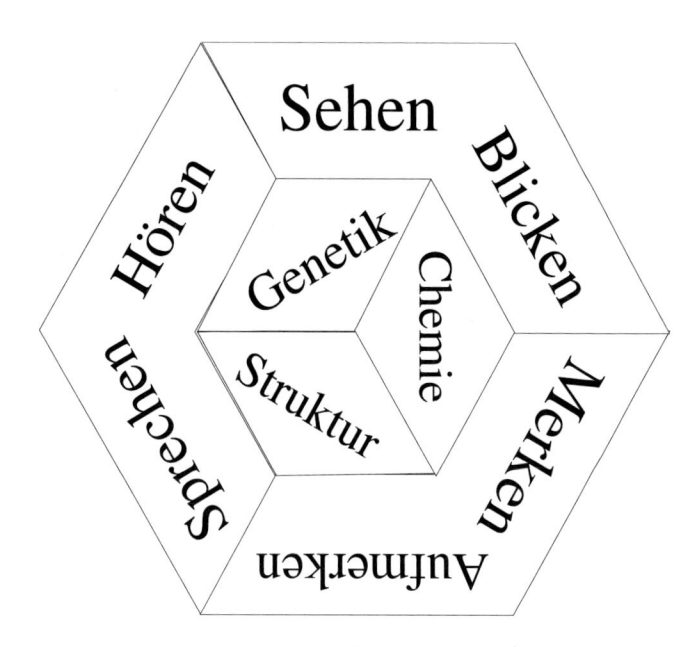

Abbildung 30: Die vielen Gesichter der Legasthenie werden anhand dieses Würfels, in dem noch ein innerer Würfel zu sehen ist, verdeutlicht. Je nachdem, wie man diesen Würfel betrachtet, rücken andere Aspekte der Legasthenie in den Vordergrund, andere treten zurück und werden oft dann sogar außer Acht gelassen. So kann es zu vollkommen einseitigen Bewertungen und falschen Darstellungen kommen.

schlägt man sozusagen zwei Fliegen mit einer Klappe. Was besseres kann einem nicht passieren.

Versucht man, die gesicherten Erkenntnisse zur Legasthenie zusammen zu fassen, so ergibt sich ein komplexes Gebilde mit vielen Gesichtern. Die vielen "Ansichten" der Legasthenie werden deutlich, wenn man das Phänomen aus verschiedenen Blickwinkeln betrachtet.

Das darzustellen ist mit der Abb. 30 versucht worden: Jenachdem, wie man die Buchseite dreht, wird eine andere Ansicht deutlich. In diesem Buch werden wir zwar alle diese Ansichten gelten lassen, können aber nur einen ausgewählten Teil von ihnen beleuchten: Hören, Sehen und Blicken.

Leider ist es in der Vergangenheit immer wieder passiert, dass einige übereifrige Wissenschaftler ihren eigenen Blickwinkel so sehr in den

2.2 Legasthenie und Lese-Rechtschreibschwäche (LRS)

Vordergrund gerückt haben, dass die anderen unsichtbar oder unhörbar wurden. So kam es zu unglückseligen "Grabenkämpfen", die der Sache und den Betroffenen nicht nur nicht geholfen, sondern eher geschadet haben.

Die Weltgesundheitsorganisation (WHO) hat unter ICD-10 F81.0 und F81.1 die Lese-Rechtschreibschwäche klassifiziert: F81.0 entspricht der isolierten Lese- und Rechtschreibstörung, F81.1 der isolierten Rechtschreibstörung. Eine isolierte Lesestörung wird nicht gesondert aufgeführt, vielleicht weil sie seltener vorkommt. Dagegen kann eine anfängliche Lese- und Rechtschreibstörung mit fortschreitender Entwicklung in eine isolierte Rechtschreibstörung übergehen, weil die Leseschwächen kompensiert werden können, z.B. durch die Kunst, unbewusst Wortbilder zu erlernen und wiederzuerkennen. Eine solche "Lesekunst" wird allerdings entlarvt, wenn es daran geht, Fremdsprachen zu erlernen, wobei man wieder die ursprüngliche Lesetechnik des Buchstaben- und Silbenlesens benutzen muss. Weiteres zu den medizinischen Klassifikationen der Lese-Rechtschreibstörung findet sich im Beitrag von A. Warnke [Steinhausen, 2001]. Die Feststellung, dass die Begriffe nicht einheitlich definiert sind, gilt auch noch heute. Ein Überblick über die begriffliche Misere, die natürlich auch zu Missverständnissen und Widersprüchen führen kann, findet man in der Zeitschrift für Legasthenie und Dyskalkulie [Schulte-Körne, 2002].

Zur Diagnose einer Legasthenie werden mindestens drei diagnostische Tests benötigt: Ein altersnormierter Lesetest, ein altersnormierter Rechtschreibtest und ein Intelligenztest mit einem – das versteht sich wohl nach allem, was wir schon gesagt haben, von alleine – nichtsprachlichen Teil, in dem weder Lese- noch Schreibfähigkeiten gefordert werden. Erweist sich dann die Lese- und/oder Rechtschreibleistungen als unterdurchschnittlich und liegen sie deutlich unter dem Niveau, das man von den übrigen intellektuellen Fähigkeiten dieses Kindes erwarten kann (Diskrepanzkriterium), dann wird die Diagnose "Legasthenie" ausgesprochen.

Damit wird über die Natur der Legasthenie nichts gesagt oder festgelegt. Es wird lediglich der "status quo" mit möglichst objektiven Tests festgehalten. Dann muss darüber hinaus geklärt werden: Welche weiteren Teilleistungen des Gehirns fehlen diesem Kind zum Erlernen der Schriftsprache?

Im nächsten Abschnitt gehen wir die im vorherigen Kapitel besprochenen Sinnesfunktionen bzw. Wahrnehmungsverarbeitungen eine nach der anderen durch, um zu sehen, ob die eine oder andere bei Legasthenie betroffen ist, und wenn ja, mit welcher Häufigkeit. Dabei müssen wir uns in jedem Bereich verschiedene Variablen anschauen, denn – das hatten wir ja schon gesehen – der Bereich Blicken etwa besteht aus mehreren Unterfunktionen, die mit entsprechenden Blickaufgaben erfasst und durch die daraus ermittelten Variablen beschrieben werden.

In der Regel werden die Altersentwicklungskurven gezeigt. Zum unmittelbaren Vergleich werden in dem gleichen Bild auch die Kurven für die Kontrollen eingezeichnet, die wir aus dem vorherigen Kapitel schon kennen. Um zu sehen, wie viele der Testkinder außerhalb des Kontrollbereichs abgeschnitten und den Mittelwert (oder Median) verschoben haben, werden auch die Prozentzahlen der Auffälligen graphisch gezeigt, weil man so die Verhältnisse auf einen Blick erfassen kann.

Wir werden die Daten der Mädchen und der Jungen hier nicht getrennt behandeln, weil es keine systematischen Unterschiede in den Leistungen gab. Der Hauptunterschied bezüglich der Geschlechter besteht darin, dass die Jungen etwa drei bis vier mal häufiger von Legasthenie betroffen sind als Mädchen.

Der Umstand, dass wir hier nur eine begrenzte Auswahl von Wahrnehmungsfunktionen besprechen und darstellen, ist darin begründet, dass es zu diesen neue Erkenntnisse und Daten gibt. Es heißt nicht, dass bei Legasthenie nur diese Bereiche betroffen sein können. Schon die einfachsten Gedanken zum Leseprozess haben ja gezeigt, dass ein flüssiges und richtiges Lesen sehr viele Funktionen benötigt, die alle zur Verfügung gestellt und erlernt werden müssen. Die Abb. 30 macht dies deutlich.

2.2.1 Sprachfreie Hörwahrnehmung bei Legasthenie

Im Bereich der auditiven Unterscheidung sprachfreier Laute hatten wir in Kapitel 1.2.1 fünf Aufgaben kennen gelernt. Für jede wurde der Schwellenwert ermittelt und wir hatten gesehen, dass die Verteilungen zumindest in den jungen Altersgruppen zwischen 7 und 8 Jahren ziemlich unsymmetrisch ausgefallen sind. Vor allem gab es Kinder, die die

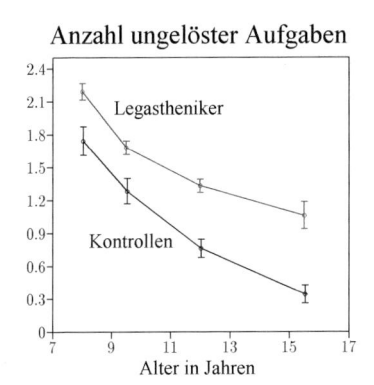

2.2 Legasthenie und Lese-Rechtschreibschwäche (LRS)

Abbildung 31: Anzahl ungelöster Hör-Aufgaben bei Kontrollkindern (schwarz) und Legasthenikern (rot). N=1018 Legastheniker, N=425 Kontrollen.

eine oder andere der fünf Aufgaben auch in der leichtesten Eingangsstufe nicht bewältigen konnten. Manche konnten durch Raten auch noch die zweite Stufe erreichen. Allerdings waren unter den Legasthenikern nur 15 von etwa 1000, die in allen fünf Aufgaben versagten. Auch sie waren, wie alle anderen zuvor zu einer Untersuchung beim Ohrenarzt gewesen, so dass periphere Hörstörungen ausgeschlossen waren.

Wegen dieser Schwierigkeiten entscheiden wir uns hier zunächst einmal, die Anzahl dieser Legastheniker mit der der Kontrollkinder zu vergleichen. Dazu wird für jedes Kind gezählt, wie viele der fünf Aufgaben es überhaupt nicht bzw. nur durch Raten lösen konnte. Daraus lässt sich dann für jede Altersgruppe der Mittelwert bilden.

Die Abb. 31 zeigt den Verlauf mit dem Alter für beide Gruppen. Man erkennt, dass bei Legasthenie eine deutlich höhere Anzahl von Aufgaben gar nicht durchgeführt werden konnte. Diese Anzahl nimmt zwar wie bei den Kontrollen ab, aber der Abstand bleibt etwa gleich und wird mit zunehmendem Alter auch nicht aufgeholt.

Natürlich kann man für jede der fünf Aufgaben getrennt bestimmen, wie viele Kinder sie nicht erledigen konnten. Diese Einzelheiten werden hier aus Platzgründen nicht dargestellt, aber soviel muss doch schon hier gesagt werden: Die verschiedenen Bereiche und Altersstufen sind verschieden stark betroffen und man muss für jedes legasthenische Kind die Testergebnisse einzeln anschauen.

Für diejenigen, die den Test durchlaufen konnten, wurde der Mittelwert in jeder Altergruppe bestimmt und als Alterskurve dargestellt. Die Abb. 32 zeigt diese fünf Kurvenpaare. Die Abweichungen der Werte bei Legasthenie sind für die Aufgaben und für die Altersbereiche unterschiedlich. Zum Beispiel gibt es im Bereich der Lautstärken-Differenzierung nur geringe Unterschiede, vor allem bei den jüngeren Kindern. Dagegen zeigt die Tonhöhenunterscheidung sehr deutliche Abweichungen in allen Altersstufen. In der Lückenerkennung gibt es sehr klare Rückstände bei den jungen Kindern, aber bis zum Alter von etwa 11 Jahren sind diese dann aufgeholt.

Eine manchmal anzutreffende Aussage wie: "Bei Legasthenie sind Hörverarbeitungsprobleme nicht nachgewiesen" ist daher falsch. Man muss genau sagen, welcher Bereich getestet wurde und wie alt die Kinder in den untersuchten Stichproben waren. Richtig ist: "Bei Legasthenie sind nachweislich bestimmte Bereiche der auditiven Verarbeitung bei einer bestimmten Prozentzahl von Kindern nicht altersgerecht entwickelt." Diese Prozentzahlen sind die Auffälligkeitsquoten.

Um sie zu finden, wurden die fünf Prozentränge für jedes legasthenische Kind bestimmt und gezählt, wie viele Kinder in der jeweiligen Aufgabe unterhalb von Prozentrang 16 abgeschnitten hatten. Zwar hängt diese Zahl der Auffälligen im Prinzip auch vom Alter ab, aber wir zeigen hier nur die Gesamtzahlen für jede Aufgabe, gemittelt also über den gesamten Altersbereich.

Abb. 33 zeigt das Ergebnis: Die Höhe eines jeden Balkens zeigt an, wie hoch die Prozentzahl auffälliger LRS-Kinder ist. In drei der fünf Bereiche hält sich diese Zahl mit etwa 30% noch in Grenzen, denn das entspricht etwa einem Faktor 2 gegenüber den Kontrollen, unter denen ja definitionsgemäß auch 16% auffällige Werte zeigen.

An dieser Stelle müssen wir noch daran erinnern, dass jeder Test eine endliche Zuverlässigkeit hat: Bei Wiederholung desselben Tests kommt nicht immer genau das gleiche heraus. Die hier eingesetzten Hörtests haben das Ziel, auffällige von unauffälligen Kindern zu unterscheiden. Das Ziel war es nicht, den genauen Schwellenwert zu ermitteln, wozu man viel längere Testzeiten für jedes Kind benötigen würde. Der Versuch, die Zuverlässigkeit zu schätzen, wird dadurch erschwert, dass es

2.2 Legasthenie und Lese-Rechtschreibschwäche (LRS) 119

Altersentwicklung der sprachfreien auditiven Differenzierung

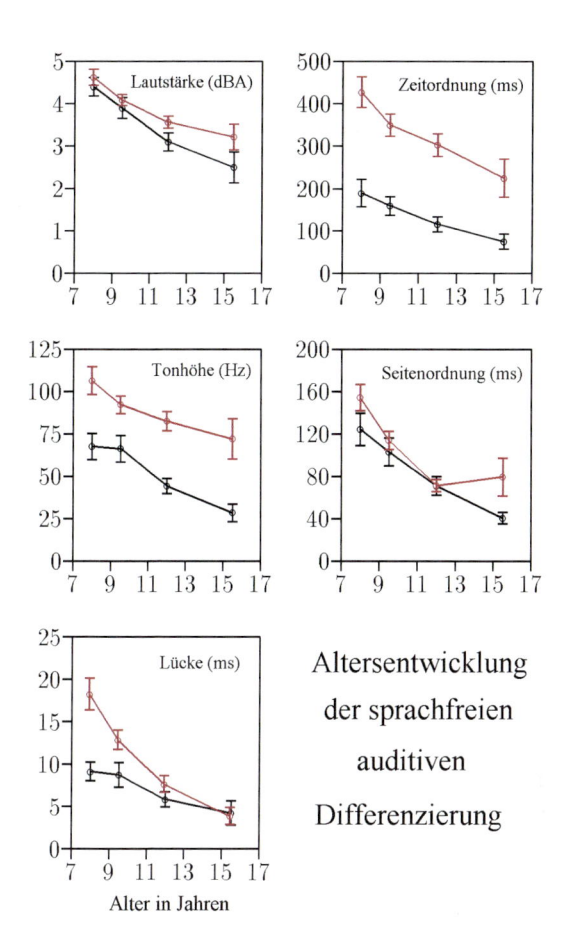

Abbildung 32: Vergleich der Altersentwicklung von Legasthenikern (rot) und Kontrollen (schwarz) in den fünf Bereichen der auditiven Differenzierung.

Lern-Effekte gibt. Tatsächlich waren die Testergebnisse bei Wiederholung entweder gleich oder tendenziell besser. Darauf kommen wir im Kapitel 3. zu sprechen, wenn wir über die Effekte des täglichen Übens der Höraufgaben sprechen werden.

In den beiden Bereichen Tonhöhen-Unterscheidung und Zeitordnung sind die Zahlen mit etwa 60% deutlich höher als in den anderen drei Bereichen. Auch wenn man ein strengeres Kriterium anlegt und etwa

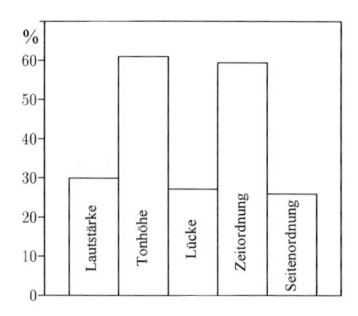

Abbildung 33: Die Auffälligkeitsquoten in den fünf auditiven Bereichen bei Legasthenie. Die Höhe jeder Säule zeigt, wieviel Prozent der legasthenischen Kinder einen Prozentrang unter 16 erreicht haben und somit auffällig waren.

nur die als auffällig klassifiziert, die unter einem Prozentrang von 5 abgeschnitten haben, wird die Prozentzahl der Auffälligen kaum niedriger. Das zeigt, dass die Legastheniker in diesen beiden Bereichen nicht nur besonders häufig, sondern wenn, dann auch besonders heftig betroffen sind.

Man kann nun mutmaßen, dass es in diesen beiden Bereichen darum geht, zwei Töne verschiedener Frequenz unterscheiden zu können und dass es sich deswegen eigentlich um das gleiche Problem handelt. Aber wie so oft, ist dies ein voreiliger und falscher Schluss, denn erstens korrelieren auch diese Daten nicht miteinander und zweitens werden wir im Kapitel 3. sehen, dass die eine Hörfähigkeit leicht und schnell und von relativ vielen Kindern erlernt werden kann, während die andere sich nur schwer und viel seltener verbessern lässt [Fischer et al. 2002]. Dies kann als ein sicheres Zeichen dafür genommen werden, dass es sich tatsächlich um verschiedene Hörfunktionen handelt.

Schließlich gibt es auch die Möglichkeit, dass bei bestimmten Untersuchungen z.B. zur Tonhöhen-Unterscheidung, kein Unterschied zwischen Kontrollen und Legasthenikern gefunden wird. Das klingt wie ein Widerspruch zu den Daten, die hier berichtet werden. Indessen gibt es in der Natur keine Widersprüche. Es gibt immer nur widersprüchliche oder falsche Einschätzungen der Daten. Findet man keinen Unterschied zwischen zwei Gruppen, so heißt dies nicht, dass es diesen Unterschied nicht gibt, sondern lediglich, dass man ihn mit der verwendeten Me-

2.2 Legasthenie und Lese-Rechtschreibschwäche (LRS)

thode nicht finden konnte. Schon allein diese korrekte Schlußfolgerung löst den Widerspruch auf. Man muss herausfinden, was wirklich mit der Methode gemessen wurde und wie die beiden Gruppen genau zusammengesetzt waren.

2.2.2 Dynamisches Sehen bei Legasthenie

Der zeitliche Ablauf des Sehprozesses, den wir als das dynamische Sehen bezeichnet und in Kapitel 1.2.2 kennen gelernt haben, können wir mit drei verschiedenen Tests prüfen. Alle Kinder waren zuvor beim Augenarzt, um sicher zu stellen, dass die Augen als Sinnesorgane gesund waren, und dass insbesondere eine normale Sehschärfe vorlag. Außerdem gingen den Testsitzungen immer die Probedurchläufe voraus, bei denen keine zeitlichen Veränderungen vorkamen und die die Kinder absolvieren mussten, um zu den eigentlichen Tests zugelassen zu werden.

Nachdem es schon die Theorie gab, dass bei Legasthenie das magnozelluläre System, das für die schnellen Sehprozesse zuständig ist, unterentwickelt ist, lag es nahe, diese drei Tests mit möglichst vielen legasthenischen Kindern durchzuführen. Die Ergebnisse werden wir jetzt betrachten.

Wir schauen uns die Entwicklung mit dem Alter an und vergleichen die Werte der Kontrollen mit denen der Legastheniker.

Die Abb. 34 zeigt oben links das Kurvenpaar aus der Fixationsaufgabe. Deutlich erkennt man den systematischen Unterschied zwischen den Kurven. Er ist zwar für einige Altersgruppen ziemlich klein und erreicht auch nicht immer die statistische Signifikanzgrenze von 1%, aber man sieht doch, dass das dynamische Sehen mit der Fovea, also bei Fixation der Mitte, nicht immer so gut funktioniert wie bei den gleichaltrigen Kontrollen.

Als nächstes wird der Test wiederholt, aber unter der Sprungbedingung. Die beiden Kurven in der zweiten Zeile der Abb. 34 zeigen auch hier systematische Unterschiede zwischen Kontrollkindern und Legasthenikern.

In den Fällen, in denen der Reiz unvorhergesehen in der Mitte blieb, ergaben sich die beiden Kurven der Abb. 34 Mitte rechts. Erstaunlicherweise fallen diese Werte deutlich schlechter aus als die aus der Fixati-

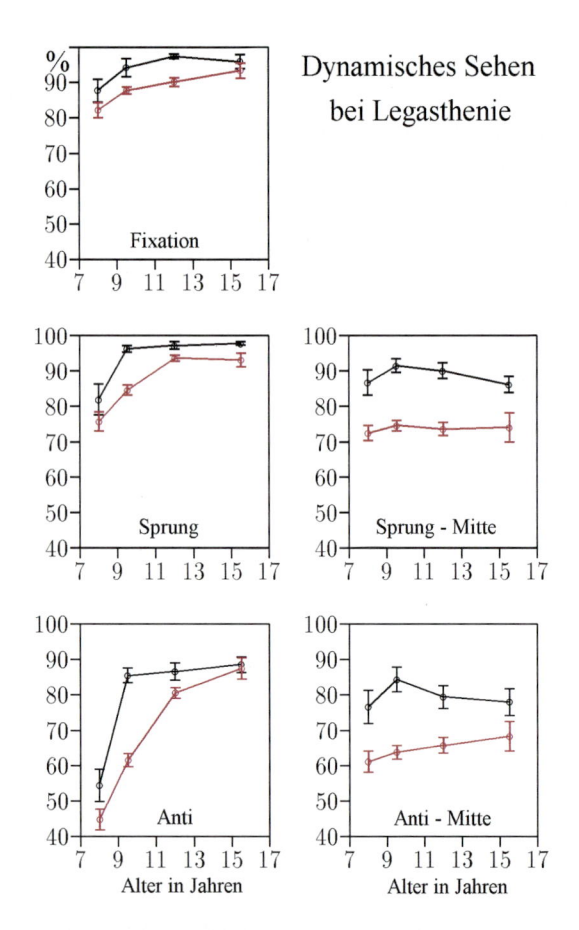

Abbildung 34: Vergleich des dynamischen Sehens bei Kontrollen (N=140) und Legasthenikern (N=504). Die Abweichungen von der Altersnorm hängen auch hier von der betrachteten Variablen und vom Alter ab.

onsaufgabe, obwohl der zu beurteilende Reiz doch in beiden Fällen mit der Fovea angeschaut wird bzw. angeschaut werden sollte.

Schließlich benutzen wir (fast) denselben Wahrnehmungstest mit der Bedingung eines Ablenkungsreizes, gegen dessen Richtung man schauen muss, um die Aufgabe möglichst oft richtig lösen zu können. Die Abb. 34 zeigt unten links auch dieses Kurvenpaar.

2.2 Legasthenie und Lese-Rechtschreibschwäche (LRS)

Auch in diesem Untertest wurde in 20% der Fälle der Reiz in der Mitte gezeigt, wieder unvorhersagbar. Man sieht an den Kurven unten rechts in der Abb. 34, dass sie deutlich auseinander liegen.

Besonders auffällig ist auch hier, dass diese Werte insgesamt deutlich kleiner ausfallen als bei der Fixationsaufgabe, obwohl doch in beiden Fällen der Reiz in der Mitte geboten wurde und dasselbe hätte herauskommen müssen. In Wirklichkeit machen die Kinder hier deutlich mehr Fehler: Sie scheinen mit ihrem Blick oder mit ihrer Aufmerksamkeit bereits unterwegs zu sein, wenn der seitliche Reiz noch gar nicht gezeigt wird. Wenn er dann auch tatsächlich nicht auf einer der beiden Seiten kommt, sondern in der Mitte, dann verpassen sie es, die richtige Orientierung zu erkennen. Legasthenische Kinder unterliegen dieser Versuchung deutlich häufiger als die gleichaltrigen Kontrollkinder. Oft erkennt man erst in der Anti-Aufgabe bei den Mitte-Durchläufen, dass etwas nicht stimmt.

Gemittelt über die fünf Variablen erreichen 33,7% der Legastheniker keine altersgerechten Werte beim dynamischen Sehen. Etwas mehr, nämlich 46% sind in zwei oder mehr der fünf Variablen auffällig.

Die drei Varianten des dynamischen Sehtests sind nur bedingt geeignet, etwas über die Blicksteuerung auszusagen, weil es sich hier um Wahrnehmungsaufgaben handelt, die mit verschiedenen augenmotorischen Strategien gelöst werden können.

Allerdings gibt es kaum legasthenische Kinder, die eine schwache Leistung in der Anti-Aufgabe des dynamischen Sehens zeigen und dennoch die tatsächliche Antisakkaden-Aufgabe fehlerarm durchführen können. Dagegen gibt es sehr wohl Kinder mit guten Leistungen bei diesen dynamischen Sehtests, aber schwacher Blickkontrolle.

Die dynamischen Sehtests können also zum Screening eingesetzt werden und so als Indikator für eine genaue Untersuchung der Blicksteuerung dienen. Dabei muss allerdings damit gerechnet werden, dass nicht alle blickauffälligen Kinder erfasst werden. Diese Daten sind ausführlich besprochen und diskutiert worden [Fischer et al. 2000].

2.2.3 Die Blicksteuerung bei Legasthenie

Wir hatten in Kapitel 1.2.3 ausführlich besprochen, dass der Leseprozess eine kontrollierte Blicksteuerung benötigt. Wird das Lesen nicht altersgerecht erlernt, so kann es sein, dass schon die Steuerung der Sakkaden nicht gut funktioniert. Dies zeigt sich in "unordentlichen" Augenbewegungen beim Lesen von Text: Die Kinder verlieren das Wort, das sie gerade lesen, oder gar die Zeile, in der sich dieses Wort befindet. Sie springen mit ihrem Blick rückwärts, wenn sie bemerken, dass sie irgendetwas vielleicht falsch gelesen oder nicht verstanden haben.

Man kann daraus aber nicht viel schließen, denn man weiß nicht, ob die "schlechten" Augenbewegungen Folge oder Ursache der schwachen Leseleistung sind. Deswegen ist es wichtig, die Steuerung der Sakkaden bei Aufgaben zu studieren, die keinen Leseprozess beinhalten, aber sehr wohl die Komponenten der Blicksteuerung fordern. Das sind die Prosakkaden- und die Antisakkaden-Aufgabe, die wir schon in Kapitel 1.2.3 kennen.

Auch vor dieser Untersuchung mussten die Kinder den Augenarzt aufsuchen, um periphere Sehstörungen auszuschließen oder mit einer geeigneten Brille zu korrigieren. Diese Brille wurde dann auch während der Messungen der Augenbewegungen getragen.

In der Abb. 35 vergleichen wir nun die Leistungen der Legastheniker mit denen der Kontrollkinder. Links sind die Reaktionszeiten der Prosakkaden gezeigt. Einen wirklich bedeutenden Unterschied erkennt man für die jüngste Altersgruppe. Im höheren Alter sind kaum systematische Unterschiede zu sehen. Das heißt: Im Großen und Ganzen sind die Bewegungen der Augen einschließlich ihrer Reaktionszeiten bei Prosakkaden unauffällig. (Bei einzelnen Kindern kann dies anders sein. Man muss es jeweils genau untersuchen.)

Dies bestätigt frühere Berichte, in denen ebenfalls keine systematischen Unterschiede in "den Augenbewegungen" gefunden wurden und aus denen man geschlossen hat, dass Legasthenie nichts mit falschen Augenbewegungen zu tun haben könne.

Ein voreiliger und falscher Schluss, wie wir sehen, wenn wir jetzt die Antisakkaden-Aufgabe betrachten. In der Abb. 35 sind im rechten Teil die Fehlerkurven für beide Gruppen gezeigt. Jetzt sind es die Jüngeren, die sich nicht unterscheiden lassen. Beide Gruppen durchlaufen ab Alter 7 eine Entwicklung, aber die Legastheniker entwickeln sich sozusagen zu langsam: Der Entwicklungsrückstand wird mit zunehmendem Alter im größer und erreicht im Alter von 15 bis 17 Jahren mehrere Jahre.

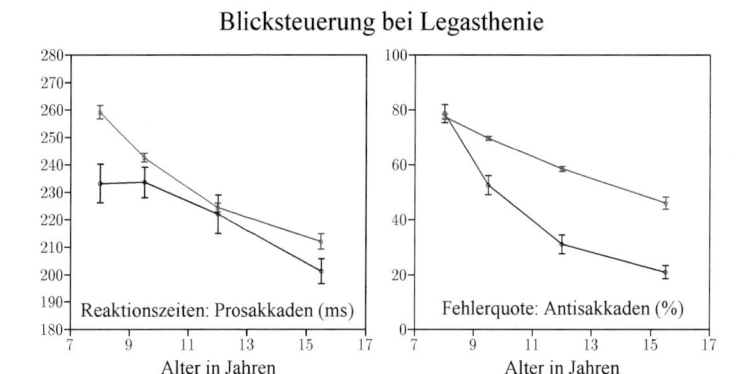

2.2 Legasthenie und Lese-Rechtschreibschwäche (LRS)

Abbildung 35: Die Altersentwicklung der Blicksteuerung bei LRS-Kindern in rot (N=1300) und Kontrollen in schwarz (N=114) im Vergleich. Während in den Reaktionszeiten der Prosakkaden (links) deutliche Unterschiede nur bei der jüngsten Altersgruppe zu sehen sind, ist die Fehlerquote in der Antisakkaden-Aufgabe (Frontalhirn-Komponente) klar höher und der Unterschied nimmt mit dem Alter systematisch zu.

Daraus schließen wir, dass die Augenbewegungen selbst, also der Bewegungsapparat mit den Augenmuskeln und die Befehlsstruktur für die Prosakkaden bei Legasthenie nicht systematisch betroffen sind, sehr wohl aber die Befehlsstruktur, die auf das frontale Gehirn angewiesen ist: Nicht das Auto zeigt Solange die Fahrt nur eine automatisierte reflexartige Steuerung benötigt, sind keine systematischen Probleme erkennbar. Erst wenn die willentliche Komponente gefragt ist, mit der man in die Automatik kontrollierend eingreifen kann, werden deutliche und vom Alter abhängende Schwächen sichtbar.

Wer die einzelnen Komponenten der Blicksteuerung nicht unterscheidet und nur von "der Blicksteuerung", oder gar nur von "den Augenbewegungen" spricht, der hat das Wesentliche an diesem Befund nicht verstanden und wird die Widersprüche in der Literatur nicht auflösen. Das wurde zusammen mit den Daten ausführlich diskutiert [Biscaldi et al. 2000].

2.2.4 Fixationsstabilität bei Legasthenie

Zur Blicksteuerung gehört auch eine stabile Ausrichtung des Blicks während kurzer Fixationsphasen. Sind die Augen zu oft unkontrolliert unterwegs und können nicht wirklich in Ruhe gehalten werden, so muss mit einer instabilen Wahrnehmung gerechnet werden, die das Gehirn versuchen muss auszugleichen. Eine instabile binokulare Koordination bei Legasthenie ist seit langem bekannt, aber zur Ermittlung der binokularen Instabilität wurde ein subjektives Verfahren verwendet [Stein and Fowler, 1985].

Wir haben in Kapitel 1.2.3 die Methode und die Altersnormdaten, die sich aus der Messung der Augenbewegungen ergeben, schon besprochen und müssen nunmehr nur noch die Vergleichsdaten anschauen.

Die Abb. 36 zeigt das Kurvenpaar der Altersentwicklung der einfachen Instabilität bei LRS-Kindern und bei Kontrollkindern. Ganz ähnlich wie bei der willentlichen Komponente der Blicksteuerung sind die Kinder bei Schuleintritt in beiden Gruppen noch ziemlich unruhig mit ihrem Blick: In jedem dritten Durchlauf war eine unerwünschte Sakkade zu sehen und die LRS-Kinder waren in diesem Alter nicht "schlechter". Aber dann durchlaufen die Kontrollkinder eine rasche und deutliche Entwicklung, während die LRS-Kinder nur wenig an Stabilität hinzugewinnen und schon nach wenigen Jahren einen erheblichen Rückstand aufweisen [Fischer and Hartnegg, 2000].

Die Schätzungen der Häufigkeit dieser Instabilität ergeben Werte von 25% bei den jüngsten Kindern, also kaum mehr als die obligatorischen 16% unter den Kontrollen. Die Auffälligkeitsquote steigt mit dem Alter auf etwa 50%.

Die Abb. 37 zeigt die Alterskurven der binokularen Instabilität. Sie liegen zwar deutlich auseinander, weisen aber eine erhebliche Streuung auf. Deswegen wundert es nicht, dass die Auffälligkeitsquote mit durchschnittlich 25% relativ klein ausfällt. Mit anderen Worten: Binokulare Instabilität ist bei Legasthenie nicht generell eine großes Thema, aber im Einzelfall kann es doch vorkommen, dass ein LRS-Kind ein großes Problem mit der binokularen Stabilität hat, welches seine Sehbedingungen heftig beeinträchtigt. Man muss einfach daran denken und die Diagnostik durchführen, um sicher zu sein, dass nicht eine zu große binokulare Instabilität den Sehprozess (zusätzlich oder alleine) verschlechtert.

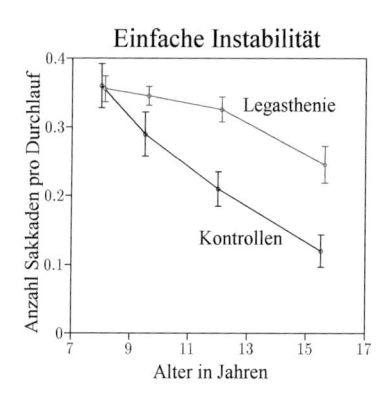

2.2 Legasthenie und Lese-Rechtschreibschwäche (LRS) 127

Abbildung 36: Die einfache Stabilität der Fixation entwickelt sich bei Legasthenie (N=273) langsamer als bei den Kontrollkindern (N=110).

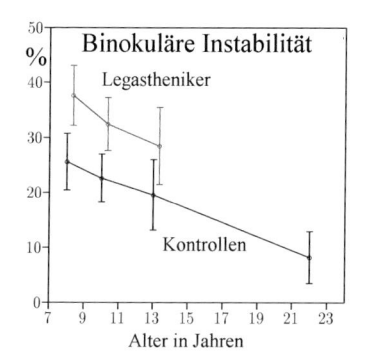

Abbildung 37: Die Entwicklung der binokularen Stabilität verläuft ziemlich parallel mit nur wenig Nachteilen für die Legastheniker. (N=92 Kontrollen, N=68 Legastheniker.)

Ein Zusammenhang zwischen der einfachen und der binokularen Instabilität wurde auch unter den LRS-Kindern nicht gefunden. Wir werden in Kapitel 3. sogar sehen, dass die binokulare Stabilität sich mit einem monokularen Blicktraining verbessern lässt, während die einfache Instabilität dabei nicht systematisch verändert wird.

Augen-Dominanz: Oft wird davon gesprochen, dass beim Sehen eines der beiden Augen dominiert, wie etwa eine der beiden Hände oder eines der beiden Beine vorrangig benutzt werden. Bei der Beurteilung der bin-

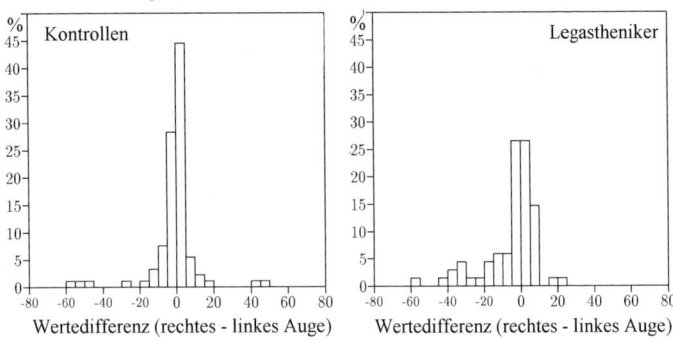

Abbildung 38: Augendominanz der binokularen Instabilität. Verteilung der Differenzwerte: Rechtes Auge minus linkes Auge. Einzelheiten werden im Text erklärt.

okularen Stabilität hat man die Möglichkeit zu überprüfen, ob eines der beiden Augen deutlich häufiger die Instabilität durch Drifts verursacht als das andere Auge. Dazu wird für jeden auffälligen Durchlauf gesondert bestimmt, welchen Anteil das linke, das rechte und beide Augen an der Instabilität haben.

Die Verteilungen der Differenzwerte des rechten und linken Auges sind in der Abb. 38 zu sehen. Bei den Kontrollkindern erkennt man zwar einige Ausreißer (9% links verursachte, 4% rechts verursachte Instabilität), aber die Mehrheit der Kontrollkinder (87%) zeigt keine Augendominanz bei der Instabilität. Unter den Legasthenikern sind bei 21% der Kinder die Auffälligkeiten durch das linke und bei 3% durch das rechte Auge verursacht. Also: Eine deutliche und gleichbleibende Bevorzugung eines Auges ist relativ selten. In der Regel (76%) sind es beide Augen, die sich mit verschiedener Geschwindigkeit, oft in entgegengesetzte Richtung bewegen, oder es ist in manchen Durchläufen zwar nur das eine, aber in anderen Durchläufen das andere Auge, so dass man auch in diesen Fällen nicht von einer Augendominanz sprechen kann.

Dies ist wohlgemerkt ein Ergebnis, das aus der Beurteilung der Augenbewegungen folgt. Eine Beurteilung der beidäugigen Wahrnehmung kann zu einem anderen Ergebnis führen, weil auch bei augenmotorischer Stabilität Doppelbilder entstehen können, unterdrückt werden müssen und dabei eines der Augen bevorzugt werden kann.

2.2 Legasthenie und Lese-Rechtschreibschwäche (LRS)

Simultanerfassung bei Legasthenie

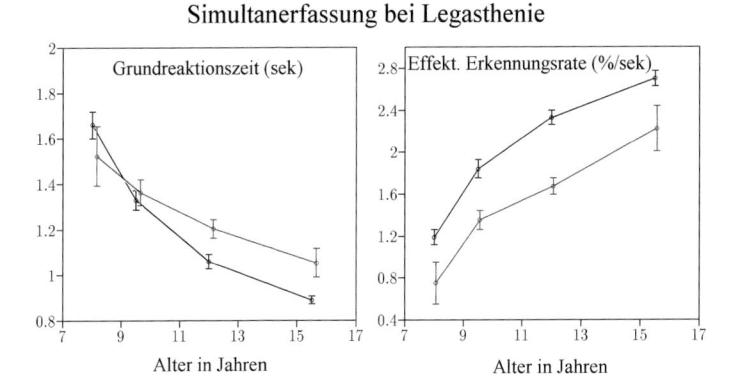

Abbildung 39: Die Entwicklung der Simultanerfassung bei Legasthenie zeigt einige Unterschiede in den Grundreaktionszeiten (links) und deutliche Unterschiede in der effektiven Erkennungsrate (rechts). N=79 Legasthenikern, N=125 Kontrollkindern.

2.2.5 Simultanerfassung bei Legasthenie

Die Tatsache, dass bei Legasthenie Sehprobleme im Zeitbereich auftreten können lässt die Vermutung zu, dass diese sich auch bei anderen Tests zeigen, die eine schnelle Sehverarbeitung erfordern. Dazu gehört auch die Simultanerfassung, die in Kapitel 1.2.5 erörtert wurde.

Tatsächlich ergeben die Daten auch Defizite bei Legasthenie. Die Abb. 39 zeigt die Alterskurven der Grundreaktionszeit (T1) und der effektiven Erkennungsrate (eeg). Man sieht, dass die Defizite beide Bereiche betreffen. Das zeigt auch die Aufschlüsselung der eeg-Werte nach Fehler und Zeitbedarf in der Abb. 40.

Die Schätzung der Auffälligkeitsquote ergibt, dass etwa die Hälfte der legasthenischen Kinder im Alter von 7 bis 13 Jahren entweder zu langsame Grundreaktionszeiten oder eine zu niedrige effektive Erkennungsrate aufweisen.

Zuletzt schauen wir auch die Simultanerfassung im engeren Sinn an, um zu sehen, ob bei Legasthenie auch hier Defizite bestehen. Gemeint ist die Erfassung bei gleichzeitiger Darbietung und gleichbleibender Reaktionszeit, also für Reizanzahlen von zwei bis vier. Die Abb. 41 veran-

Simultanerfassung bei Legasthenie

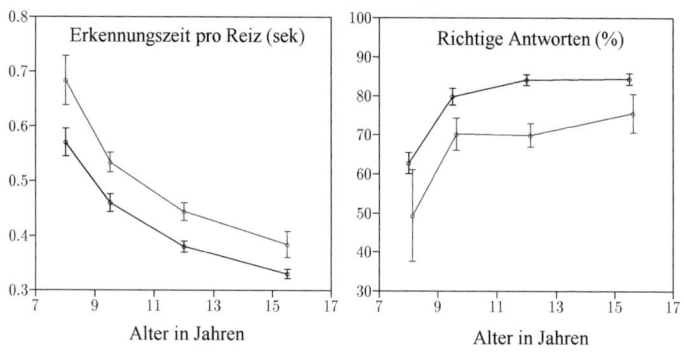

Abbildung 40: Die Simultanerfassung bei Legasthenie. Der Zeitbedarf pro hinzukommendem Reiz (links) und die Trefferquoten (rechts) bei Legasthenie und bei Kontrollen.

Simultanerfassung bei LRS

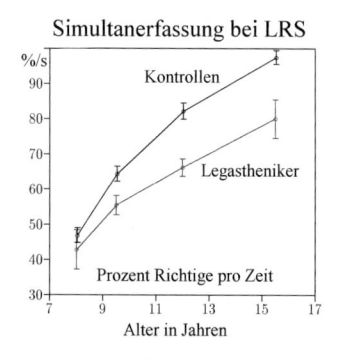

Abbildung 41: Die eigentliche Simultanerfassung (bei nur zwei bis vier Reizen) zeigt bei Legasthenie auch deutliche Entwicklungsrückstände. Die gezeigte Variable ist der Quotient aus der Trefferquote und der Reaktionszeit.

schaulicht den mit dem Alter zunehmenden Rückstand der Legastheniker.

Auf den ersten Blick erscheint dieses Ergebnis unverständlich, denn was sollte die besondere Sehfähigkeit der Simultanerfassung mit dem Lesen oder Schreiben zu tun haben? Indessen kann man sich aber doch vorstellen, dass die rasche Erfassung der Menge der Buchstaben, die während einer Fixationzeit im Leseprozesse gerade als Wort oder Teil eines Wor-

2.3 Dyskalkulie – Rechenschwäche

tes entziffert werden soll, dem flüssigen Lesen nutzt. Wirklich sicher kann man aber erst sein, wenn gezeigt ist, dass eine verbesserte Simultanerfassung dem LRS-Kind das Erlernen des Lesens erleichtert.

2.3 Dyskalkulie – Rechenschwäche

Bei Dyskalkulie handelt es sich um die isolierte Schwierigkeit, auch einfache Rechenschritte, wie das Zusammenzählen zweier Zahlen, die beide kleiner als 10 sind, zu erlernen. Die Kinder benutzen die Finger, um sich eine Seh- und Fühlhilfe zu schaffen, denn um nichts anderes handelt es sich beim "An-Den-Fingern-Abzählen". Diese Schwäche hat nichts mit Mathematik zu tun, aber sie verhindert meistens, dass ein betroffenes Kind überhaupt erst Zugang zur Mathematik bekommt.

In den ICD-10 wird die Rechenstörung unter der Rubrik "umschriebene Entwicklungsstörungen schulischer Fertigkeiten" (F81.2) als eine psychische Störung folgendermaßen definiert: "Diese Störung beinhaltet eine umschriebene Beeinträchtigung von Rechenfertigkeiten, die nicht allein durch eine allgemeine Intelligenzminderung oder eine eindeutig unangemessene Beschulung erklärbar ist. Das Defizit betrifft die Beherrschung grundlegender Rechenfertigkeiten wie Addition, Subtraktion, Multiplikation und Division, weniger die höheren mathematischen Fertigkeiten, die für Algebra, Trigonometrie, Geometrie und Differential- sowie Integralrechnung benötigt werden." Ganz ähnlich wie bei Legasthenie, wird ein Diskrepanzkriterium bei der Diagnose benutzt, wonach die Rechenleistung deutlich hinter dem zurückbleibt, was aufgrund des Alters, der Schulklasse und der allgemeinen Intelligenz zu erwarten ist.

Mit diesen begrifflichen Festlegungen wird einerseits die Existenz einer isolierten Störung als Möglichkeit klargestellt und man versucht, diese eine von anderen Störungen abzugrenzen. Andererseits ist damit aber noch keine wirkliche Definition gegeben, es ist nichts über die tatsächliche Natur der Störung gesagt, ja es nicht einmal genau festgelegt, wie man sie diagnostiziert.

Weiteres zur medizinischen Klassifikation und zu Besonderheiten findet man bei bei Neumärker [Steinhausen, 2001]. Eine Übersicht über die verschiedenen Definitionen findet sich in der Zeitschrift für Legasthenie und Dyskalkulie [Wejda, 2002].

Die Häufigkeit des Auftretens von Rechenschwäche wird trotz verschiedener Methoden der Klassifikation relativ einheitlich zwischen 4% und 7% angegeben. Es sind also doch sehr viele Kinder betroffen: In Deutschland haben wir derzeit laut Statistischem Bundesamt etwa 8.000.000 Kinder im Alter von 6 bis 15 Jahren. Das bedeutet, dass immerhin 300.000 bis 600.000 Kinder betroffen sind. Im Gegensatz zur Legasthenie, wo es drei bis vier mal mehr Jungen als Mädchen gibt, sind von der Dyskakulie eher mehr Mädchen als Jungen betroffen.

Was ist es, was diesen Kindern fehlt? Wie kann es sein, dass sie zwar durchschnittliche Leistungen oder sogar bessere im allgemeinen intellektuellen Bereich zeigen, sich aber beim Rechnen bzw. beim Rechnenlernen so schwer tun?

Wir wollen uns in diesem Kapitel mit den Wahrnehmungsleistungen rechenschwacher Kinder beschäftigen, soweit sie bereits untersucht sind.

2.3.1 Sprachfreie Hörwahrnehmung bei Rechenschwäche

Die Hörleistungen sollten ursprünglich in diesem Kapitel ausgelassen werden, weil es sehr unwahrscheinlich erschien, in diesem Bereich Schwächen zu finden, die mit der Rechenkunst zu tun haben. Dennoch wurden sie – sozusagen der Vollständig halber – doch ermittelt, und es kam zu einem unerwarteten Ergebnis.

Zwar bestand die entsprechende Studie aus einer relativ kleinen Stichprobe von 43 Kindern, aber ein ganz erheblicher Teil von ihnen, nämlich etwa zwei Drittel, konnte mindestens zwei der fünf Höraufgaben nicht altersgerecht lösen.

Die Abb. 42 zeigt die Auffälligkeitsquoten bei der sprachfreien auditiven Differenzierung bei den rechenschwachen Kindern in Form von Balkendiagrammen. Wieder sind es die beiden Aufgaben zwei und vier, die den meisten die größten Schwierigkeiten bereiteten. Zwischen 60 und 80% der rechenschwachen Kinder waren betroffen. Es muss derzeit dahingestellt bleiben, was dies im Einzelnen bedeutet.

2.3.2 Dynamisches Sehen bei Rechenschwäche

Hierzu gibt es derzeit keinen genügend großen Datensatz. Wir können allerdings vermuten, dass zumindest der eine oder andere im Bereich

2.3 Dyskalkulie – Rechenschwäche

Auditive Differenzierung bei RS

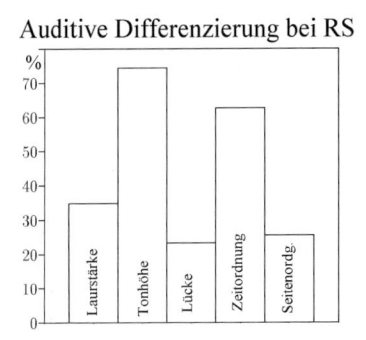

[Balkendiagramm: Laurstärke, Tonhöhe, Lücke, Zeitordnung, Seitenordg.]

Abbildung 42: Die Auffälligkeitsquoten bei der sprachfreien Hörwahrnehmung von rechenschwachen Kindern. N=43.

des dynamischen Sehens auch Probleme hat. Denn wir werden gleich im nächsten Abschnitt sehen, dass die Blicksteuerung bei Rechenschwäche auch betroffen sein kann und da die Blickzentren ihre Informationen aus dem magnozellulären System beziehen, würde es nicht erstaunen, dass ein rechenschwaches Kind mit einer Blickstörung auch Auffälligkeiten beim dynamischen Sehen zeigt.

2.3.3 Blicksteuerung bei Rechenschwäche

Nachdem wir in Kapitel 1.2.3 gelernt haben, dass die Blickfunktionen von verschiedenen Hirngebieten gesteuert werden, sind wir natürlich darauf vorbereitet, auch bei den Rechenschwachen Auffälligkeiten zu finden, zumindest im Bereich der frontalen Komponente der willentlichen Blicksteuerung.

Tatsächlich führt die Analyse der Daten von zwei altersgleichen Gruppen (Alter zwischen 9 und 13 Jahren) zu folgendem Ergebnis: Anhand der Reaktionszeiten der Prosakkaden waren die beiden Gruppen von je 41 Kindern nicht zu unterscheiden.

Dagegen war die Fehlerquote der Rechenschwachen in der Antisakkaden-Aufgabe mit 60% deutlich höher als die der Kontrollen mit nur 38%. Das entspricht einer Auffälligkeitsquote von 46% der Testkinder. Benutzt man die Zahl der unkorrigierten Fehler als Variable, so gelangt man sogar zu einer Quote von 54% auffälliger

Kinder unter den Rechenschwachen. Dieses Ergebnis bedeutet, dass nicht die gesamte Steuerung der Blicksakkaden betroffen ist, sondern nur die Komponente, für die das Frontalhirn zuständig ist, und dies auch "nur" in etwa der Hälfte der Fälle.

Zur Stabilität der Fixation bei Rechenschwäche gibt es derzeit noch keine Daten, weder zur einfachen noch zur binokularen Stabilität.

2.3.4 Simultanerfassung bei Rechenschwäche

Pädagogen, die viele rechenschwache Kinder gesehen und versucht haben, ihnen zu helfen, sind zu der Meinung gelangt, dass die Kinder zwar die Ziffern 1, 2,...9 und die Zahlwörter eins, zwei, bis neun kennen, aber dennoch keinen Zahlbegriff entwickelt haben. Beim Sehen der Ziffer 5 und beim Hören des Wortes "fünf" denken sie nicht an eine Menge von fünf Dingen, die sie als Ganzes begreifen und als Ganzes behandeln können. Sie haben keine Vorstellung von 5 oder "fünf" als Menge.

Dem Spezialisten für das Sehen fällt dazu sofort die sogenannte Simultanerfassung ein. Das ist eine Sehfähigkeit der etwas höheren Art: Wenn man auch nur für kurze Zeit eine bestimmte Anzahl von Dingen sieht, kann man mit erstaunlicher Sicherheit und mit verblüffender Geschwindigkeit sagen, wie viele Dinge es waren. Man muss sie gar nicht erst zählen – meint man – sondern man sieht sie "auf einen Blick". Was der Volksmund meint, wenn er von "einem Blick" spricht, ist nichts anderes als dass ein Blick (=einmal Hinblicken) genügt. Genauer: Man schaut nur einmal hin, bleibt mit seinem Blick für einen Augenblick (=100 bis 250 ms) dort und das genügt, um die Menge zahlenmäßig zu erfassen.

Genau das wurde in einem Test der Simultanerfassung geprüft, den wir in Kapitel 1.2.5 bei der Besprechung der normalen Entwicklung schon kennen gelernt haben.

Zuerst wollen wir wissen, wieviel richtige Antworten zwei Gruppen von 9- und 10-jährigen Kindern bei wachsender Zahl gegeben haben. Die Abb. 43 zeigt links die Abnahme der richtigen Antworten: Bis zu einer Anzahl von drei Kreissymbolen zeigen die Kontrollkinder sehr gute Ergebnisse (fast 100% richtige Tastendrucke). Bei den rechenschwachen Kindern dagegen sieht man schon bei ein bis drei Reizen etwas mehr Fehler. Ab der Anzahl vier gibt es einen deutlichen Einbruch. Auch für

2.3 Dyskalkulie – Rechenschwäche

Zählkurven von Rechenschwachen bei der Simultanerfassung

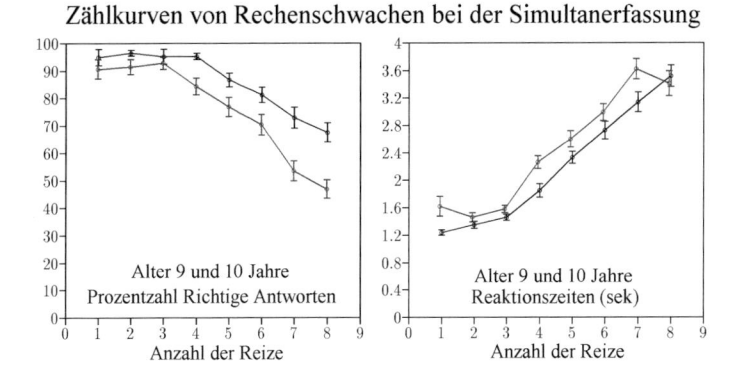

Abbildung 43: Die Zählkurven von 9- und 10-jährigen Kindern mit Rechenschwäche (rot) zeigen deutliche Nachteile gegenüber den Kontrollkindern (schwarz). Unterschiede bestehen auch schon dann, wenn nur ein, zwei oder drei Reize gezeigt werden. N=38 Kontrollen, N=42 rechenschwache Kinder.

die größeren Anzahlen bleibt dieses Defizit bestehen und wird bei Anzahl sieben und acht noch deutlicher.

Als nächstes vergleichen wir die zwei Gruppen bezgl. ihrer Reaktionszeiten: Wieviel Zeit benötigten sie mit zunehmender Zahl von Kreisen? Die Abb. 43 zeigt rechts die Zunahme der Reaktionszeiten für die richtigen Tastendrucke. Interessanterweise benötigen die rechenschwachen Kinder schon bei nur einem Kreissymbol längere Zeiten: Sie tun sich schon allein dann schwerer als die Kontrollkinder, wenn es nur darum geht zu entscheiden, ob es tatsächlich nicht mehr als ein Reiz war. Dieser Zeitunterschied wird bei wachsender Zahl bis vier in etwa beibehalten und dann erst größer.

Jetzt wollen wir die vier Variablen, die wir in Kapitel 1.2.5 für jede Person ermitteln haben, berechnen und als Paare von Alterskurven darstellen. Derzeit liegen nur Daten bis zum Alter von 13 Jahren vor.

Wir beginnen Abb. 44 links mit der Grundreaktionszeit T1.

Beide Gruppen zeigen eine deutliche Altersentwicklung, aber die rechenschwachen Kinder bleiben hinter den Kontrollkindern mehr und mehr zurück, je älter sie werden. Ganz ähnlich sieht es (rechts) für die effektive Erkennungsrate aus. Hier können die Rechenschwachen

Simultanerfassung bei Rechenschwäche

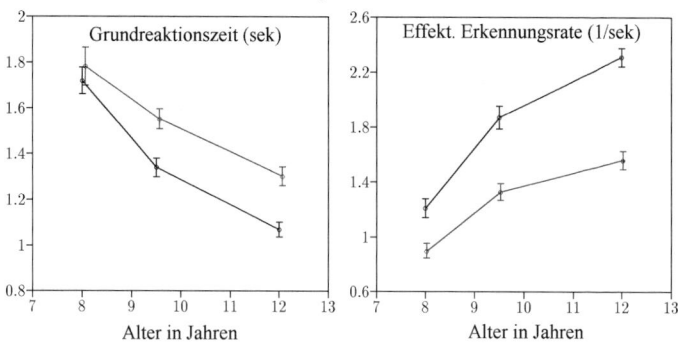

Abbildung 44: Die Entwicklung der Simultanerfassung bei Kindern mit einer Rechenschwäche (rot) im Vergleich zu den Kontrollkindern (schwarz). Links ist die Grundreaktionszeit, rechts die effektive Erkennungsrate gezeigt. N=222 Kontrollen, N=100 rechenschwache Kinder.

noch schlechter mit den Kontrollkindern mithalten [Fischer and Schäfer, 2002].

Der Grund für die schwächeren Werte bei der effektiven Erkennungsrate liegt meistens (im Mittel) sowohl an zu wenig richtigen Antworten, als auch an zu langen Erkennungszeiten pro Reiz. Die Kurvenpaare für diese beiden Variablen sind in der Abb. 45 dargestellt.

Die vier Variablen hängen teilweise voneinander ab: Eigentlich gibt es nur zwei statistisch unabhängige Variablen: Die Grundreaktionszeit und die effektive Erkennungsgeschwindigkeit. Diese wiederum kann durch zu viele Fehler oder durch zu lange Reaktionszeiten oder durch beides beeinträchtigt werden.

Um abzuschätzen, wie viele rechenschwache Kinder den Test der Simultanerfassung nicht altersgerecht bestehen, wurde für jede Variable wieder die 16%-Schranke gewählt und gezählt, wieviel Prozent der Kinder dieses Kriterium nicht erreicht haben.

Als auffällig betrachten wir diejenigen, die in einer von den zwei der oben genannten unabhängigen Variablen oder in beiden die 16%-Schranke nicht erreicht haben. Das ergibt etwa 24% bei den Kontrollkindern und etwa 70% bei den rechenschwachen Kindern. Mit anderen

2.3 Dyskalkulie – Rechenschwäche

Simultanerfassung bei Rechenschwäche

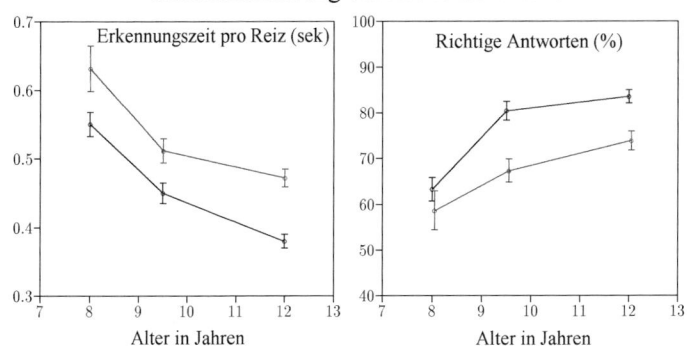

Abbildung 45: Die Entwicklung der Simultanerfassung bei Rechenschwäche. Links sind die richtigen Antworten als Trefferquoten in Prozent gezeigt, rechts die Erkennungszeiten pro Reiz.

Worten, unter den Rechenschwachen gibt es etwa dreimal so viele auffällige Kinder, wie unter den Kontrollkindern.

Dieses sind die Mittelwerte über alle drei Altersgruppen. Genau genommen nimmt aber die Auffälligkeitsquote mit dem Alter zu. Die Abb. 46 zeigt dies im Vergleich zu den Werten der Kontrollkinder, die über den Entwicklungszeitraum natürlich per Definition etwa gleich bleiben.

Simultanerfassung im engeren Sinn: Natürlich haben wir erwartet, dass die eigentliche "simultane Erfassung" im Gehirn, die ja nur bis zu einer Anzahl von vier Reizen funktioniert, bei Rechenschwäche beeinträchtigt ist. Deswegen wurden noch eine Auswertung vorgenommen, in der nur die Durchläufe mit zwei, drei oder vier Kreissymbolen betrachtet wurden.

Wir entscheiden uns, die mittlere Reaktionszeit und die mittlere Trefferquote und deren Quotient zu berechen.

Die Abb. 47 zeigt die Altersabhängigkeit der mittleren Reaktionszeit, der mittleren Trefferquote und deren Quotient. In allen Altersstufen sieht man, dass die rechenschwachen Kinder langsamer sind (links) und mehr Fehler machen (Mitte), so dass der Quotient aus den beiden Größen erst recht verschieden ausfällt (rechts).

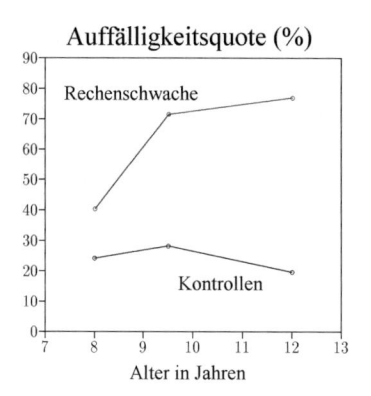

Abbildung 46: Die Auffälligkeitsquoten in der Simultanerfassung bei Rechenschwäche als Funktion des Alters.

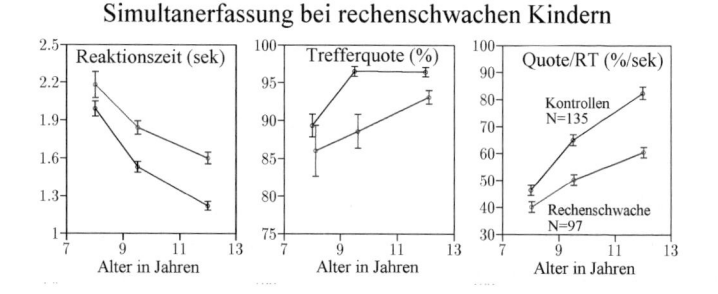

Abbildung 47: Die Entwicklung der eigentlichen Simultanerfassung bei Rechenschwäche wird anhand der drei Alterskurven gezeigt. N=135 Kontrollen, N=97 rechenschwache Kinder.

Auch hier können wir prüfen, wieviel Prozent der rechenschwachen Kinder betroffen sind. Die Analyse ergibt eine wachsende Quote von 33% bei den jüngsten bis 64% bei den älteren Kindern.

2.4 Aufmerksamkeitsdefizit – Hyperaktivität (ADHS)

Unter ADHS versteht man eine komplexe Störung mit oft, aber nicht immer deutlich sichtbaren Verhaltensauffälligkeiten. Aus dem "Struwelpe-

2.4 Aufmerksamkeitsdefizit – Hyperaktivität (ADHS)

ter" kennen wir sie eigentlich alle schon seit langem in der Person des "Zappelphilipp". Es hat allerdings lange gedauert, bis diese Störung als solche auch klinisch erkannt und klassifiziert wurde. Die Weltgesundheitsorganisation klassifiziert sie unter ICD-10 F90. Die Einzelheiten findet man in fast jedem Buch zum Problem der Aufmerksamkeitsstörung, z.B. bei Steinhausen [Steinhausen, 2000].

Hier können wir nur oberflächlich auf das klinische Bild eingehen. Die Hauptsymptomatik besteht in drei Auffälligkeiten, die einzeln oder in Kombination auftreten können:

Hyperaktivität: Am deutlichsten und – wenn vorhanden – meist unübersehbar ist die Hyperaktivität, also das Zappelphilipp-Bild: Die Kinder, meist Jungen, können keine Ruhe halten. Immer müssen sie mit den Beinen wackeln, verlassen ihren Platz im Klassenzimmer und auch das Mundwerk ist oft unkontrollierbar im Gang. Dabei wird aber kein Unsinn gesprochen, sondern es entstehen z.B. sinnvolle sogar intelligente Fragen, die aber im Moment nicht im Unterricht behandelt werden. Auch ist der Frager an der Antwort nicht immer wirklich interessiert, weil er bis zur Antwort mit seinen Gedanken schon wieder woanders ist. Dies führt uns auch zum zweiten Hauptsymptom.

Aufmerksamkeitsdefizit: Die Kinder haben zu schwache oder zu kurze Konzentrationsphasen von oft nur wenigen Minuten. Das zeigt sich am deutlichsten und am fatalsten beim Erledigen der Hausaufgaben. Allerdings können diese Kinder sich sehr wohl auch länger mit einer Sache beschäftigen, dann nämlich, wenn sie selbst diese Sache bestimmen und das Interesse ihr eigenes ist.

Impulsivität: Das dritte Hauptsymptom ist eine übermäßige Impulsivität. Eine gewisse Unbefangenheit, die einem bei der ersten Begegnung mit einem solchen Kind zunächst als erfreulich vorkommt, stellt sich nach einiger Zeit als ungewöhnlich dar, weil das Kind in seiner Unbefangenheit nicht zu bremsen ist, auf alles und jedes irgendwie zu reagieren.

Unter Kinder- und Jugendpsychiatern wird diskutiert, dass das Aufmerksamkeitsproblem das tiefer liegende Problem ist. Das würde bedeuten, dass eine Hyperaktivität nicht ohne Aufmerksamkeitsdefizit auftritt, wohl aber umgekehrt.

Die Schwierigkeit bei der Diagnose besteht z.T. auch darin, dass die Verhaltensweisen der Kinder von der Situation abhängen können. Während z.B. in der Schule das ungebremste Verhalten deutlich ist, kann es sein, dass sich beim Arztbesuch ein ziemlich normales Kind vorstellt.

Zusätzliche Schwierigkeiten bereitet der Umstand, dass nicht alle Symptome gleichzeitig auftreten müssen. Vor allem kann ein Aufmerksamkeitsdefizit auch ohne begleitende Hyperaktivität vorliegen. Dann sind die Auffälligkeiten nicht gleich "augenfällig" und die Chance, das Problem zu erkennen, ist kleiner. Es wird vermutet, dass hier ein Grund für "übersehene" Fälle vorliegen könnte, wobei eventuell auch viele Mädchen darunter sein könnten. Diagnostisch wird beachtet, ob grobe Verletzungen sozialer Regeln auftreten, um eine Differenzierung zu ermöglichen.

Die Schätzungen der Häufigkeit des Syndroms gehen entsprechend der diagnostischen Unsicherheiten ziemlich weit auseinander und reichen von 1% bis 10%. Jungen sind dabei drei- bis neunmal häufiger betroffen. Das haben also ADHS und Legasthenie gemeinsam. Auch bei ADHS spielen ähnlich wie bei Legasthenie genetische Faktoren eine Rolle, aber soziale Einflüsse sind fast ebenso entscheidend.

Mit zunehmendem Alter verliert sich eine Hyperaktivität meistens, während Aufmerksamkeitsprobleme und Impulsivität oft im Erwachsenenalter erhalten bleiben. Die Sozialprognose bei unerkanntem, bzw. unbehandeltem ADHS ist schlecht, weil die Tendenzen zu Drogenmissbrauch und Kriminalität erhöht sind.

Zu den therapeutischen Maßnahmen gehören unter Umständen auch Medikamente, wie zum Beispiel Methylphenidat (Ritalin). In den USA wird dieses Medikament bei 5% der Schulkinder eingesetzt, in Deutschland sind es etwa 0,5%. Aber die Tendenz ist steigend und man muss sich fragen, ob die Störung als solche gesellschaftlich bedingt zunimmt, oder ob die Diagnosen öfter ausgesprochen werden und eventuell auch fälschlicherweise zunehmen, oder ob die Dunkelziffer abnimmt. Hier herrscht noch große Unsicherheit und unter den Ärzten werden entgegengesetzte Meinungen – nicht selten auch rigoros – vertreten.

Das wiederum mag auch damit zusammenhängen, dass die genaue Wirkungsweise der Medikamente, insbesondere des Ritalins noch nicht vollkommen geklärt ist. Methylphenidat ist ein Verwandter der Amphetamine, die ihrerseits als Aufputschmittel gelten. Auf den ersten Blick ist es daher schwer verständlich, dass ein Aufputschmittel beruhigend wirken soll. Aber dies muss kein Widerspruch sein, wenn man be-

2.4 Aufmerksamkeitsdefizit – Hyperaktivität (ADHS)

denkt, dass bestimmte Funktionen, etwa im Frontalhirn aktiviert ("aufgeputscht") werden müssen, um ihre Kontrollfunktionen besser ausführen zu können.

Erwägt man dagegen Beruhigungsmittel als Alternative, so werden diese das soziale Verhalten zwar "bessern", aber das Aufmerksamkeitsniveau noch weiter senken, sodass das Kind vom Unterricht noch weniger mitbekommt. Daher wird Ritalin meistens bevorzugt, wenn eine Medikation diskutiert wird. Bedenken wegen Spätwirkungen, wie etwa Neigung zur Drogenabhängigkeit, haben sich nicht bestätigt. Die Pharmaindustrie arbeitet an neuen Medikamenten, die vor allem im Gegensatz zu Ritalin nicht unter das Betäubungsmittelgesetz fallen und daher noch einfacher eingesetzt werden können.

In jedem Fall muss die individuelle Situation und das besondere Verhalten des betroffenen Kindes und seiner Familie berücksichtigt werden, denn meistens haben sich im Verlauf der Jahre schon Verhaltensweisen bei allen Beteiligten gebildet, die eventuell im Rahmen einer psychologischen Behandlung geändert werden müssen. In jedem Fall braucht ein ADHS-Kind deutliche Strukturen, an denen es lernen kann, sein Verhalten auszurichten. Daher benötigen auch die Eltern oft professionelle Hilfe.

Obwohl wir später[6] die Wirkung von Ritalin auf die Blick- und Wahrnehmungsfunktionen betrachten werden, wollen wir hier klar stellen, dass die diagnostischen Messungen, über die jetzt berichtet wird, von medikamentfreien Kindern stammen. Auch die, die normalerweise mit Medikamenten behandelt werden, haben am Tag der Untersuchung mit der Einnahme ausgesetzt bzw. das Medikament erst nach der Untersuchung eingenommen. Zum Einsatz und zu den Wirkungen von Ritalin kann sich der Leser in Fachbüchern informieren, z.B. [Trott, 1993].

2.4.1 Sprachfreie Hörwahrnehmung bei ADHS

Wir beginnen wieder mit der sprachfreien auditiven Diffenzierungsfähigkeit. Statt gleich die gesamte Altersentwicklung anzuschauen, kümmern wir uns erst wieder darum, wie viele der fünf Aufgaben überhaupt getestet werden konnten und wie viele der ADHS-Kinder die Altersnorm von Prozentrang 16 in den fünf Aufgaben nicht erreicht haben.

---

[6]siehe Kapitel 3.4.4 auf Seite 171

Anzahl ungelöster Aufgaben

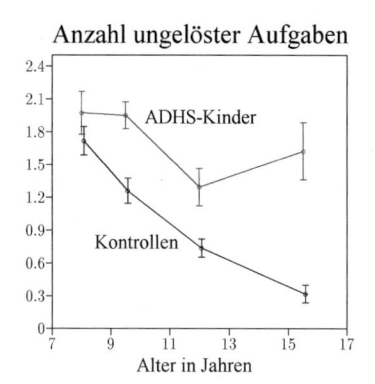

Abbildung 48: Die Entwicklung der sprachfreien auditiven Differenzierung bei N=171 ADHS-Kindern im Vergleich zu den Kontrollkindern gemessen anhand der mittleren Zahl ungelöster Aufgaben.

Die Abb. 48 stellt die mittlere Zahl der ungelösten Aufgaben als Funktion des Alters für die ADHS-Kinder und für die Kontrollenkinder dar. Es zeigt sich ein mit dem Alter zunehmender Entwicklungsrückstand der ADHS-Kinder.

Die Abb. 49 zeigt in der gewohnten Weise das Balkendiagramm mit den Auffälligkeitsquoten der fünf Tests. Am häufigsten sind mit etwa 60% wieder die Aufgaben zwei und vier betroffen, während die anderen drei Aufgaben von etwa je einem Drittel der ADHS-Kinder nicht altersgerecht gelöst werden konnten. Auch hier gab es keine Korrelationen zwischen den Daten: Das Ergebnis in einer der Aufgaben konnte aus dem Ergebnis einer der anderen Aufgaben nicht vorhergesagt werden. Dies zeigt – und das ist im Falle von Aufmerksamkeitsdefiziten natürlich sehr wichtig –, dass es nicht eine allgemeine Aufmerksamkeitsschwäche sein kann, die für die Hörschwierigkeiten verantwortlich gemacht werden kann, denn dann sollten alle fünf Bereiche gleichermaßen betroffen sein.

2.4.2 Dynamisches Sehen bei ADHS

In den fünf Variablen, die beim Test des dynamischen Sehens ermittelt werden können, erreichten im Durchschnitt 42,6% der ADHS-Kinder

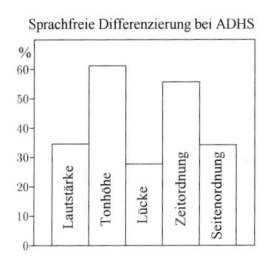

2.4 Aufmerksamkeitsdefizit – Hyperaktivität (ADHS)

Abbildung 49: Die Auffälligkeitsquoten in der sprachfreien auditiven Differenzierung bei ADHS- Kindern.

keine altersgerechten Werte. Dabei war der Wert in der Anti-Aufgabe-Mitte mit 25% am kleinsten. Zählt man die Kinder, die bei zwei oder mehr Variablen keinen altersgerechten Wert erreichten, so gelangt man zu einer Auffälligkeitsquote von 56% im Gegensatz zu 10%, die mit diesem Kriterium unter den Kontrollkindern zu finden waren.

Interessanterweise konnten die meisten dieser Kinder die drei Testsitzungen problemlos durchführen. Ihre allgemeine Aufmerksamkeitsleistung war dazu also ausreichend. Das ist sehr wichtig zu wissen, denn später werden wir auch das Blicktraining dieser Kindern besprechen, wobei sie ja täglich eine Trainingssitzung genau derselben Art wie die der Testsitzung durchführen und die dazu nötige Aufmerksamkeit aufbringen müssen (Kapitel 3.4.3 auf Seite 171).

2.4.3 Blicksteuerung bei ADHS

Genau wie bei den Kindern mit Legasthenie schauen wir uns die Hauptvariablen der Blicksteuerung aus der Overlap-Prosakkaden-Aufgabe und der Gap-Antisakkaden-Aufgabe als Funktion des Alters und im Vergleich mit den Kontrollkindern an (vgl. Kapitel 2.2.3). Die Abb. 50 zeigt die beiden Kurvenpaare. Die vergleichsweise langsamen Reaktionszeiten der jungen ADHS-Kinder werden im Verlauf der Altersentwicklung beschleunigt, sodass ab einem Alter von 13 Jahren praktisch keine Unterschiede mehr bestehen. Anders dagegen verhält es sich mit den Fehlerquoten in der Antisakkaden-Aufgabe: Beim Eintritt in die Schule sind die Kontrollkinder mit 80% Fehler auch nicht besser als die

Blicksteuerung bei ADHS

[Diagramm links: Reaktionszeiten: Prosakkaden (ms), Alter in Jahren 7–17]
[Diagramm rechts: Fehlerquoten: Antisakkaden (%), Alter in Jahren 7–17]

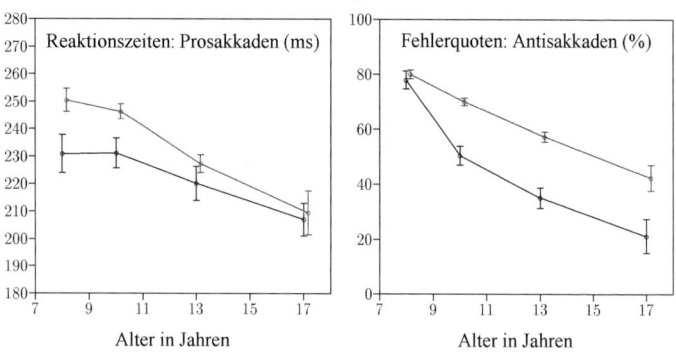

Abbildung 50: Die Alterswentwicklung der Blicksteuerung bei ADHS (rot) im Vergleich mit den Kontrollen (schwarz). N=450 ADHS-Kinder

ADHS-Kinder. Aber während die Kontrollkinder eine rasche Entwicklung durchlaufen, wird der Rückstand der ADHS-Kinder immer größer [Fischer et al. 2002].

Die einfache Stabilität der Fixation ist bei ADHS-Kindern auch häufig nicht altersgerecht entwickelt. Die Abb. 51 zeigt die beiden Alterskurven. Allerdings ist die Streuung groß und die Auffälligkeitsquote entsprechend niedrig.

Die binokulare Instabilität wurde bei nur 31 ADHS-Kindern im Alter zwischen 7 und 17 Jahren untersucht. Es besteht eine klare Altersabhängigkeit, aber die Streuung ist erheblich und eine klare Aussage ist derzeit nicht möglich. Es muss damit gerechnet werden, dass es unter den ADHS-Kindern auch zu einer Schwäche der Einhaltung des Konvergenzwinkels kommen kann.

Auch zur Leistung von ADHS-Kindern bei der Simultanerfassung liegen derzeit noch keine ausreichenden Daten vor.

2.5 Andere Entwicklungsstörungen

Neben der Legasthenie, der Rechenschwäche und dem ADH-Syndrom, die wir bis hierin besprochen haben, gibt es natürlich noch andere Stö-

2.5 Andere Entwicklungsstörungen

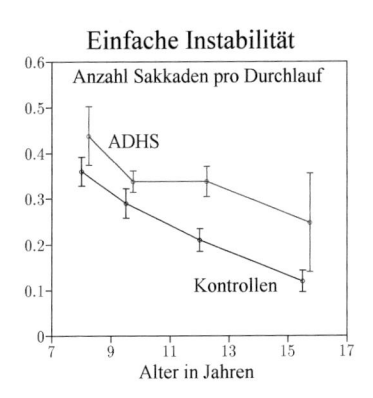

Abbildung 51: Die einfache Stabilität der Fixation bei ADHS im Vergleich mit den Kontrollen als Funktion des Alters. N=65.

rungen, zu denen es derzeit noch keine umfassenden Daten gibt, die uns über deren Wahrnehmungsleistungen einen systematischen Überblick erlaubten. Aber wir haben Daten zur Blicksteuerung von Kindern und Jugendlichen, die weder als Legastheniker noch als rechenschwach noch als ADHS-Kinder eingestuft wurden, weil das eine oder andere diagnostische Kriterium nicht erfüllt war. Dazu gehört sehr häufig ein zu niedriger IQ oder das Überwiegen von motorischen Entwicklungsstörungen.

Von solchen Kindern gibt es entsprechend unvollständige Datensätze, weil sie sich eben nicht in ein irgendwie bekanntes klinisches "Bild" einfügen ließen und daher für die Wissenschaft nicht von so großem Interesse waren. Aber diese Kinder gibt es natürlich, und es ist wichtig, auch von ihnen zu lernen, was ihnen fehlt. Kann es zum Beispiel sein, dass sie ihre allgemeinen intellektuellen Fähigkeiten deswegen nicht so gut und so schnell entwickeln konnten, weil ihnen die dazu benötigten Wahrnehmungsfunktionen zur gegebenen Zeit nicht zur Verfügung standen?

In der Datenbank des Freiburger Blicklabors sind die Daten zur Blicksteuerung auch von solchen Kindern gesammelt worden und wir wollen sie an dieser Stelle zeigen, auch wenn daraus keine weiteren theoretischen Schlussfolgerungen gezogen werden können und wir auch (noch)

Anzahl ungelöster Aufgaben

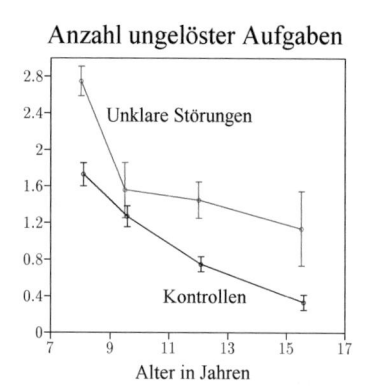

Abbildung 52: Auffälligkeitsquoten bei der sprachfreien auditiven Differenzierung von Kindern mit unklaren Teilleistungsstörungen. N=51.

nicht wissen, ob ihnen durch eines der Trainingsverfahren, die wir in Kapitel 3. besprechen, systematisch geholfen werden kann.

2.5.1 Sprachfreie Hörwahrnehmung bei unklaren Störungen

Zunächst stellen wir auch bei diesen Kindern fest, wie viele der fünf sprachfreien Differenzierungsaufgaben sie überhaupt lösen konnten. Die Abb. 52 zeigt die beiden Alterskurven. Gerade die jüngste Altersgruppe kann im Mittel fast drei von fünf nur durch Raten "lösen". Mit dem Alter nimmt diese Zahl zwar ab, aber erreicht bei vielen den Normwert nicht.

Genau wie bei den vorher behandelten Störungen sind die fünf Hörbereiche unterschiedlich stark betroffen. Wieder ist es die Tonhöhenunterscheidung und die Zeitordnung, in denen die meisten auch dieser Kinder die größten Probleme zeigen.

2.5.2 Dynamisches Sehen bei unklaren Störungen

Auch das dynamische Sehen bei vielen Kindern mit unklaren Teilleistungsstörungen ist beeinträchtigt. In den fünf Variablen, die ermittelt

2.5 Andere Entwicklungsstörungen

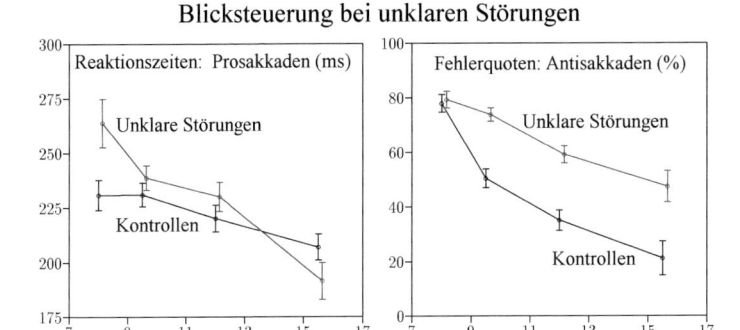

Abbildung 53: Die Entwicklung der Blicksteuerung bei Kindern mit unklaren Entwicklungsproblemen (rot). N=122.

werden können, erreichten im Durchschnitt 43,4% keine altersgerechten Werte.

2.5.3 Blicksteuerung bei unklaren Störungen

Die Blicksteuerung dieser Kinder ist in der Abb. 53 gezeigt. Die Daten sind bei allen bisher betrachteten Störungen immer wieder ähnlich: Wenig Unterschiede in der Ausführung der Prosakkaden-Aufgabe, aber große Unterschiede in der Fehlerquote der Antisakkaden-Aufgabe.

Kinder mit unklaren Entwicklungsstörungen finden sich vornehmlich in Förderschulen und man bemüht sich mit besonderen pädagogischen Maßnahmen darum, ihnen schulische Fertigkeiten beizubringen. Wenn auch diesen Kindern die sinnesphysiologischen Voraussetzungen für die fraglichen Lernprozesse fehlen, haben es Lehrer und Schüler besonders schwer. Deswegen wäre es wichtig, Kinder aus Sonder- bzw. Förderschulen systematisch auf ihre Sinnes- und Blickfunktionen zu untersuchen.

2.6 Komorbiditäten

Viele der besprochenen Wahrnehmungs- und Blickprobleme treten bei einem Kind gemeinsam auf und man möchte gerne wissen, wie häufig die eine zusammen mit einer anderen oder gar mehreren anderen auftritt. Die Prozentzahl der Kinder, die zwei oder gar drei Störungen aufweisen, nennt man die Komorbidität. Um sie zu ermitteln benötigt man allerdings große Stichproben, die uns derzeit nur für die Bereiche Legasthenie und ADHS zur Verfügung stehen.

Wir müssen uns auch darauf einigen, was man denn unter einem "hörauffälligen" Legastheniker genau verstehen soll. Es gibt mehrere – mindestens fünf – Variable, die wir zu beurteilen haben.

Um überhaupt einen Überblick zu bekommen, einigen wir uns darauf: Haben zwei von fünf Variablen keine altersgerechten Werte, so nennen wir das Kind "hörauffällig". Ebenso einigen wir uns darauf, dass eine "Blickauffälligkeit" vorliegt, wenn ein Kind in zwei von vier Variablen keine altersgerechten Werte erreicht hat, wobei eine Variable aus der Overlap-Prosakkaden-Aufgabe genommen wird und 3 aus der Gap-Antisakkaden-Aufgabe.

Betrachten wir zunächst die Gruppe der Legastheniker. Insgesamt verfügen wir derzeit über die Hör- und die Blickdaten von N=953 Legasthenikern. Die Abb. 54 zeigt ein Säulendiagramm mit allen nötigen Information. Unter den 953 legasthenischen Kindern waren 69% hör- oder blickauffällige legasthenische Kinder. Darunter waren 61% hörauffällig und 32% blickauffällig. Eine reine Hörauffälligkeit hatten 37% und eine reine Blickauffälligkeit hatten 8%. Die Komorbidität beträgt 24%.

Die gleiche Betrachtung kann man auch für die ADHS-Kinder durchführen. Man gelangt zu sehr ähnlichen Zahlen, wobei allerdings berücksichtigt werden muss, dass viele der ADHS-Kinder zusätzlich auch eine Legasthenie haben, sodass diese Verhältnisse derzeit nicht eindeutig zu interpretieren sind. Schließt man diese aus der Analyse aus, so bleibt das Bild aber ungefähr gleich, auch wenn es nun auf einer kleineren Stichprobe beruht.

Schließlich muss noch bedacht werden, dass diese Zahlen des Freibuger Blicklabors eventuell nicht wirklich repräsentativ für die Gesamtpopulation von Kindern in Deutschland sind, weil die Beratungsstelle

2.7 Vergleich der Gruppen 149

Legasthenie

N=953 (100%)
unauffällig: 31%

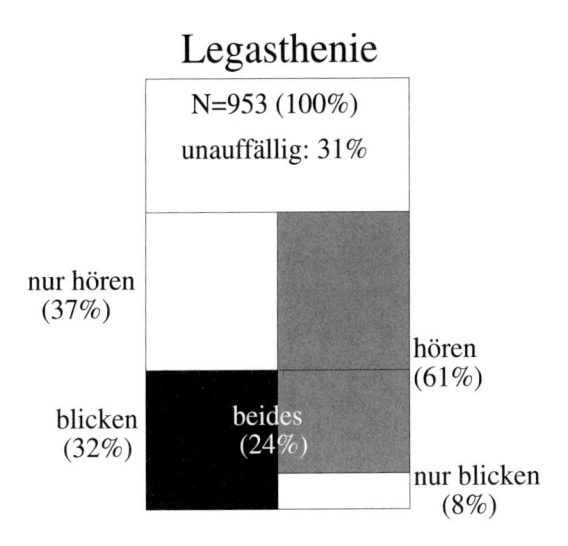

nur hören (37%)

blicken (32%)   beides (24%)

hören (61%)

nur blicken (8%)

Abbildung 54: Säulendiagramm der Prozentzahlen von Legasthenikern mit Hör- und/oder Blickstörungen. Einzelheiten werden im Text beschrieben.

vornehmlich von Legasthenikern aufgesucht wurde, die zwar oft auch ein Aufmerksamkeitsdefizit zeigten, aber keine vollständige Diagnose durchlaufen hatten.

2.7 Vergleich der Gruppen

Am Schluss dieses Kapitels stellen wir fest, dass alle Zielgruppen, deren Daten wir betrachten konnten, mehr oder weniger ähnliche Probleme in den untersuchten Wahrnehmungs- und Blickfunktionen zeigen.

Würde man die Legastheniker, die ADHS-Kinder und die Rechenschwachen miteinander statistisch vergleichen, so kämen nur schwache Unterschiede in der einen oder anderen Variablen heraus, deren Signifikanz wahrscheinlich nur durch die großen Stichproben begründet wäre. Für die Praxis hätte ein solches Ergebnis keine Bedeutung. Würde umgekehrt der statistische Vergleich keine signifikanten Unterschiede ergeben, würde dies lediglich das bestätigen, was ein Vergleich der Kurven in den entsprechenden Abbildungen auch zeigt.

In jedem Fall würde es dabei bleiben, dass jedes Kind einzeln diagnostiziert werden muss unabhängig davon, zu welcher Gruppe es gehört oder ob es gar keiner Gruppe zugewiesen werden kann.

Die Ähnlichkeit der Daten ist vereinbar mit der Hypothese, dass den verschiedenen Teilleistungsstörungen ähnliche Defizite in den Hirnfunktionen zugrunde liegen bzw. beteiligt sind, die sich lediglich verschieden auswirken. Diese Hypothese würde in der Praxis dazu führen, die Kinder diagnostisch zunächst gemeinsam unter dem Begriff der Wahrnehmungsstörung zu klassifizieren und dann erst zu fragen, wie sich diese auf den Erwerb anderer Fertigkeiten und Fähigkeiten ausgewirkt haben könnten. Entscheidend wäre am Ende, ob nach Verbesserung der Wahrnehmungsfunktionen die fehlenden Fertigkeiten und Fähigkeiten erworben werden können.

Deswegen ist es so wichtig, den Versuch zu unternehmen, durch ein tägliches Training die gefundenen Entwicklungsrückstände im Bereich der Wahrnehmungs- und Blickfunktionen aufzuholen.

3. Hilfen

Dieses Kapitel behandelt die Frage der therapeutischen Hilfen, die für die besprochenen Arten von Auffälligkeiten entwickelt und erprobt wurden. Die Trainingsverfahren werden beschrieben und die entsprechenden Trainingserfolge in den einzelnen Bereichen für die verschiedenen Gruppen werden quantitativ dargestellt. Außerdem wird die Wirkung von Ritalin auf die Blicksteuerung und die Hörverarbeitung sowie auf das Blicktraining besprochen.

3.1 Das Problem

Dies ist sicher für viele Leser das spannendste Kapitel, weil es sich mit der schlussendlich wichtigsten Frage beschäftigt: Was tun, wenn Auffälligkeiten festgestellt wurden? Es wird jedem klar sein, dass Medikamente und Operationen als therapeutische Maßnahme in aller Regel ausscheiden. Davon ist sind auch die Medikation beim Aufmerksamkeitsdefizit und bei Hyperaktivität nicht wirklich ausgenommen, weil hier die Symptomatik eventuell erfolgreich behandelt wird, ohne aber die Störung oder sogar ihre Ursache zu beseitigen, was erst einer "Heilung" entsprechen würde.

Bei den infrage stehenden Störungen tut man sich schwer mit den Begriffen "Krankheit" und "Heilung". Einerseits wollen wir die betroffenen Kinder nicht als krank bezeichnen, aber wir wollen, dass sie geheilt werden. Andererseits wäre eine Einstufung als Krankheit aber wichtig für die Kostenübernahme durch die Krankenkassen. Schließlich wird immer wieder gefragt, ob eine bestimmte Störung heilbar oder unheilbar ist. Das betrifft z.B. die Legasthenie.

Hier kann es uns nicht darum gehen, diese Fragen zu beantworten. In ihnen stecken Annahmen, wie etwa hinter der Frage nach Heilbarkeit die unausgesprochene Annahme steht, es handele sich um eine Krankheit. Wir werden uns darauf beschränken, die bescheidenere Frage zu beantworten, ob eindeutig und objektiv nachweisbare Auffälligkeiten behoben werden können und wenn ja, wie gut und wie häufig dies gelingt.

Wir wollen uns zunächst den Stand der Dinge vergegenwärtigen und die bisher in der Vergangenheit eingesetzten Hilfen beleuchten. Danach werden wir uns den Trainingsmethoden zuwenden, die für die einzelnen Bereiche entwickelt und erprobt wurden. Es gilt das Motto: *Was man nicht gut genug kann, muss man üben.* Die Erfolgsquoten werden im Einzelnen berichtet, weil es sich herausstellte, dass manches leicht und von vielen, anderes nur schwer und von wenigen oder sogar überhaupt nicht durch ein bestimmtes Training erlernt werden konnte. Auch mit der Wirkung von Medikamenten werden wir uns beschäftigen und der Frage nachgehen, ob Training und Medikamentwirkung sich gegenseitig stören oder unterstützen.

3.1 Das Problem

3.1.1 Klassische Hilfen

Die Wahrnehmungsstörungen werden meistens nach den Sinnessystem sortiert: Wer nicht gut sieht, geht zum Augenarzt, wer nicht gut hört, geht zum Ohrenarzt und wer nicht gut denkt, geht in die Förderschule. In manchen Fällen wird auch der Nervenarzt (Psychiater oder Neurologe) aufgesucht. Wenn bei den Arztbesuchen z.b. Fehler in den Sinnesorganen festgestellt werden, gibt es in vielen, aber nicht allen Fällen Hilfe. Beispielsweise kann ein Sehfehler der Augen meist mit einer Brille behoben werden: Die Sehleistungen werden besser, meist sogar normal, und das Problem ist behoben.

Schwieriger wird es, wenn sich die Sinnesorgane selbst als gesund erweisen und keine Anomalien gefunden werden. Dann herrscht meist Ratlosigkeit. Teilweise folgt eine weitergehende Diagnose: Z.B. kann der Ohrenarzt eine zentrale Fehlhörigkeit feststellen, indem er nicht Geräusche und Laute oder Schall zur Diagnose benutzt, sondern Sprachelemente, wie z.b. Paare von Reimwörter, die unterschieden werden müssen. Der Augenarzt kann zusätzlich zur Sehschärfe auch noch das beidäugige Stereo-Sehen untersuchen und hier eventuell Schwächen feststellen. In besonderen Fällen, z.b. bei latentem Schielen, wird es vielleicht möglich sein, mit einer besonderen Brille, der Prismenbrille, eine bessere Sehsituation des beidäugigen Sehens herbeizuführen.

In vielen Fällen stehen aber keine gezielten Hilfen zur Verfügung. Die betroffenen Menschen, meist sind es Kinder, werden zum Ergotherapeuten oder zum Logopäden geschickt, anderen wird eine Heilpädagogik empfohlen. Oft sind die Therapeuten sich selbst überlassen und versuchen, mit eigenen Methoden eine Besserung der Situation des Patienten zu erarbeiten. Sie lernen aus ihren Erfahrungen und wenden sie bei späteren Patienten an. Das ist eigentlich ein sehr guter Weg. Aber ihm fehlt die Systematik und die zahlenmäßige Kontrolle, mit deren Hilfe man sehen kann, in welchen Fällen und in wie vielen Fällen man zu welchem Erfolg kommt.

Im Fall von Legasthenie gibt es unzählige Hilfsansätze. Viele sind pädagogischer Art, andere bauen auf meist unerforschte Theorien. Immer wieder gibt es Erfolgsmeldungen. Man muss immer froh sein, wenn es wieder einmal gelungen ist, einem betroffenen Kind eine angemessene Schulkarriere ermöglicht zu haben. Aber die Regel ist es – und manche benutzen es als weitere Indikation für eine bestehende Legasthenie, dass pädagogische Maßnahmen, soweit sie in einem einfachen Mehr an Unterricht entsprechen (Nachhilfeunterricht), nicht viel und nicht dauerhaft helfen. Man spricht von Therapie-Resistenz. Auch die direkte Symptombekämpfung der zuvor diagnostizierten Lese- und Rechtschreibfehler führt oft nicht zum Erfolg.

Bei Aufmerksamkeitsdefizit mit oder ohne begleitende Hyperaktivität geht der Streit um psychotherapeutische bzw. verhaltenstherapeutische Maßnahmen mit Einbeziehung der Familie auf der einen Seite und um Behandlung mit Medikamenten auf der anderen Seite weiter. Diesen Streit können und wollen wir hier nicht lösen, wahrscheinlich muss man im Einzelfall entscheiden und gegebenenfalls beide Möglichkeiten nutzen.

Wir werden in den folgenden Abschnitten sehen, ob denjenigen Kindern, die in dem einen oder anderen Test der Wahrnehmungs- und Blickfunktionen nicht altersgerecht abgeschnitten haben, mit einem Training geholfen werden kann, eben genau diese Rückstände aufzuholen. Im Bereich von ADHS, wo Medikamente eingesetzt werden, wollen wir zusätzlich auch sehen, welchen Einfluss ein Medikament haben kann und wie es das Training oder dessen Erfolg eventuell beeinflusst.

3.1.2 Symptomspezifisches Training

In diesem Abschnitt besprechen wir die Möglichkeiten, festgestellte Auffälligkeiten in den Wahrnehmungs- und Blickfunktionen durch ein gezieltes Training zu verbessern. Dabei verfolgen wir ein alt bekanntes Lernprinzip: Was man nicht kann, muss man üben, und zwar täglich ein wenig und das über mehrere Wochen. Dieser Lehr- und Lerngrundsatz ist allgemein anerkannt und wird schon lange angewandt, allerdings gerade in den Schulen nicht mehr so konsequent, wie dies eventuell wünschenswert wäre. Aber im Bereich des Sports und im Bereich der Musikerziehung wird das regelmäßige tägliche Üben als eine Selbstverständlichkeit angesehen und auch umgesetzt.

Dies hängt damit zusammen, dass in diesen beiden Bereichen die besondere Leistung als eine vornehmlich motorische Fähigkeit angesehen wird. Dass Bewegungskoordination durch Üben erworben und verbessert wird, ist eine Art Binsenweisheit. Dass auch sensorische Leistungen und die Blicksteuerung durch Üben verändert werden können, ist

3.1 Das Problem

etwas, was erst in den letzten 10 Jahren systematisch erforscht und erkannt wurde. Besonders im Bereich der Rehabilitationsmedizin kann dies einen großen Fortschritt bedeuten, weil den Patienten neue Möglichkeiten eröffnet werden, wenigsten Teile ihrer früheren Fähigkeiten wieder herzustellen.

Für die Augenbewegungen hätte man darauf auch schon früher kommen können, weil sie ja gewissermaßen auch zu den motorischen Fähigkeiten gehören und als eine Koordinationsleistung des Gehirns angesehen werden müssen. Aber weil wir die Blicksteuerung schon sehr früh im Leben erlernen und dann täglich benutzen, wurde unbesehen angenommen, dass die Steuerung der Augenbewegungen spätestens mit Eintritt in die Schule vollkommen fertig entwickelt ist und nun mehr oder weniger für den Rest des Lebens so bleiben, zumindest so lange, bis der Alterungsprozess und/oder Krankheiten die Leistungen wieder "verschlechtern".

Indessen ist es heute vollkommen klar, dass die Steuerung des Blicks auch im Erwachsenenalter und erst recht im Kindesalter noch verändert werden kann. Dabei geht es allerdings nicht um die Bewegungen der Augen selbst, sondern um die Ansteuerung derselben durch die verschiedenen Hirnprozesse, die für die Ausführung sorgen, indem sie die entsprechenden Signale in den Hirnstamm senden, der sie auf die zwei mal sechs Augenmuskeln verteilt.

Um ganz klar zu machen, was in jedem Einzelfall mit dem Training erreicht werden soll, sind in der Abb. 55 zwei typische Entwicklungskurven gezeigt: Die einer Kontrollgruppe und die einer Gruppe mit Entwicklungsrückständen. Ziel ist es, als Mitglied der rückständigen Gruppe möglichst rasch in die Gruppe der "Normalen" zu gelangen. In den Kurven bedeutet dies, dass man den schnellen Übergang von der einen zur anderen Kurve sucht.

Das Ziel ist also nicht, irgendwelche Leistungen zu verbessern, sondern jeweils genau die eine, die getestet wurde und die auffällig war. Erst in einem zweiten Schritt wird untersucht, ob ein erfolgreiches Training einer Teilleistung sich eventuell überträgt auf eine andere oder ob ein solcher Transfer sich erst indirekt einstellt, indem z.B. pädagogische Hilfen mehr Erfolg haben als ohne das vorherige Training. Darüber werden wir natürlich auch am Ende zu reden haben.

Trainingsziel

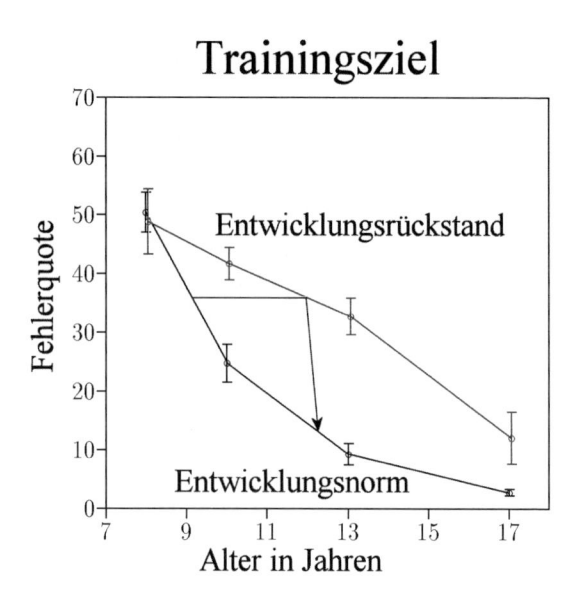

Abbildung 55: Das Ziel eines Wahrnehmungstrainings besteht darin, möglichst rasch aus der Gruppe der Auffälligen in die Gruppe der "Normalen" zu gelangen und damit den Entwicklungsrückstand ganz oder doch teilweise aufzuholen.

Bei der Betrachtung der einzelnen Trainingsmethoden ist es nicht nur wichtig herauszufinden, ob überhaupt Trainingserfolge erzielt werden können, sondern wir müssen auch die Erfolgsquoten wenigstens abschätzen, soweit das die vorliegenden Daten bereits erlauben. Dabei wird sich herausstellen, dass die Erfolgsquoten zwar erfreulich hohe Werte erreichen können, aber eben nicht den Idealwert von 100%.

Die Erfahrung zeigt, dass es grundsätzlich wichtig ist, den Trainingsverlauf zu beobachten, damit man eventuell eingreifen kann, wenn etwas schief zu laufen droht. Dies wird aber in den meisten Fällen nicht möglich sein, weil es einen ziemlichen Aufwand bedeutet und voraussetzt, dass der Trainierende selbst oder – im Falle von Kindern – die Eltern genügende Einsicht in die Zusammenhänge haben. Deswegen speichern alle Trainingsgeräte, die in diesem Buch besprochen werden, ein Trainingsprotokoll, das im Nachhinein ausgelesen und beurteilt werden kann. Eine entsprechende Rückmeldung kann dann Anhaltspunkte dafür geben, ob das Training als gelungen und abgeschlossen angesehen wer-

3.2 Hörtraining

den kann, oder ob gegebenenfalls ein Ergänzungstraining durchgeführt werden sollte.

Die Trainingsgverfahren, obwohl verschieden für jeden Bereich, haben grundsätzliche Eigenschaften gemeinsam. Sie sind

evaluiert, das heißt erprobt mit Angabe der Erfolgschancen

spezifisch, das heißt, es werden genau die Funktionen geübt, die nachweislich nicht altersgerecht entwickelt sind

adaptiv, das heißt, dass die Schwierigkeit der täglichen Trainingsaufgabe automatisch an den Leistungsstand des Kindes angepasst wird

kontrolliert, das heißt, dass während des Trainings ein komplettes Protokoll der Trainingsdaten gespeichert und später ausgewertet wird, um eine Rückmeldung über den Trainingsverlauf erarbeiten zu können.

In diesem dritten Hauptteil des Buchs gliedern wir wieder nach den verschiedenen Wahrnehmungsfunktionen und gehen die Trainingsdaten dann für die verschiedenen Teilleistungsstörungen durch. Dieses Vorgehen ist deshalb sinnvoll, weil die Trainingsverfahren immer die gleichen sind unabhängig davon, welche Diagnose anderer Teilleistungsstörungen vorliegt, oder ob überhaupt eine solche Diagnose vorgenommen wurde.

3.2 Hörtraining

Wir haben es weiter oben schon erwähnt: Es gibt viele und gute diagnostische Verfahren zur Bestimmung von peripheren und zentralen Hörleistungen und die Notwendigkeit von Hilfen wird klar erkannt, ja sogar gefordert. Dennoch gibt es bis heute nur begrenzte Möglichkeiten, die auch erforscht und quantitativ erprobt sind. Vor allem fehlt es an Hörtrainingsverfahren, die sich auf eine entsprechende Diagnose beziehen, sodass gezielt diejenigen Hörleistungen trainiert werden, die nachweislich nicht altersgerecht erbracht werden konnten. Dies nennt man ein symptomspezifisches Training.

Die fünf Unterfunktionen, die wir schon kennen gelernt haben, gezielt zu trainieren, stellen Schritte in diese Richtung dar und wir werden sie der Reihe nach durchgehen.

Zunächst die generellen Regeln des Hörtrainings: Eine Aufgabe wird nach der anderen erlernt. Das Training einer und nur einer Aufgabe wird täglich durchgeführt. Jede Trainingssitzung umfasst einen bestimmten Bereich, den Schwierigkeitsbereich oder die Schwierigkeitsstufe, die der Trainierende gerade noch nicht ganz beherrscht. Das Training ist also adaptiv: Je besser der Leistung wird, desto schwieriger wird die Aufgabe. Das ist eigentlich ein ganz normales Vorgehen, das man aus anderen Lernbereichen sehr gut kennt und das wir nur übernehmen und auf die Wahrnehmungsleistungsstufen übertragen.

Geübt werden nur die Aufgaben, die beim Test nicht altersgerecht beherrscht wurden. Dies spart Zeit und unnötige Kosten. Warum sollte man etwas üben, das man schon von vornherein gut genug konnte?

3.2.1 Hörtraining bei Legasthenie

Wir hatten Auffälligkeiten in der sprachfreien auditiven Differenzierung anhand der Prozentränge ermittelt. Das Training wurde nur den Kindern empfohlen, die einen Prozentrang von weniger als 16 erreicht hatten. Jetzt schauen wir uns die Prozentränge nach dem Training an. Dabei wird der Faktor des Alters automatisch berücksichtigt.

Im Mittel hatten die Kinder drei der fünf Aufgaben nicht altersgerecht durchführen können. Nach dem Training war dieser Mittelwert auf eine Aufgabe gesunken. Das Training hatte also die Hörauffälligkeiten um etwa einen Faktor drei reduziert. Waren vor dem Training 64% der Kinder in drei oder mehr der fünf auditiven Unterfunktionen auffällig, so waren es nach dem Training nur noch 18%.

Allerdings war dieser Erfolg nicht gleichmäßig auf die fünf Hörbereiche verteilt. Zählt man die Kinder, die einen Prozentrang von mindestens 16 erreicht haben, getrennt nach den Aufgaben, so kann man für jede Aufgabe eine Erfolgsquote berechnen.

Die Abb. 56 zeigt links das Säulendiagramm dieser Erfolgsquoten. Jede Säule steht für eine der fünf Hörbereiche und ihre Höhe gibt die Prozentzahl der erfolgreichen Kinder an. Man erkennt, dass die Erfolgschancen

3.2 Hörtraining

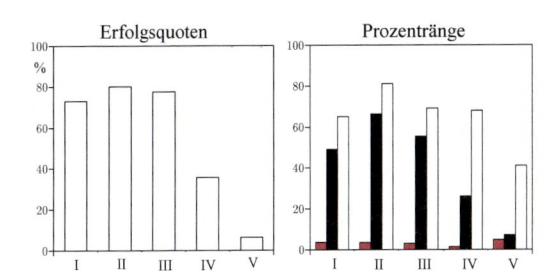

Abbildung 56: Die Erfolgsquoten beim Hörtraining von legasthenischen Kindern (links). Rechts sind die mittleren Prozentränge als Säulenhöhe gezeigt: Vor dem Training (rot) sind diese Werte natürlich unter PR16. Die Werte nach dem Training sind in schwarz gezeigt. Für die erfolgreich trainierten Kinder wurden die Werte der weißen Säulen erreicht. N=140.

verschieden groß ausfallen: Während die ersten drei Aufgaben von 70 bis 80% der Kinder erlernt werden konnten, ist die Quote bei der Zeitordnung deutlich geringer. Die Seitenordnung wurde mit dieser Methode von weniger als 10% der Kinder, also eigentlich gar nicht, erlernt.

Im rechten Teil der Abb. 56 sind die mittleren Prozentränge vor und nach dem Training gezeigt. Sie geben darüber Aufschluss, wie gut die Hörleistungen nach dem Training waren. Die jeweils linke (kleinste) rote Säule zeigt die mittleren Prozentränge vor dem Training. Natürlich liegen alle fünf Werte unter Prozentrang 10, denn es tragen ja nur Kinder bei, deren Prozentrang unter 16 lag. Die jeweils mittlere Säule gibt den Prozentrang der gesamten Trainingsgruppe nach dem Training an. Die Werte der ersten drei Aufgaben zeigen, dass die Gruppe im Mittel Prozentrang 50 und mehr erreicht hat. Besonders die Tonhöhen-Unterscheidung wurde sehr gut erlernt. Bei der Zeitordnung ist der Mittelwert lediglich 30%, immerhin noch deutlich über 20%. Lediglich bei der Seitenordnung wurde die PR16-Schranke nicht erreicht.

Um zu sehen, wie gut diejenigen geworden sind, die zu den Erfolgreichen gezählt werden konnten, zeigen die jeweils rechten Säulen den mittleren Prozentrang dieser Kinder an. Nun sieht man, dass alle Säulen über den Wert von 40 reichen, die ersten 4 sogar über 65. Dies zeigt, dass das Training, wenn es funktioniert, zu sehr guten Hörleistungen führt, die im Mittel sogar die jeweilige Altersnorm übersteigen.

Unter den Trainierenden waren auch 10 Kinder, die alle Aufgaben nicht beherrschten und daher auch alle fünf trainiert hatten. Nach dem Training war es nur noch einer, der so "schlecht" geblieben war. Daran sieht man, dass es sich auch in scheinbar aussichtslosen Fällen lohnt, ein Training zu versuchen.

Auf eine Besonderheit muss hier noch verwiesen werden. Wir hatten gesehen, dass die Tonhöhenunterscheidung und die Zeitordnung die größten Auffälligkeitsquoten zeigten. Bei beiden wird die Unterscheidung verschieden hoher Töne verlangt und man könnte schnell annehmen, dass beide Aufgaben aus dem selben Grunde nicht gut gelöst werden konnten. Wenn es sich so verhielte, müssten diejenigen, die die Tonhöhenunterscheidung gut erlernt hatten, dann auch schon die Zeitordnung erlernt haben oder sie zumindest auch erlernen können. Tatsächlich aber waren es 50% der Kinder, die die Tonhöhenunterscheidung und die Zeitordnung geübt hatten. Von diesen erlernten 82% die Tonhöhen zu unterscheiden, aber nur 33% von ihnen erlernten dann auch die Zeitordnung. Dies zeigt noch einmal eindrucksvoll, dass die beiden Aufgaben verschiedene Hörbereiche beanspruchen und dass die Zeitordnung von beiden das größere Problem darstellt.

Derzeit wird versucht, das Trainingsverfahren für die Tonhöhenunterscheidung und für die Seitenordnung zu verbessern, indem z.B. visuelle Hilfen hinzugenommen werden, um einen Einstieg in den auditiven Lernprozess zu finden.

Zum Hörtraining bei ADHS und bei Dyskalkulie liegen uns noch keine ausreichenden Daten vor. Vermutlich werden aber die Zahlen nicht grundsätzlich verschieden ausfallen.

3.3 Dynamisches Sehtraining

Wir haben gesehen, dass das dynamische Sehen bei einem bestimmten Prozentsatz von legasthenischen und ADHS-Kindern nicht altersgerecht entwickelt und daher verbesserungsbedürftig ist. Zum Training werden die drei Testaufgaben in abgewandelter Form verwendet, mit denen die Auffälligkeiten auch festgestellt wurden: Die Fixationsaufgabe, die Sprungaufgabe und die Anti-Aufgabe.

Allerdings mussten diese Aufgaben modifiziert werden, um ein adaptives Training zu ermöglichen.

3.4 Blicktraining

Für das dynamische Sehen ist das Tempo der Bildfolge das Maß für die Schwierigkeit. An jedem Tag wird eine Sitzung von 200 Durchläufen durchgeführt. Sie dauert je nach Arbeitsgeschwindigkeit zwischen 7 und 12 Minuten. Dies vermeidet Ermüdungen und Konzentrationsprobleme. Dieses Pensum hat sich als Erfahrungswert eingestellt und es hat sich gezeigt, dass längere Übungssitzungen wenig Vorteile bringen. Bei besser werdenden Leistungen wird die Schwierigkeit automatisch erhöht.

Für das dynamische Sehen werden die höchsten Schwierigkeitsstufen in aller Regel rasch erreicht. Zuverlässige Leistungen von Tag zu Tag stellen sich meist bald ein. Dennoch wird das Training für bestimmte Zeit fortgesetzt, um die neu gewonnenen Leistungen zu festigen.

Wir zeigen hier beispielhaft die Daten einer Gruppe von ADHS-Kindern und beschränken uns dabei auf die Anti-Aufgabe des dynamischen Sehens, weil sie dabei die größten Schwierigkeiten hatten.

Die Abb. 57 zeigt die Häufigkeitsverteilung der Werte vor (oben) und nach (unten) dem Training für die Mitte-Durchläufe (links) und die Seiten-Durchläufe (rechts). Ausnahmslos erreichen alle Kinder Werte von 80% richtiger Antworten und mehr, die meisten erreichen sogar die oberste Grenze von 100%.

3.4 Blicktraining

Um ein Blicktraining überhaupt zu ermöglichen, bei dem die Augenbewegungen nicht täglich gemessen und kontrolliert werden müssen (was natürlich gar nicht praktisch durchführbar wäre, es sei denn im Rahmen einer Tagesklinik, die die Kinder täglich aufsuchen – man bedenke den Zeitaufwand und die Kosten), wurde ein Trick ausgedacht: Man gebe eine Sehaufgabe, deren Bewältigung mit bestimmten Blickstrategien am ehesten gelingt.

Der Trick, der hier zum Zuge kommt, besteht in den Aufgaben, mit denen man das dynamische Sehen prüfen bzw. trainieren kann[7].

Training der Fixation: Solange dieses Symbol auf einer Stelle bleibt, muss man die Augen auf diese Stelle fixieren, damit man in dem un-

---

[7] Die Tests des dynamischen Sehens wurden sogar ursprünglich zum Zwecke des Blicktrainings entwickelt.

Trainingseffekte bei ADHS: Anti-Aufgabe

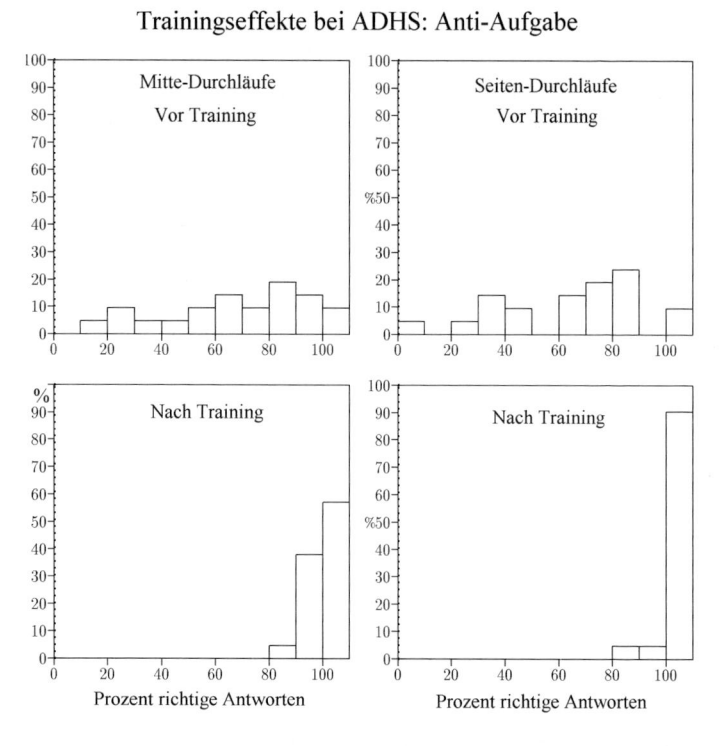

Abbildung 57: Verteilungen der Trefferquoten von ADHS-Kindern vor und nach dem Training des dynamischen Sehens in der Anti-Bedingung. N=21.

vorhergesehen Moment des Verschwindens die Orientierung des letzten Reizes gesehen hat.

Training der reflexhaften Prosakkaden (Sprung-Aufgabe): Wird das sich rasch drehende Symbol plötzlich versetzt, so muss man mit den Augen zeitgerecht hinterher springen und möglichst genau treffen, denn dies ist nun die beste Strategie.

Training der Antisakkaden (Anti-Aufgabe): Jetzt benutzen wir einen Ablenkungsreiz auf der einen Seite und zeigen dann den zu erkennenden Reiz auf der anderen Seite. In diesem Fall ist eine Antisakkade entgegen der Richtung des Ablenkungsreizes die beste Strategie. (Leider ist

3.4 Blicktraining 163

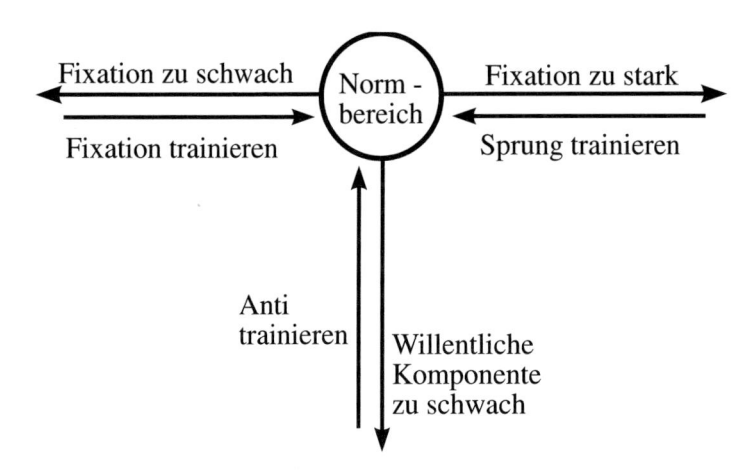

```
Fixation zu schwach    ( Norm -    Fixation zu stark
      ─────────────▶     bereich  ◀─────────────
Fixation trainieren    )           Sprung trainieren
                       ▲
              Anti    │
              trainieren │ Willentliche
                       │ Komponente
                       │ zu schwach
                       ▼
```

Abbildung 58: Schema des Trainingsplans für ein Blicktraining. Ziel ist es immer, in den Normbereich zu kommen. Je nach Diagnostik nähert man sich diesem Ziel in verschiedenen Weisen. Einzelheiten im Text.

sie nicht die einzige, die möglich ist. Wir werden auf diese Schwierigkeit noch zu sprechen kommen.)

Mit diesen drei Möglichkeiten soll nun versucht werden, die jeweils bei einem Kind gefundenen Auffälligkeiten in der Blicksteuerung zu beheben. Dazu benötigen wir Regeln, nach denen aus den Befund-Daten das Trainingsprogramm erstellt wird. Um das Vorgehen zu verdeutlichen, benutzen wir das Schema der Abb. 58.

In der Mitte ist der Normbereich durch einen Kreis gekennzeichnet. Es können prinzipiell drei Arten der Abweichung von der Norm der Blicksteuerung gefunden werden:

i) eine zu schwache Fixation. Sie drückt sich aus in zu kurzen Reaktionszeiten in der Prosakkaden-Aufgabe, zu vielen Reflexen in der Prosakkaden-Aufgabe und – in der Folge – in zu vielen Fehlern in der Antisakkaden-Aufgabe. In diesem Fall muss die Fixation trainiert werden, um in die Richtung des Normbereichs zu kommen, wie es die linke Seite der Abb. 58 zeigt.

ii) eine zu starke Fixation. Sie erkennt man an zu langen Reaktionszeiten in der Prosakkaden-Aufgabe, meist verbunden mit zu großen Streuungen dieser Reaktionszeiten. Dann muss die Sprung-Aufgabe trainiert werden.

iii) die willentliche Komponente ist zu schwach. Das zeigt sich in zu vielen Fehlern in der Antisakkaden-Aufgabe, an zu wenig Korrekturen mit zu langen Korrekturzeiten und an zu langen Reaktionszeiten der richtigen Antisakkaden. In diesem (häufigsten) Fall muss die Anti-Aufgabe geübt werden. Allerdings werden damit ja auch immer Sakkaden gefordert und es könnte passieren, dass eine zunächst normale Fixation geschwächt wird – ein unerwünschter Effekt. Um diesen zu vermeiden, wird vor jedes Anti-Training ein kurzes Fixationstraining geschoben.

Vermieden werden sollte auf jeden Fall ein Sprungtraining bei zu schwacher Fixation bzw. bei zu vielen Express-Sakkaden. Das würde die Reaktionszeiten weiter verkürzen, die Reflexe begünstigen und die Situation noch weiter verschlechtern.

Mit diesem Rezept für die Erstellung eines Trainingsplans kann für jedes Kind ein individuelles Training empfohlen werden, welches auch dann eingesetzt werden kann, wenn die Normabweichungen seiner Blicksteuerung hauptsächlich im Bereich einer ungewöhnlichen Fixation lag, also nicht unbedingt typisch für etwa einen Legastheniker.

3.4.1 Blicktraining bei Legasthenie

Für die Beurteilung der Blicksteuerung sind, wie wir oben gesehen haben, mehrere Variablen zu beachten (siehe Kapitel 1.2.3 auf Seite 78). Systematische Abweichungen von der Norm fanden sich hauptsächlich in den Variablen, die die frontale willentliche Komponente beschreiben, während die Variablen der Prosakkaden im Mittel nicht auffällig waren und keine Differenzierung der Legastheniker von den Kontrollkindern erlaubten.

Daher wollen wir uns hier damit begnügen, die Variablen der Antisakkaden-Aufgabe bezüglich ihrer Veränderungen durch das Training zu betrachten. Indessen müssen wir aber damit rechnen, dass sich mit dem Training auch eine eventuell sogar unerwünschte Veränderung der Prosakkadensteuerung einstellt.

3.4 Blicktraining

Abbildung 59: ScatterPlot von vier Variablen der Blicksteuerung vor und nach dem Training. Horizontal sind die Werte vor dem Training und vertikal die zugehörigen Werte nach dem Training aufgetragen. N=148.

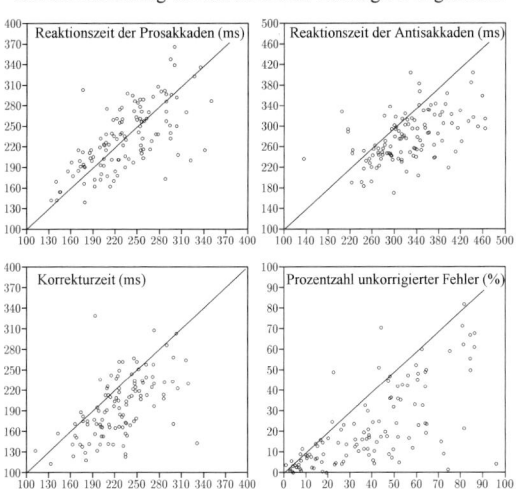

Deswegen schauen wir uns in der Abb. 59 die Werte von verschiedenen Variablen vor und nach dem Training in einem ScatterPlot an. Horizontal sind die Werte aufgetragen, die vor dem Training erreicht wurden, vertikal die, die nach dem Training gemessen wurden. Punkte auf der Diagonalen Linie zeigen an, dass die betreffende Variable unverändert blieb. Punkte rechts unterhalb der Diagonalen zeigen eine Verbesserung, Punkte links oberhalb eine Verschlechterung an.

In drei der vier Diagramme sind hauptsächlich Verbesserungen zu erkennen. Es handelt sich dabei um die Variablen der Anti-Aufgabe. Vor allem unten rechts in der Grafik gibt es kaum Punkte, die eine Verschlechterung anzeigen: Es ist die Variable, die anzeigt, in wieviel Fällen jemand die gewünschte Seite auch nach zwei Sakkaden nicht erreicht hat.

Im Diagramm oben links finden sich aber etwa die Hälfte der Punkte oberhalb der Diagonalen. Dies bedeutet, dass es hier keine systematischen Veränderungen gab. Es handelt sich um die Reaktionszeiten der

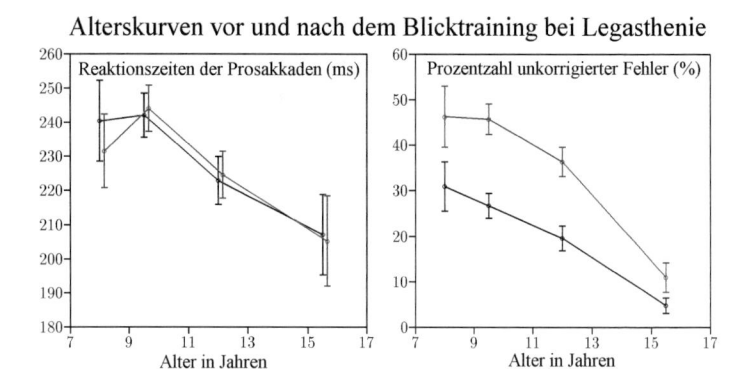

Abbildung 60: Die Alterskurven vor (rot) und nach (schwarz) dem Training zeigen keine systematischen Veränderungen in der Durchführung der Prosakkaden-Aufgabe (links), aber deutliche Verbesserungen der unkorrigierten Fehler in der Antisakkaden-Aufgabe (rechts).

Prosakkaden aus der Overlap-Aufgabe. Anhand dieser Aufgabe waren die Legastheniker nicht systematisch zu unterscheiden von den Kontrollkindern. Daran sollte sich durch das Training auch im Prinzip nichts ändern und wir sehen, dass dies auch tatsächlich geglückt ist. Einige sind etwas schneller geworden, andere etwas langsamer.

Als nächstes werten wir die Trainingsdaten der Pro- und Antisakkaden genauer aus, indem wir die Alterskurven vor und nach dem Training anschauen [Fischer and Hartnegg, 2000]. Die Abb. 60 zeigen die Kurven für die Reaktionszeiten der Prosakkaden, sowie für die Prozentzahlen der Durchläufe, in denen auch nach zwei Sakkaden die angestrebte "andere" Seite nicht erreicht wurde. In diese Variable geht sowohl die Fehlerquote als auch die Korrekturquote ein. Sie zeigt uns daher die Gesamtleistung in der Antisakkaden-Aufgabe. Die Kurven für diese Variable liegen nach dem Training deutlich unter denen (d.h. besser), die vor dem Training gemessen wurden. Dagegen sind die Kurven für die Reaktionszeiten der Prosakkaden praktisch nicht unterscheidbar. Man beachte die große Streuung, die besagt, dass manche Kinder langsamer, andere aber schneller wurden.

Auch dies darf für uns noch nicht der letzte Schritt der Analyse sein, denn auch wenn die Mittelwerte in allen Altersgruppen deutliche Ver-

3.4 Blicktraining

besserungen anzeigen, heißt das noch nicht, dass sich alle Kinder in allen Variablen verbessert haben. Um ein Maß für die Erfolgsquote zu erhalten, zählen wir unter den Variablen der Antisakkaden-Aufgabe ab, wie viele von ihnen eine Verbesserung anzeigen.

Wenn wir uns damit zufrieden geben, dass eine Verbesserung in mindestens drei oder in allen vier Variablen einen "Erfolg" darstellen, so gelangen wir zu einer Erfolgsquote von 80 bis 85%. Diese Schätzung beruht auf den Daten von etwa 150 Kindern, die innerhalb eines Jahres nachuntersucht werden konnten. Einige haben ein Ergänzungstraining absolviert, konnten dann aber nicht noch ein weiteres mal untersucht werden. Die endgültige Erfolgsquote kann daher sogar noch etwas höher sein.

Jetzt noch zu den Kindern, deren Hauptauffälligkeiten in der Blicksteuerung in zu schnellen Reaktionen und zu vielen Reflexen in der Prosakkaden-Aufgabe bestanden. Sie sollten durch das Blicktraining ihre Prosakkaden verlangsamen und weniger Reflexe zeigen. Die Antisakkaden sollten aber möglichst nicht langsamer, sondern schneller werden.

Das klingt wie eine unerfüllbare, weil gegensätzliche Forderung an ein Training. Wir sind es gewohnt, dass man durch Trainieren schneller wird und nicht langsamer. Ganz unwahrscheinlich erscheint es uns, dass man gleichzeitig schneller und langsamer werden soll, wenn es sich dabei auch noch um ein und dasselbe Muskelsystem handelt, nämlich das der Augenmuskeln. Aber wir erinnern uns: Es geht nicht um die Augen oder deren Bewegungen durch die Augenmuskeln. Es geht um die Ansteuerung, also um die Befehlsgeber im Gehirn: Nicht das Auto muss verbessert werden, sondern der Fahrer muss üben, mit dem Auto besser zu fahren. Und der könnte sehr wohl lernen, in manchen Situationen früher und dosierter zu bremsen (was einer Verlangsamung entspricht) und in anderen Situation schneller und dosierter Gas zu geben (was einer Beschleunigung entspricht).

Wir müssen diese Gesamtaufgabe im Falle eines Blicktrainings aber auch nicht mit einer einzigen Trainingsaufgabe lösen. Wir haben drei Trainingsaufgaben zur Wahl und wir können für jedes Kind das Training individuell ansetzen. Genau das wurde auch nach den obigen Regeln getan: Bei zu schnellen Reaktionen und zu vielen Reflexen wurde verstärkt die Fixationsaufgabe trainiert, die Sprungaufgabe wurde überhaupt nicht trainiert. Die Anti-Aufgabe wurde zusätzlich durchgeführt, wenn die Analyse ergeben hatte, dass außer zu vielen Fehlern auch die Korrekturquote zu gering war.

An dieser Stelle erkennt man nun auch, warum die drei Übungsaufgaben eine nach der anderen erlernt werden müssen: Erst muss die Fixation gestärkt werden, sonst kann man in der Anti-Aufgabe die Reflexe nicht genug beherrschen und macht Fehler, deren Reaktionszeiten sich womöglich auch verkürzen. Verkürzen sich dann auch noch die Korrekturzeiten, so könnte man fälschlicherweise trainieren, die Anti-Aufgabe auf dem falschen Weg zu lösen, indem man den Umweg über den Ablenkungsreiz schnell genug zurücklegt. Dann ist das Training misslungen, und die Situation kann sich insgesamt verschlechtern.

In den meisten dieser Fälle von "ExpressMakern", wie sie schon in Kapitel 1.2.3 etwas salopp genannt wurden, hat diese Maßnahme den gewünschten Erfolg gehabt. Aber oft war dazu ein verlängertes Training der Fixation notwendig und das ist diesen Kindern auch oft langweilig geworden.

Wenn man auch noch die Verbesserungen in der Prosakkaden-Aufgabe berücksichtigt, so fällt die gesamte Erfolgsquote für das Blicktraining noch etwas höher aus als die oben genannten 85%.

Da es sich aber um nicht sehr viele Kinder handelt, hat es wenig Sinn, hierzu noch eine weitere Analyse vorzunehmen. Wichtig ist nur, dass bei einzelnen Kindern auch Auffälligkeiten in der Prosakkaden-Aufgabe vorkommen und dass auch diese in der Regel durch gezieltes Training behoben werden können.

Ganz besonders trifft dies dann zu, wenn die Prosakkaden-Aufgabe zu langsam und/oder unzuverlässig mit großen Streuungen der Reaktionszeiten durchgeführt wurde. Dann ist mit dem Sprungtraining sehr einfach und schnell geholfen.

Spezifität des Blicktrainings: Durch die Beschäftigung mit dem Trainingsgerät, durch den Aufwand, der getrieben wird und durch die vermehrte Zuwendung zu dem betroffenen Kind könnte es theoretisch auch zu einer allgemeinen Verbesserung der Blicksteuerung kommen, die dann nicht auf das Training selbst zurück zu führen wäre. Das nennt man einen Placebo-Effekt. Er kommt in der allgemeinen medizinischen Therapie häufiger vor als man denken mag und wir sollten an dieser Stelle prüfen, ob es einen solchen unspezifischen Lern-Effekt auch beim Blicktraining gibt.

3.4 Blicktraining

Dazu wurde die Gruppe der trainierten Kinder aufgeteilt nach den Aufgaben, die sie trainiert hatten und es wurden die Trainingserfolge für die verschiedenen Variablen getrennt ausgewertet. Das Ergebnis war deutlich: Wer die Sprung-Aufgabe trainiert hatte, aber nicht die Anti-Aufgabe, verbesserte seine Prosakkaden, aber reduzierte seine Fehlerzahl in der Antisakkaden-Aufgabe kaum. Wer umgekehrt die Fixation und die Anti-Aufgabe trainiert hatte, verbesserte seine Prosakkaden kaum, aber machte weniger Fehler in der Antisakkaden-Aufgabe.

Beide Gruppen hatten exakt dieselben Rand- und Umfeldbedingungen. Ein besseres Design für ein kontrollierte Placebo-Studie kann es gar nicht geben. Wir können festhalten: Das Blicktraining verbessert in aller Regel die Komponenten der Blicksteuerung, die trainiert wurden.

Eine allgemeine Verbesserung könnte es höchstens im Bereich der Aufmerksamkeit geben, ein Begleiterscheinung, die bei gar keinem Training vermieden werden kann und auch nicht vermieden werden soll. Denn schließlich erfordern alle mentalen Prozesse ein gewisses Maß an Aufmerksamkeit und es kann keinem schaden, sich davon etwas mehr anzueignen [8].

3.4.2 Training der Fixationsstabilität

Zwar haben wir gesehen, dass man die Reflexe durch ein Training der Fixationsaufgabe besser zu kontrollieren lernen kann, das bedeutet aber noch nicht, dass automatisch auch weniger unerwünschte Sakkaden auftreten (einfache Stabilität) oder die binokulare Stabilität verbessert ist. Tatsächlich waren beide Stabilitäten nach einem ganz gewöhnlichen mit beiden Augen durchgeführten Blicktraining nicht systematisch verbessert.

Um die binokulare Stabilität zu stärken, wurde daher ein Auge während des Trainings abgedeckt, um das andere Augen alleine zu fordern, die

---

[8] Allerdings kann dieser allgemeine Aufmerksamkeits-Effekt nicht sehr groß sein, denn das Blicktraining hatte bei den ADHS-Kindern nur einen kleinen Effekt auf die (nicht trainierte) sprachfreie Hörwahrnehmung im Bereich der Tonhöhenunterscheidung, der statistisch nicht einmal signifikant wurde. In den anderen Bereichen des sprachfreien Hörens gab es überhaupt keine systematischen Veränderungen als Folge einer Aufmerksamkeitssteigerung, die als ein allgemeiner Effekt des Blicktrainings angesehen werden könnte.

Monokulares Training

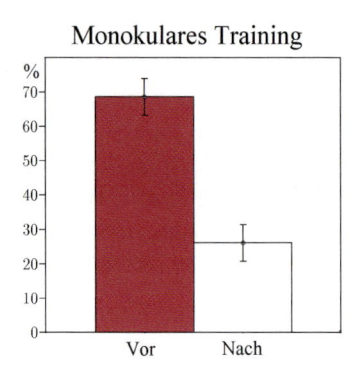

Abbildung 61: Verbesserung der binokularen Stabilität durch ein monokulares Blicktraining. N=14.

Sehaufgaben, die das Training beinhaltet, richtig zu lösen. Diese Strategie der Okklusion ist eigentlich nicht neu, denn sie wurde und wird auch bei kleinen Kindern mit beidäugigen Problemen angewandt. Auch bei Legasthenie hat die Abdeckung eines Auges während der Leseübungen sich bewährt 2145.

Der Effekt eines monokularen Blicktrainings auf die binokulare Stabilität ist erstaunlich gut und in Abb. 61 dargestellt. Vor dem Training hatten diese Kinder eine mittlere binokulare Instabilität von über 60%, sie waren also sehr auffällig. Nach dem einäugigen Training war dieser Wert auf knapp 30% gesunken. Bei einigen Kindern waren unglaublich drastische Verbesserungen zu verzeichnen. Es kam auch vor, dass zunächst nur eines der Augen stabilisiert war und durch ein weiteres Training erst das andere Auge auch stabiler wurde. Diese Sonderfälle zeigen, wie spezifisch die Trainingseffekte sein können.

Im Ganzen muss man sagen, dass eine binokulare Stabilisierung erstaunlich leicht und schnell erreicht werden kann.

Leider war in Bezug auf die einfache Stabilität nur ein kleine Verbesserung zu sehen. Daraus lernen wir noch einmal:

i) Die beiden Arten der Instabilität der Fixation sind ihrer Natur nach verschieden.

3.4 Blicktraining 171

ii) Die Stärkung des Fixationssystems mit einer Reduktion der Reflexzahl resultiert nicht auch in einer Abnahme unwillkürlicher Sakkaden. Dies erklärt sich daraus, dass die Hemmung des Sakkadensystems durch die Fixation auf einer relativ hohen Ebene passiert, z.b. auf der Ebene des Tektums, während auf einem tieferen Niveau, etwa auf der Ebene des Hirnstamms, unwillkürliche Sakkaden erzeugt werden können, die dann nicht mehr zu verhindern sind.

Es bleibt derzeit offen, wie man auch die einfache Stabilität der Fixation gezielt verbessern kann.

3.4.3 Blicktraining bei ADHS

Was für das Blicktraining bei Legasthenie gilt, gilt prinzipiell natürlich genauso im Fall von ADHS. Aber man muss damit rechnen, dass die Trainingseffekte eventuell nicht so stark sind. Die Abb. 62 zeigt die Alterskurven vor und nach dem Training. Erwartungsgemäß sind wenig systematische Änderungen bei den Reaktionszeiten der Prosakkaden zu sehen, aber eine deutliche Reduktion der Fehlerquoten in der Antisakkaden-Aufgabe. Die Altersnorm wird nicht von allen Kindern erreicht. Aber die Befürchtung, das Training könne vollkommen misslingen, weil ADHS-Kinder sich nicht gut genug konzentrieren könnten, hat sich nicht bestätigt.

3.4.4 Die Wirkung von Ritalin auf die Blicksteuerung

Im Fall von ADHS besteht eine von mehreren möglichen Hilfsmaßnahmen in der Gabe des Medikaments Ritalin (Methylphenidat). Obwohl die genaue Wirkungsweise dieses schon lange bekannten Stoffes noch nicht vollkommen geklärt ist, besteht ziemliche Übereinkunft darüber, dass ADHS ein Problem der frontalen bzw. präfrontalen Hirnfunktionen darstellt und Ritalin in den frontalen Strukturen wirkt. Diese Hirnstrukturen greifen, wie wir wissen, auch in die Blicksteuerung ein, und zwar in die Steuerung der Antisakkaden. Deswegen ist es zunächst einmal wichtig, zu schauen, inwieweit die Variablen der Antisakkaden sich unter dem Einfluss von Ritalin verändern.

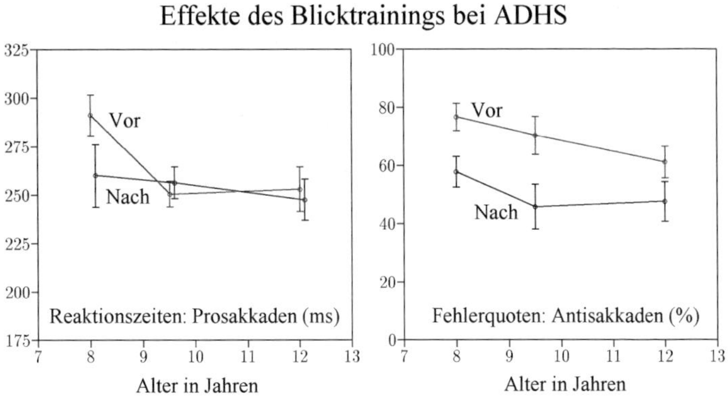

Effekte des Blicktrainings bei ADHS

Abbildung 62: Die Alterskurven vor und nach einem Blicktraining von ADHS-Kindern. N=31.

Zu diesem Zweck wurden Kindern mit einer ADHS-Diagnose, die mit Ritalin behandelt wurden (und dieses Medikament auch vertrugen, was ja nicht immer der Fall ist) untersucht, bevor sie ihre tägliche Dosis eingenommen hatten. Nach der Messung wurde die Tagesdosis eingenommen und etwa eine Stunde später (das ist die Wirkzeit für Ritalin) wurde die Messung wiederholt.

Es zeigte sich eine Verbesserung der Antisakkaden-Aufgabe, die in manchen Fällen so deutlich war, dass das betreffende Kind von den Kontrollkindern nicht mehr unterschieden werden konnte. Leider verschwinden diese Verbesserungen – genau wie andere positive Wirkungen – wieder, wenn das Medikament abgesetzt wird.

Auf die Prosakkaden-Aufgabe hat Ritalin auch einen Effekt: Es kommt zu einer Vermehrung der Reflexe. Das ist zwar ein unerwünschter Effekt, denn er schwächt die Fixation des Blicks und führt auf diesem Weg zu einer Erhöhung der Fehlerquote in der Antisakkaden-Aufgabe. Aber die mittleren Reaktionszeiten der Prosakkaden werden durch Ritalin auf diese Weise "normalisiert".

Das zeigt die Abb. 63 auf der linken Seite. Auf der rechten Seite sieht man die Fehlerreduktion in der Antisakkaden-Aufgabe. Sie ist nicht ganz befriedigend, denn die Normkurve ist nicht überall erreicht. Das liegt daran, dass die höhere Reflexzahl tendenziell zu einer schwäche-

3.4 Blicktraining

Blicksteuerung bei ADHS: Effekt von Ritalin

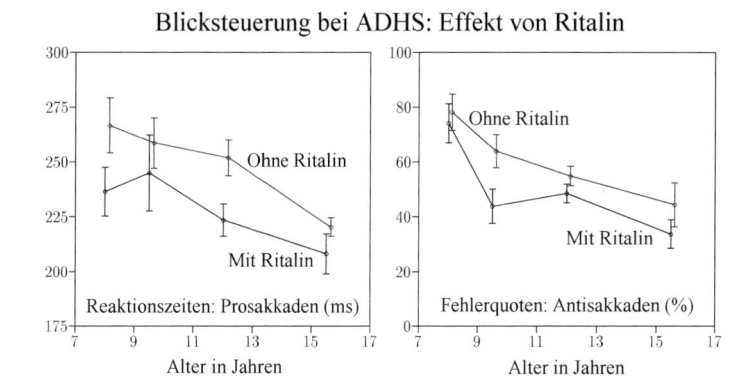

Abbildung 63: Alterskurven der Blicksteuerung von ADHS-Kindern vor (rot) und eine Stunde nach (schwarz) der Einnahme von Ritalin. N=48.

ren Fixation und somit zu mehr Fehlern führt. Dieser Effekt wirkt dem positiven Effekt auf die willentliche Frontalhirnkomponente entgegen. Aber die schwächere Fixation ermöglicht eine häufigere und schnellere Korrektur der Fehler, was sich auf die Zahl der unkorrigierten Fehler positiv auswirkt.

Um dies zu bestätigen ist in der Abb. 64 dieser Wert der unkorrigierten Fehler als Alterskurve gezeigt. Jetzt sieht man, dass diese Variable tatsächlich die Normwerte erreicht, die in der Abb. 64 rechts noch einmal dargestellt sind.

Die doppelte Wirkung von Ritalin zeigt sich auch bei der Auswertung der Anzahl der Auffälligkeiten vor und nach der Einnahme des Medikaments. Die Abb. 65 zeigt in Form eines Säulendiagramms den Effekt von Ritalin auf die drei Komponenten der Blicksteuerung. Während die Auffälligkeiten in den A-Variablen, die die willentliche Komponente kennzeichnen, und auch die Auffälligkeiten in den Sprungvariablen (J-Variable) deutlich abnehmen, ist die Fixation geschwächt: Dort nehmen die Auffälligkeiten etwas zu [Klein et al. 2002].

Dies zeigt, dass die Dosierung von Ritalin gut eingestellt werden sollte, damit die erwünschten und die unerwünschten Effekte in einem möglichst günstigen Verhältnis stehen. Wahrscheinlich ist die Regel "so we-

Effekt von Ritalin auf die Blicksteuerung bei ADHS

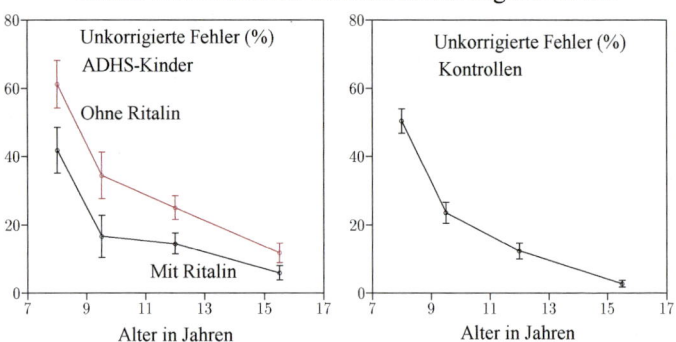

Abbildung 64: Links: Alterskurven der unkorrigierten Fehler von ADHS-Kindern mit und ohne Ritalin-Wirkung. Rechts sind zum Vergleich die Werte der Kontrollkinder dargestellt. N=48.

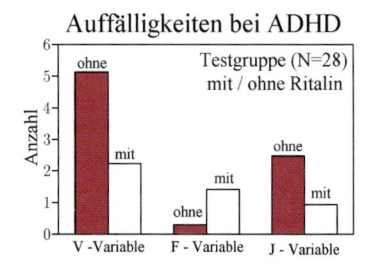

Abbildung 65: Säulendiagramm der Auffälligkeiten in den verschiedenen Bereichen der Blicksteuerung bei ADHS-Kindern mit und ohne Ritalin-Wirkung. V-Variable kennzeichnen die Komponente des Frontalhirns, F-Variable die Fixationskomponente und J-Variable die Sprung-Komponente.

nig, wie möglich, so viel wie nötig" auch hier die beste, denn ganz ohne Nebenwirkungen ist Ritalin nicht.

3.4.5 Der Einfluss von Ritalin auf das Blicktraining

Da bei ADHS die Aufmerksamkeitsprozesse, vor allem die Aufmerksamkeitsspanne betroffen ist, muss man befürchten, dass ein Training

3.4 Blicktraining

der Blicksteuerung nicht gut möglich ist, eben weil es ja etwas erfordert, was die betroffenen Kinder gerade nicht haben. Deswegen wurde eine besondere Studie angefertigt mit der Fragestellung, wie die Trainingserfolge bei ADHS-Kindern ausfallen, wenn sie unter der Einnahme von Ritalin trainieren oder wenn sie ihre tägliche Dosis erst nach der täglichen Trainingssitzung einnehmen.

Das Ergebnis war ebenso erfreulich wie verblüffend, denn erstens stellte sich heraus, dass sich überhaupt Trainingserfolge nachweisen ließen und zweitens war deren Ausmaß im wesentlichen davon unabhängig, ob mit oder ohne Ritalin trainiert wurde. Zusätzlich und besonders erfreulich stellte sich heraus, dass nach dem Training das Medikament abgesetzt werden konnte, ohne dass dabei die Trainingserfolge verloren gingen: Diese Kinder hatten sich etwas erarbeitet und eine Änderung in ihrem Gehirn herbeigeführt, die ihnen erhalten blieb. Die Wirkung des Medikaments und die des Trainings sind also in Bezug auf die Blicksteuerung additiv.

Gibt man diesen Kindern weiterhin ihr Medikament, was aus vielen anderen Gründen meist notwendig ist, so können sie über eine ganz hervorragende Blicksteuerung verfügen, die der eines Erwachsenen kaum nachsteht.

Das sieht man tatsächlich in den Daten, wenn man die ADHS-Kinder nach dem Training unter der Wirkung ihres Medikaments wieder untersucht. Dann erhält man die deutlichsten Verbesserungen in allen Altersgruppen.

Allerdings – das sollten wir an dieser Stelle beachten – die sprachfreie Hörleistung der ADHS-Kinder war durch Ritalin nicht generell verbessert. Das kann man so verstehen, dass Ritalin in die frontalen Strukturen eingreift. Insoweit diese nichts mit der Hörwahrnehmung zu tun haben, gibt es eben auch in diesem Bereich keine Änderungen. Lediglich die Tonhöhenunterscheidung war bei einigen Kindern verbessert, aber durch die große Streuung wurden diese Effekte nicht signifikant.

Die Abb. 66 zeigt an einem Beispiel, wie die beiden Maßnahmen des Trainings und der Medikation jeweils einzeln und dann gemeinsam wirken. Die Höhe der Säulen gibt an, wie viele Auffälligkeiten bei dem Kind gefunden wurden. Darunter wird aufgeschlüsselt, welcher Art die Auffälligkeiten waren. Insgesamt zeigte das Kind elf auffällige Variable, neun davon in der willentlichen Komponente und zwei in der

Trainings- und Ritalineffekte bei einem ADHS - Jungen

11 (9A+2J+0F)   →Training→   1 (0A+0J+1F)

↓ Medikation

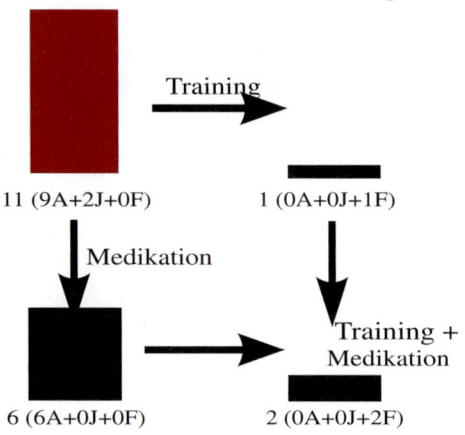

6 (6A+0J+0F)   →Training + Medikation→   2 (0A+0J+2F)

Abbildung 66: Die vier Säulen geben mit ihrer Höhe die Zahl der Auffälligkeiten an. In rot vor dem Training und ohne Medikation. Die Pfeile geben die jeweilige Maßnahme (Einnahme des Medikaments, Training) an. In Klammern sind die Auffälligkeiten nach ihrer Art unterteilt.

Sprung-Komponente. Durch das Training verschwanden alle diese A-Auffälligkeiten, aber eine F-Auffälligkeit kam hinzu. Die Medikation alleine reduzierte die Auffälligkeiten von neun auf sechs. Beide Hilfsmaßnahmen zusammen resultierten in einer normalen willentlichen Komponente (keine A-Auffälligkeiten) aber zwei F-Auffälligkeiten.

Obwohl man nicht erwarten kann, dass eine verbesserte Blicksteuerung das Gesamtverhalten eines ADHS-Kindes ändert, so ist es doch klar, dass sie es nach einem erfolgreichen Blicktraining leichter haben, visuelle Information zuverlässig aufzunehmen, denn ihre buchstäbliche Ablenkbarkeit ist kleiner, da sie nun ihre Blickrichtung besser selbst kontrollieren können.

Leider gibt es für die ADHS-Kinder noch keine Daten zur Verbesserung der binokularen Fixationsstabilität durch ein monokulares Training. Man kann jedoch ein solches Training immer versuchen, denn es kann nichts schaden und es verursacht keinen zusätzlichen Aufwand.

Den eventuellen Nutzen würde man dann "mitnehmen", auch wenn es noch keine systematischen Untersuchungen dazu gibt.

3.5 Zahltraining bei Dyskalkulie

Hierzu gibt es derzeit nur die Erfahrungen von Pädagogen, die sich um die rechenschwachen Kinder besonders bemühen, und eine Pilotstudie des Blicklabors.

Die pädagogische Erfahrung zeigt, dass eine mangelhafte Simultanerfassung, getestet mit Karten, die den Kindern nur kurz gezeigt werden, durch Üben tatsächlich verbessert werden kann und dass sich anschließend mehr und schnellere Lernerfolge beim Rechnen einstellen.

Zum systematischen und kontrollierten Training der Simultanerfassung wurde ebenfalls ein Verfahren entwickelt. Die betroffenen Kinder bekommen zunächst sehr einfache Aufgaben, indem sie etwa nur zwei oder drei Reize für etwas längere Zeit zu sehen bekommen und anzeigen müssen, wieviele es waren. Erst wenn sie gelernt haben, diese wenigen Reize zahlenmäßig richtig zu erkennen, werden in Schritten die Darbietungszeit verringert und die maximale Anzahl gezeigter Reize erhöht, bis im Idealfall die ursprüngliche Testsituation erreicht wird, in der die Kinder anfangs keine altersgerechten Werte erbringen konnten.

Die Auswertung der Daten vor und nach einem Traininge hat bestätigt, dass tatsächlich ein tägliches Üben mit einem Trainingsgerät zuhause die Simultanerfassung von den meisten Kinder deutlich verbessert werden konnte. Der Gruppenvergleich ergab signifikante Verbesserungen in allen vier Variablen.

Allerdings gab es auch Kinder, die in den drei Wochen des täglichen Trainings nur geringe oder keine Fortschritte machen konnten. Die Schätzungen der Erfolgsquote ergibt, dass 75% der Kinder sich in drei oder vier der Variablen verbessern konnten.

4. Transfer des Trainings auf schulisches Lernen

In diesem letzten Hauptteil werden die Effekte des Wahrnehmungs- und Blicktrainings auf das Erlernen schulischer Fertigkeiten besprochen. Da man nicht erwarten kann, dass sich z.B. Lesen und Schreiben allein durch solche Trainingsmaßnahmen verbessern, sondern bessere Voraussetzungen für das Erlernen schafft, müssen eigens gezielte Studien angefertigt werden. Bis jetzt wurde das Lesen und die Rechtschreibung getrennt untersucht, weil man der Blicksteuerung die größere Bedeutung bezüglich des Lesens einräumt, der Hörwahrnehmung dagegen eine größere Bedeutung in Bezug auf sprachgebundene Hörleistungen und auf die Rechtschreibung. Bezüglich der Rechenschwäche muss man noch abwarten, was die Daten zeigen werden.

4. Transfer des Trainings auf schulisches Lernen

4.1 Hörtraining – Lautdifferenzierung – Rechtschreibung

Die Prüfung der Hörleistung bezog sich auf sprachfreie Aufgaben, bei denen keine Sprache beherrscht werden mußte, bei denen nicht einmal einzelne gesprochene Wörter vorkamen, die man mit einem anderen gesprochenen Wort hätte vergleichen müssen. Wir hatten schon erörtert, dass die Unterscheidung von sprachlichen Elementen auch ohne deren Sinngehalt beim Erwerb der Schriftsprache, besonders bei der Rechtschreibung nach Diktat eine Rolle spielt. Diese schon sprachgebundene auditive Differenzierung haben wir als phonologische Bewussheit in Kapitel 1.2.1 kennen gelernt.

Wir kümmern uns jetzt darum, ob diese sprachnäheren bzw. sprachgebundenen Hörleistungen, obwohl sie selbst beim Hörtraining ja nicht geübt wurden, dennoch profitiert haben und ob sich dann auch die Rechtschreibung verbessert.

Dazu wurde von den legasthenischen Kindern einer Testgruppe nicht nur die Rechtschreibung mit dem Diagnostischen Rechtschreibtest (DRT) getestet, sondern auch die Lautunterscheidung mit Hilfe des Heidelberger Lautdiskriminationstests (HDLDT) und des Mottier-Tests. Alle Kinder dieser Testgruppe hatten bei der Überprüfung der sprachfreien auditiven Differenzierung keine altersgerechten Ergebnisse erreicht und mit dem Training darin Verbesserungen erzielt.

Nun wurden sie wieder getestet und die Differenzen der sprachgebundenen Leistungen vor und nach dem Training wurde ermittelt.

Die Abb. 67 zeigt in der Form der Säulendiagramme die Verbesserungen im HDLDT (linke Säule), im Mottier-Test (mittlere Säule) und im DRT. Für den HDLDT und den DRT wurde die Differenz der Prozentränge errechnet, für den Mottier die relative Fehlerabnahme in Prozent der Anfangsleistung.

Man sieht signifikante Verbesserungen in allen drei Bereichen. Besonders muss hervorgehoben werden, das alle Kinder mit nur einer Ausnahme sich im HDLDT verbessern konnten. Der mittlere Prozentrang war nach dem Training 50,6. Fast alle (26 von 27) Kindern verbesserten ihren Prozentrang um fünf oder mehr Ränge. Das bedeutet, dass man von einem fast vollständigen Transfer des sprachfreien Hörtrainings auf die sprachgebundene Leistung des HDLDT sprechen kann.

4.1 Hörtraining – Lautdifferenzierung – Rechtschreibung

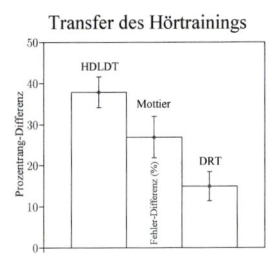

Abbildung 67: Säulendiagramm der Fehlerreduktion in den drei verschiedenen Bereichen. Den größten Transfer-Effekt durch das Hörtraining erhält man bei sprachgebundenen Lautdifferenzierung. N=27.

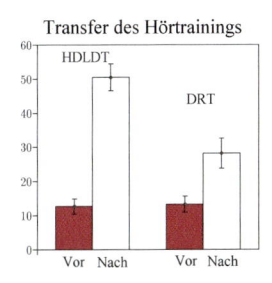

Abbildung 68: Säulendiagramm der mittleren Prozenträne vor und nach dem Hörtraining. N=27.

In der Rechtschreibung gab es auch signifikante Verbesserungen. Zwar erscheint eine Verbesserung des mittleren Prozentrangs um etwa 15 nicht sehr hoch, aber tatsächlich hatten sich 18 von 27 Kindern um fünf oder mehr Prozentrangstufen verbessert.

Die Abb. 68 zeigt die mittleren Prozenträne vor und nach dem Hörtraining für die Lautdiskrimination und für die Rechtschreibung.

Die deutliche Verbesserung im DRT ist ein Ergebnis, das man kaum besser erwarten konnte, denn schließlich kann man durch besseres Lauschen nicht alle Arten von Rechtschreibfehlern verbessern, sondern höchstens die Wahrnehmungsfehler, die durch eine mangelhafte Nutzung der phonetischen Hilfen zustande kommen.

```
        Transfer des Hörtrainings
   60
        Wahrnehmungs-
   50     fehler

   40
                    Dehnung/
   30               Schärfung

   20
                              Regelfehler
   10

    0
```

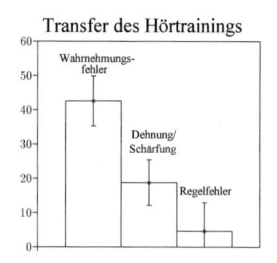

Abbildung 69: Reduktion der Schreibfehler durch das Hörtraining sortiert nach Art der Fehler.

Wenn man die Schreibfehler ihrer Natur nach in Wahrnehmungsfehler, Dehnungs- und Schärfungsfehler und Regelfehler klassifiziert und getrennt nach deren Verbesserungen analysiert, erhält man das Ergebnis, das in der Abb. 69 zu sehen ist: Den größten Profit haben die Kinder im Bereich der Wahrnehmungsfehler. Am kleinsten ist der Profit im Bereich der Regelfehler. Im Bereich der Regelfehler konnten sich nur etwa die Hälfte der Kinder verbessern, es gab sogar einzelne Verschlechterungen, vermutlich, weil manche Kinder nun erlauschen wollten, was nicht erlauschbar war, sondern durch Beachtung der Regelhaftigkeit in z.B. Wortstämmen erkannt werden muss.

Dieser differenzielle Effekt des Hörtrainings ist gleichzeitig der Beleg dafür, dass – wenn überhaupt – ein nur kleiner Placebo-Effekt mit dem Hörtraining einhergeht, denn sonst hätten die Verbesserungen in der Rechtschreibung sich in allen Fehlerarten gleichmäßig zeigen müssen.

Um die spezifische Wirkung des Hörtrainings zu untermauern, wurde auch eine Wartegruppe legasthenischer Kinder untersucht, deren Mitglieder auch Auffälligkeiten in der sprachfreien Hörwahrnehmung aufwiesen, die das Hörtraining aber zunächst nicht durchlaufen durften. Diese legasthenischen Kinder hatten sich weder in der Lautdiskrimination noch in der Rechtschreibung verbessert. Insbesondere machten sie nach der Wartezeit genauso viele Wahrnehmungsfehler wie zu Beginn.

Man kann an diesen Ergebnissen sehen, wie sehr sich die Kinder auf ihr Gehör verlassen hatten und – da dieses nicht gut arbeitete – in der Rechtschreibung Defizite aufwiesen, die nun im Bereich der Wahrnehmungsfehler weitgehend behoben sind.

4.2 Blicktraining und Lesenlernen

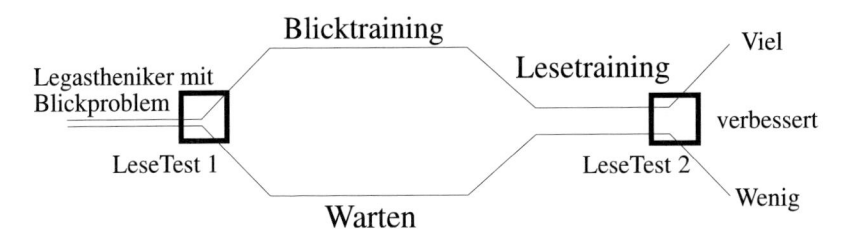

```
                    Blicktraining                    Viel
                   ╱              ╲  Lesetraining  ╱
Legastheniker mit ╱                ╲              ╱
Blickproblem    □                    □  verbessert
                 ╲                  ╱
   LeseTest 1     ╲                ╱  LeseTest 2
                   ╲              ╱                ╲
                        Warten                       Wenig
```

Abbildung 70: Design einer Studie zur Prüfung der Wirkung des Blicktrainings auf das Lesenlernen.

4.2 Blicktraining und Lesenlernen

Beim Lesenlernen zeigten die ersten Nachuntersuchungen direkt nach dem Training, dass etwa 30% der blicktrainierten Kinder sich um eine oder manchmal auch um zwei Prozentrangstufen des Zürcher Lesetests verbessert hatten. Oft gab es auch Verbesserungen, die mit dem Lesetest nicht erfasst werden konnten, wie z.B. eine verbesserte Handschrift. Es ist auch vorgekommen, dass ein Kind langsamer, dafür aber richtiger las, und daher in der Gesamtbeurteilung keine Verbesserung bescheinigt werden konnte.

Nun lernt man nicht lesen durch Übung der Blicksteuerung, sondern der Leselernprozess wird erleichtert, wenn die Blicksteuerung besser genutzt werden kann.

Um zu sehen, ob sich diese Hypothese bewahrheitet, wurde eine gesonderte Studie unter kontrollierten Bedingungen angefertigt.

Die Abb. 70 zeigt den Gang einer solchen Studie. Eine Gruppe von legasthenischen Kinder mit Störungen der frontalen Blicksteuerkomponente wurde unterteilt in eine Wartegruppe, die die Blicksteuerung zunächst nicht trainierte, und in eine Trainingsgruppe, die das Blicktraining durchführte. Danach bekamen beide Gruppen gemeinsam eine Leseförderung. Schließlich wurde geprüft, wie groß der Leselernfortschritt in den beiden Gruppen war. Gemessen wurde die relative Fehlerreduktion in Prozent des Eingangswerts.

Die Abb. 71 macht klar, dass die trainierten Kinder einen deutlich größeren Vorteil vom Leseunterricht hatten als die Kinder der Wartegruppe. Der Unterschied macht einen Faktor von 2,5 aus und ist mit einer

4. Transfer des Trainings auf schulisches Lernen

Transfer des Blicktrainings

[Säulendiagramm: trainiert ca. 50%, nicht trainiert ca. 20% Fehlerreduktion]

Abbildung 71: Säulendiagramm der mittleren relativen prozentualen Fehlerreduktion beim Lesen nach einem gemeinsamen Unterricht einer blicktrainierten und einer untrainierten Gruppe von Legasthenikern. N=2×9, Kinder älter als 7 und jünger als 13 Jahre.

Irrtumswahrscheinlichkeit von 0,8% signifikant. In der Wartegruppe erreichte keines der Kinder den Mittelwert der Trainingsgruppe. In einer Rangordnung aller Kinder wurden die ersten 6 Plätze von Kindern der Trainingsgruppe eingenommen.

Man muss auch hier damit rechnen, dass der Leselernvorteil vom Alter abhängt. Betrachtet man in der Analyse nur Kinder, die älter als 9 Jahre alt waren, so ergibt sich ein Vorteilsfaktor von 3,7 statt 2,5. Leider sind die Stichproben noch zu klein, um für jeden Jahrgang den Vorteil sicher zu bestimmen.

Vermutlich profitieren die jüngeren Kinder noch gut vom Leseunterricht, indem sie beispielsweise die Wortbilder lernen und, statt sich die Wörter tatsächlich zu er-lesen, nennen sie die Wortbilder der Reihe nach beim (gelernten) Namen und man kann diesen inneren Vorgang nicht sofort von einem "echten Lesen" unterscheiden. Kinder mit solchen Strategien tragen dazu bei, dass ein spezifischer Erfolg durch das Blicktraining schwer nachweisbar ist.

Erst wenn die Kinder älter werden und immer neue Wörter hinzukommen, die selbständig er-lesen werden müssen, fällt die fehlende Lesekunst auf und der Beitrag eines erfolgreichen Blicktrainings zum Leselernprozess kann sichtbar werden, sofern eben die mangelhafte Blicksteuerung zum schlechten Lesen beigetragen hat.

4.3 Andere Trainingsverfahren

In den verschiedenen Bereichen, besonders im Bereich der Legasthenie werden Trainingsverfahren angeboten, die sich nicht oder nicht ausschließlich direkt auf die schulischen Aspekte beziehen. Ihnen ist in aller Regel gemeinsam, dass ihnen die vorausgehende Diagnostik der zu trainierenden Fähigkeiten fehlt. Ein Kontrolle mit eventueller Beratung der Eltern während des Trainingsprozesses und ein im nachhinein erstelltes Trainingsprotokoll fehlt ebenso. Man gibt den Kindern Trainingsgeräte wie Spielzeuge und lässt sie damit alleine.

Dennoch gibt es zu solchen Verfahren auch immer Erfolgsmeldungen. Das wundert auch nicht, wenn man bedenkt, wie groß die Wahrscheinlichkeit ist, dass ein legasthenisches Kind z.B. mit einem speziellen Hörproblem zu kämpfen hat. Trifft man per Zufall mit dem entsprechenden Training auf ein derart betroffenes Kind, so kann es zu einer Verbesserung kommen. Das ist auch in Ordnung und wünschenswert. Aber man muss auch an die vielen anderen denken, die ein von vornherein unnützes Training durchführen und dann auch zu keinen Verbesserungen gelangen, weil sie etwas gelernt haben, was sie schon gut genug konnten.

Die hier behandelten Verfahren versuchen, diese Schwierigkeiten so klein wie möglich zu halten oder möglichst ganz zu vermeiden. Dies wird allerdings nicht in allen Fällen gelingen. Hundertprozentige Methoden gibt es auch hier nicht.

Ausblick

In diesem Buch ist eine große, aber doch begrenzte Zahl von Wahrnehmungs- und Blickfunktionen behandelt worden. Die "normale" Entwicklung, Entwicklungsrückstände und spezifische Hilfen durch tägliches Training wurden erörtert. Die Anwendungen bei verschiedenen Gruppen von LRS-, ADHS-Kindern und bei Kindern mit einer Rechenschwäche wurden beschrieben und die Wirkung auf den Erwerb von Lesen und Schreiben belegt.

Trotz der großen Zahl von Daten und trotz der Vielfalt der Variablen darf man nicht davon ausgehen, dass die Diagnostik nunmehr vollständig sei und alle möglichen Bereiche der Wahrnehmung abdecke. Aber die wichtigsten Sinnesbereiche, die gerade beim Erwerb schulischer Fertigkeiten gefordert sind, sind nunmehr einer quantitativen Diagnostik zugänglich.

Der Transfer der Trainingserfolge auf schulische Leistungen bzw. auf die schulischen Lernprozesse lassen auch den Schluss zu, dass wesentliche Wahrnehmungsbereiche behandelt sind, deren Stärkung zu Vorteilen beim Lernen, besonders in der Schule, beitragen. Die Zukunft wird sicherlich weitere Erkenntnisse bringen, die noch gründlichere und umfassendere Diagnosen und noch erfolgreicheres Trainieren erlauben.

Eines wird sich allerdings kaum einstellen: Die Beurteilung des Status eines Kindes wird nicht einfacher werden, indem man weniger Variable bewerten muss, sondern sie wird komplizierter werden, indem man noch genauer suchen kann und muss, was dem einzelnen Kind im Einzelnen fehlt.

Die funktionelle Neurologie und Verhaltensforschung ist schon dabei, eine Handlung in ihre Bestandteile und diese wiederum in ihre Bestandteile zu zerlegen, sodass man schließlich zu so etwas wie Elementar-Handlungen kommt, aus denen vollständige Handlungen zusammengesetzt sind.

Eine solche Elementar-Handlung könnte z.B. die Sakkade sein. Sie lässt sich als augenmotorisches Ereignis kaum noch weiter zerlegen, es sei denn, man unterscheidet nach Sakkaden, die in verschiedenen augenmotorischen Zusammenhängen auftreten (beispielsweise eine Rückstellsakkade während eines optokinetischen Nystagmus gegenüber einer willentlich bewusst gesteuerten Sakkade bei einer Suchaufgabe).

Die allermeisten Handlungen, die wir als gesunde erwachsene Menschen durchführen, werden von Blicksprüngen begleitet, ja die Blicksprünge sind sogar wesentliche Bestandteile. Man denke nur an Handlungen wie das Ergreifen einer Tasse, aus der wir trinken wollen: Nach dem Entschluss, zu trinken, werden die Augen die Tasse suchen. Sie steht irgendwo in der Küche auf einem Tisch. Wir wenden den Körper und laufen zum Tisch. Dabei benutzen wir die Schritte als eine andere Art Elementar-Handlung. Den im Weg stehenden Stuhl wollen wir nicht umstoßen. Also müssen wir auch den Stuhl orten, was meistens mit zielgerichteten Sakkaden gelingt, und um ihn herum laufen. Schließlich ist die Tasse in Reichweite. Wieder wird sie angeschaut, um die benötigten Arm- und Handbewegung programmieren zu können. Kurz vor dem Ziel muss auch noch gesehen werden, ob die Tasse einen Henkel hat und, wenn ja, dann wo. Erst dann können auch die Fingerbewegungen programmiert und die Tasse ergriffen werden.

An diesem einfachen Beispiel kann man sehen, eine wie häufig benutzte Funktion die Ausführung einer Sakkade darstellt. Insoweit sie Bestandteil einer sinnvollen und geplanten Handlung ist, steht auch sie unter der Kontrolle des frontalen Gehirns.

Beim Lesen ist die Sakkade bzw. der optomotorische Zyklus und seine frontale Kontrolle die einzige Elementar-Handlung. Alles weitere sind Prozesse im Gehirn, die sich vielleicht auch in Elementar-Prozesse zerlegen lassen, wie die Linguisten das mit Gliederungen von Wörtern in Phoneme bzw. Grapheme bereits versuchen.

Ganz davon abgesehen, dass die Zerlegung von Handlungen in unteilbare Unterfunktionen auch zu einer entsprechenden Diagnostik führen kann, ist sie von großem theoretischen Interesse. Man würde besser verstehen, dass Handlungen eventuell nur teilweise gelingen oder dass sie manchmal gelingen ein anderes Mal nicht. Man würde beginnen zu verstehen, wie das Gehirn mit seinen unglaublich einfachen Mitteln (Impulse von Nervenzellen und deren Weitergabe über Synapsen) überhaupt komplexe Leistungen erbringen kann und dass es dazu einer sehr großen Zahl von Nervenzellen bedarf, die koordiniert miteinander arbeiten müssen.

Diese Koordination zu erreichen, ist das eigentliche Ziel und der wirkliche Inhalt von Lernprozessen. Je besser wir diese Zusammenhänge verstehen, je besser können wir die Lernprozesse unterstützen. Dazu gibt es bereits erste Überlegungen, die von dem Freiburger Pädagogen G. Preis unter dem Begriff der Neurodidaktik entwickelt wurden [Friedrich and Preis, 2002]. Es geht darum, die Didaktik an Eigenarten neurobiologischer Lernprozesse auszurichten und diese Methoden des Erlernens möglichst auch schon im Vorschulalter einzusetzen.

Für unsere Schulen und für den Umgang mit heranwachsenden Kindern und Jugendlichen gibt es darüber hinaus noch andere Folgerungen aus den Erkenntnissen der Wahrnehmungsforschung: Wir dürfen nicht vergessen, dass unser Gehirn zwar ein lernfähiges Organ darstellt, aber auch faul ist: Es lernt nur dann, wenn es vor entsprechende Aufgaben gestellt wird: Je früher desto besser, aber ohne Überforderung, so heißt auch hier die Parole. Mit Spaß und im Spiel kann vieles gelernt werden, was später dringend gebraucht wird. Aber dazu müssen wir uns als Eltern und Erzieher auch die Zeit nehmen. Die in vielen Ländern schon bestehenden Ganztagsschulen bieten hierfür gute Gelegenheiten, weil mit den Kindern nach systematischen Gesichtspunkten gelehrt und gelernt werden kann, auch wenn der eigentliche Fach-Unterricht beendet ist.

In den Schulen sollte man ruhig wieder dazu übergehen, eine strengere Sitz- und Haltungsdisziplin zu verlangen. Nicht um der Disziplin willen, sondern um einer dem Lernprozess angemessenen Situation zu schaffen: Dauernd veränderte Kopfneigungen in Bezug auf die Tafel oder auf das Heft auf der Schulbank verlangen eine sich dauernd ändernde Ansteuerung der Blick- bzw. der Handmotorik. Wer käme schon auf die Idee, das Klavier ab und zu schräg aufzustellen? Hier wird vollkommen zurecht darauf bestanden, dass der Klavierschüler jedes Mal exakt die gleiche Haltung und Position einnimmt. Das gleiche gilt in noch einsichtiger Form für viele Arten des Sports, insbesondere des Turnens.

Solchen eher optimistischen Zukunftsvisionen stehen allerdings auch Zweifel gegenüber: Wird es gelingen, die Hirnfunktionen, die sich in den Jahrmillionen der Menschheitsentwicklung gebildet und bewährt haben, an unsere technisierte Welt anzupassen? Oder müssen wir nicht vielmehr darauf aus sein, unsere Welt so zu gestalten, dass unser Gehirn damit gut umgehen kann? Wir haben nicht viel Zeit dazu, denn die Biologie arbeitet langsam, wenn es darum geht, sich im positiven Sinn an neue Herausforderungen anzupassen. Sie braucht dazu viele viele Generationen. Sie arbeitet dagegen schnell, wenn es darum geht, auf schädliche Faktoren zu reagieren. Krankheit und Tod sind die Waffen der Natur gegen schädliche Einflüsse auf das Leben. Das Überleben des Einzelnen wird geringer gewertet als das Überleben der Art.

Die Zukunft wird weisen, ob wir aus den Erkenntnissen der Biologie, besonders auch der Neurobiologie genügend lernen, um eine lebenswerte Welt mit glücklichen und gesunden Menschen zu erhalten oder zu ermöglichen. Aus der Geschichte haben wir jedenfalls nicht gelernt, in Frieden miteinander zu leben und die Güter der Erde gerecht zu verteilen. Aus der Biologie haben wir nicht gelernt, dass wir unsere Umwelt nicht nur schonen, sondern pflegen müssen. Aus der Medizin haben wir zwar gelernt, dass z.B. Nikotin ein Nervengift ist, Rauchen unsere Atemwege zerstört und die Gefäße bedroht, aber der aufgeklärte Raucher raucht dennoch weiter. Zwar er-kennen wir die Notwendigkeit für Änderungen, aber sie werden nicht in ausreichendem Maße umgesetzt. Eine unglaubliche und erschreckende Ohnmacht des Menschen in einer globalisierten und hochgebildeten Welt.

Am Ende dieses Buches mögen solche Überlegungen als Aus-Blick über den Tellerrand gestattet sein, denn die Forschung und die Entwicklung sollten bei aller Freiheit des Geistes nicht vergessen, dass der Mensch ein Teil der Natur ist und die Naturgesetze beachten muss, ob er will oder nicht. Das Naschen vom Baum der Erkenntnis war kein Freibrief, sich über die Natur zu stellen. Vielleicht hatte es einen guten Grund und tieferen Sinn, warum die Früchte genau dieses Baumes verboten waren. Übrigens: Es war tatsächlich kein Apfelbaum, sondern der Baum der Erkenntnis, von dem Adam und Eva gegessen hatten und zur Strafe des Paradieses verwiesen wurden.

Einfache Statistik und Logik

Als Anhang werden hier einige grundlegende Begriffe der Statistik erläutert, soweit sie benutzt werden. Es ist wichtig, genau zu verstehen, was statistische Zahlen aussagen können und was nicht. Nur zu oft werden statistische Aussagen falsch interpretiert oder es werden unzulässige Schlüsse daraus gezogen, die dann zu falschen Meinungen und zu Widersprüchen führen, die in den Daten gar nicht vorhanden sind.

Bewertung von Gruppen

Wenn man es mit Werten zu tun hat, von denen jeder einer einzelnen Person einer Gruppe zukommt, wie zum Beispiel die Fehlerquote bei einer bestimmten Aufgabe, wird man gerne der Gruppe einen Wert zuweisen, den man dann mit dem entsprechenden Wert einer anderen Gruppe vergleicht. Dazu sollte man eigentlich immer die Verteilung aller Einzelwerte in jeder Gruppe anschauen, was aber oft, um nicht zu sagen meistens, nicht geschieht. Meist wird nur der Mittelwert berechnet.

Die Werteverteilung

Immer liegen die Einzelwerte zwischen einem kleinsten und einem größten Wert und bilden in diesen Grenzen eine bestimmte Verteilung. Nicht immer kommen alle möglichen Einzelwerte darin mit gleicher Häufigkeit vor: Meist häufen sie sich irgendwo in der Nähe der Mitte des Wertebereichs, während die kleineren und größeren je seltener vorkommen umso weiter sie von der Mitte entfernt liegen.

Um die Verteilung zu sehen, genügt es meistens nicht, die Werte auf einer Geraden zu markieren, sondern man muss die Häufigkeit der Einzelwerte in schmalen Ausschnitten berechnen und darstellen. Dazu muss dieser kleine Ausschnitt, man nennt ihn "Bin", festgelegt werden: Nicht zu schmal, denn sonst werden darin zu wenig Werte erfasst, und nicht zu breit, denn sonst werden zu viele erfasst und man hat eine zu geringe Auflösung.

Man zählt dann die Werte innerhalb eines bins, drückt sie als Prozentzahl aller Werte aus und trägt sie als y-Wert auf der vertikalen Achse in das Verteilungsdiagramm ein. Die horizontale x-Achse ist die Größe der Variablen bzw. die Nummer der Bins.

Die Abb. 72 zeigt vier solche Verteilungen, mit deren Hilfe wir einige statistische Begriff veranschaulichen wollen.

Im linken oberen Diagramm sind die Werte ziemlich symmetrisch um den Nullwert verteilt. Die Verteilung darunter ist statistisch gesehen die gleiche: Es wurde einfach nach dem Zufallsprinzip noch einmal die gleiche Anzahl von Werten aus derselben Grundgesamtheit gewählt und als Verteilung dargestellt. Man erkennt, wie scheinbar verschieden solche Verteilungen aussehen können.

EINFACHE STATISTIK UND LOGIK 193

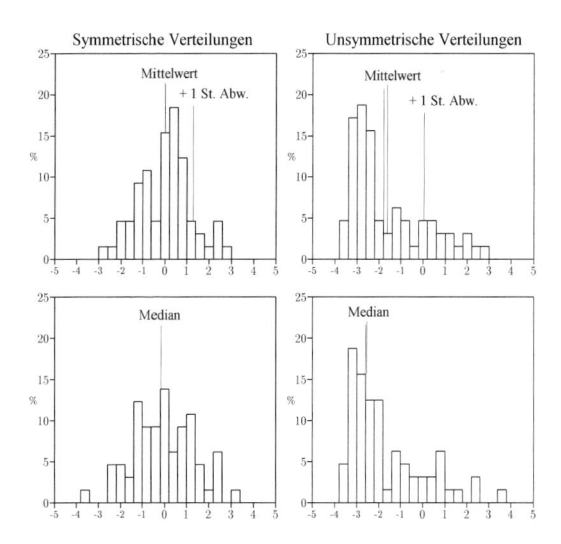

Abbildung 72: Beispiele von symmetrischen (links) und "schiefen" (rechts) Werteverteilungen. Links sind Mittelwert und Median gleich, rechts dagegen nicht. St.Abw. = Standardabweichung. Einzelheiten im Text.

Dasselbe gilt für die beiden rechts gezeigten Verteilungen: Auch sie sind statistisch gesehen gleich, aber ihre Werte sind "schief" verteilt, d.h. unsymmetrisch in Bezug auf die Mitte der Gesamtverteilung.

Der Mittelwert

Ist eine Verteilung einigermaßen symmetrisch um die Mitte (im Idealfall eine Normalverteilung), so macht es Sinn, den Mittelwert zu bilden und damit die Gruppe charakterisieren. Der Mittelwert ist die Summe der Einzelwerte geteilt durch die Anzahl der Mitglieder dieser Gruppe.

Die Standardabweichung

Man kann und muss auch angeben, wie groß die Streuung der Einzelwerte um den Mittelwert ist.

Ein viel benutztes Maß ist die Standardabweichung. Sie wird nach einer festen Formel aus den Einzelwerten berechnet. Bei Normalverteilungen gibt sie gibt den Bereich an, innerhalb dessen 67,7% aller Werte liegen. Dieser Bereich wird als Normbereich bezeichnet.

Man kann diese Standardabweichung zwar immer berechnen, aber sie ist nicht immer eine geeignete Maßzahl für die Streuung innerhalb einer Verteilung. Insbesondere nämlich dann nicht, wenn die Verteilung "schief" statt symmetrisch ist. Dann ist auch der Mittelwert kein gutes Maß und man berechnet nützlicherweise andere Maßzahlen, um die Werteverteilung zu charakterisieren.

Die Vertrauensgrenze

Oft will man nicht nur die Streuung in den Daten wissen, sondern auch, wie sehr man sich auf den Mittelwert verlassen kann. Während die Streuung angibt, in welchem Bereich ein weiterer gemessener Einzelwert liegen wird, gibt die sog. Vertrauensgrenze an, in welchem Bereich der Mittelwert bei einer wiederholten Messung einer ganzen Gruppe liegen wird. Sie wird berechnet, indem man die Standardabweichung durch die Quadratwurzel aus der Anzahl der Einzelwerte dividiert. Der Mittelwert liegt dann mit einer Wahrscheinlichkeit von 67% innerhalb dieser Vertrauensgrenzen. Man sieht, dass die Vertrauensgrenze mit wachsender Anzahl der Einzelwerte immer kleiner wird und für sehr große Zahlen beliebig klein wird. Im Gegensatz dazu wird die Standardabweichung mit wachsender Zahl einem bestimmten Endwert zu streben, der in aller Regel natürlich nicht Null sein wird. Dies hat zur Folge, dass bei genügend großer Wertezahl auch kleine Unterschiede der Mittelwerte signifikant werden.

Der Median

Dieses Maß wird in einem einfachen Abzählverfahren ermittelt. Man versteht es am besten, wenn man an die Klassifikation in vielen Sportarten denkt. Man bildet die Rangordnung der Einzelwerte, indem man sie ihrer Größe nach sortiert, so wie Läufer nach dem Eintreffen am Ziel abgezählt und so nach dem ersten, zweiten u.s.w. Rang bewertet werden. Dann zählt man in der Rangordnung von einem Ende bis zur

EINFACHE STATISTIK UND LOGIK

halben Zahl der Werte und gelangt so zum Medianwert: Er entspricht seiner Definition nach dem Rang der Mitte. Wenn also 100 Läufer an einem Rennen teilnehmen, so entspricht die Zeit, die der Läufer auf dem 50. Platz gebraucht hat, dem Prozentrang 50.

Die Streuung ist in diesem Fall von schiefen Verteilungen nicht durch eine Formel zu berechnen, sondern man sollte sie über die Prozentränge definieren. Das werden wir weiter unten tun.

Im rechten Teil der Abb. 72 sind zwei schiefe Verteilungen gezeigt. Die obere und die untere sind wieder statistisch gleich. Für die obere wurde der Mittelwert und dessen Standardabweichung berechnet und eingezeichnet. Für die untere wurde dagegen der Median bestimmt. Mittelwert und Median sind in diesem Fall heftig verschieden und der Median erscheint uns als eine "zutreffendere" Beschreibung der Verteilung. Im Fall von symmetrischen Verteilungen, wie links in der Abb. 72, so sind Mittelwert und Median ziemlich gleich, im Idealfall sogar identisch.

Bewertung von Einzelpersonen

Die Bewertung von Gruppen ist für die Wissenschaft sehr wichtig. In der medizinischen Diagnostik will man aber eigentlich immer wissen, wie ein einzelner Patient zu bewerten ist. Es nutzt dem Patienten nicht viel, wenn er weiß, dass er Mitglied einer Gruppe ist. Er möchte gerne wissen, wie er im Vergleich zu einer Gruppe von Gesunden abgeschnitten hat. Es geht also darum, einen Einzelwert in der Gruppe der Kontrollpersonen einzuordnen.

Abweichungen vom Mittelwert

Hat man den Mittelwert und die Standardabweichung der Kontrollwerte berechnet, so kann man einen Einzelwert auf einer Skala einordnen, die in Standardabweichungen misst: Der Mittelwert wird zum Nullpunkt der Skala und rechts bzw. links davon wird in Einheiten der Standardabweichung eingeteilt. Ein Einzelwert kann dann innerhalb der Grenzen von minus einer Standardabweichung bis plus einer Standardabweichung liegen und wird als "normal" gewertet, oder er kann um mehr als eine oder auch um mehr als zwei Standardabweichungen vom Mittelwert entfernt liegen und dementsprechend als "auffällig" oder "sehr auffällig" gewertet werden.

Braucht eine Gruppe von Läufern im Mittel 15 Sekunden für eine Strecke und hat dieser Mittelwert eine Standardabweichung von 2 Sekunden, so wird ein Läufer, der 19 Sekunden braucht, als "sehr auffällig langsam" bezeichnet, weil sein Wert zwei Standardabweichungen über dem Mittelwert liegt.

Der Prozentrang

Sind Mittelwert und Standardabweichung kein gutes Maß für die Kontrollgruppe, so kann man auf das Abzählverfahren zurückgreifen, das wir schon vom Median her kennen. Man steckt den Einzelwert (in Gedanken) in die Gruppe der Kontrollpersonen und bildet wieder die Rangordnung. Dann wird der Patient einen bestimmten Rang einnehmen, den wir auch wieder in Prozent angeben können: "Der Patient hat beim Test mit Prozentrang 30 abgeschnitten" heißt, dass er besser war als 30% und schlechter als 70% der Kontrollen. (Man beachte, dass in der Statistik hohe Prozentränge als "gut" gewertet werden und niedrige als "schlecht". Es ist also gerade andersherum wie im Sport oder in der Schule, wo die Guten mit kleinen Zahlen bewertet werden).

Wenn die Verteilung der Normwerte sehr schmal ist, kann man schon mit einer kleinen Änderung der Testleistung vom "roten" in den "grünen" Bereich kommen oder umgekehrt, der Übergang von "pathologisch" zu "normal" ist sehr schmal. Das zeigt sich dann auch in stark verschiedenen Prozenträngen bei nur wenig verschiedenen Messergebnissen.

Der Prozentrang hat den Vorteil, dass er unabhängig von der Form der Verteilung ist. Aber er kann unter Umständen bei einer Wiederholung des Tests nicht sehr stabil sein.

Handelt es sich um eine Normalverteilung, so nehmen der Mittelwert und der Median denselben Wert an. Für die Standardabweichung ergibt sich dann der Prozentrang 16 bzw. 84. Mit anderen Worten: In einer Normalverteilung liegen insgesamt 32% der Einzelwerte außerhalb der einfachen Standardabweichung: 16% liegen darüber, 16% darunter. Dies ist auch der Grund, warum man bei der Bewertung von Auffälligkeiten nach Prozenträngen häufig die Grenzwerte von 16 bzw. 84 benutzt.

Ein Sonderfall mag zeigen, dass sich im Fall von symmetrischen Verteilungen die Grenzwerte von Prozentrang 16 und die der Abweichung um eine Standardabweichung vom Mittelwert nicht besonders stark unterscheiden. Mittelwert und Median einer zwischen 0 und 100 *gleichverteilten* Menge von 100 Werten sind beide gleich, nämlich 50. Definitionsgemäß liegen genau 16 der 100 Werte unterhalb von 16. Der Grenzwert ist also 16. Die Standardabweichung dieser Verteilung ist 29. Der Grenzwert ist also $50 - 29 = 21$; darunter liegen 21, bzw. 20 Werte und entsprechen 20%. Ein Unterschied, aber kein sehr großer.

Ist eine Verteilung dagegen sehr "schief", wie in unserem Beispiel der Abb. 72 (rechte Seite), so hat eine Einstufung nach Mittelwert und Standardabweichung wenig Sinn. In solchen Fällen ist der Prozentrang auf jeden Fall der bessere Weg. Man zählt rechts beginnend in der Verteilung solange, bis man den Wert der Einzelperson erreicht hat und schaut dann, welchen Rang dieser Wert in der Vergleichsverteilung einnimmt.

Die Einstufungsmethode nach Prozenträngen ist auch anschaulich klar und sie ist unempfindlich gegenüber der genauen Form der Verteilung.

Vergleich von Gruppen

Sehr oft geht es darum, zwei Gruppen bezüglich einer Eigenschaft mit einander zu vergleichen. Meist ist die Frage, ob sich die eine Gruppe von der anderen wirklich in einer bestimmten Hinsicht unterscheidet, oder ob ein Unterschied, z.B. in den Mittelwerten durch Zufall zustande gekommen sein kann.

Signifikanz

Ist die Differenz der Mittelwerte groß, so wird man die beiden Gruppen als verschieden ansehen wollen. Dies ist aber nur dann richtig, wenn die Streuungen der beiden Verteilungen vergleichsweise klein sind. Die Statistik hat für die Beurteilung der Differenz eine Maßzahl definiert: Die Signifikanz.

Die Signifikanz gibt an, mit welcher Wahrscheinlichkeit die beiden Mittelwerte zu einer gemeinsamen Grundverteilung gehören. Je kleiner also die diese Zahl, der sog. p-Wert ausfällt, je größer ist die Wahrscheinlichkeit, dass die beiden Gruppen verschieden sind. In der Literatur hat sich eingebürgert, Signifikanzwerte von 1% und weniger zu akzeptieren, um zwei Gruppen als "signifikant verschieden" zu bewerten. Gelegentlich wird auch schon ein Wert von 5% akzeptiert. Man muss eigentlich immer schauen, welcher Wert sich genau hinter dem Wort "signifikant" verbirgt.

Andere wichtige Begriffe der Statistik, wie z.B. die Varianzanalyse und die Faktorenanalyse werden hier nicht besprochen. Sie sind für das Verständnis der Aussagen dieses Buches nicht so wichtig, obwohl sie bei der ursprünglichen Analyse der Daten natürlich benutzt wurden.

Stichprobengröße und Streuung

Ein Ausweg aus dem statistischen Dilemma besteht fast immer darin, eine genügend große Zahl von Einzelwerten anzustreben. Das heißt im Zusammenhang mit Untersuchungen, wie sie in diesem Buch dargestellt sind, dass man eine genügend große Zahl von Probanden braucht. Das ist für die meisten Gruppen, über die in diesem Buch berichtet wird, auch die Lösung gewesen. Leider trifft das aber nicht bei allen Untersuchungen zu, die es zu den Einzelthemen gibt. Durch zu kleine Stichproben und durch unzulässige Schlüsse aus den statistischen Zahlen kommt es immer wieder zu Missverständnissen und Irrtümern, die oft zu regelrecht falschen Aussagen geraten.

Auch hierzu ein Beispiel: Hat man beim Vergleich zweier Gruppen keinen signifikanten Unterschied gefunden, so möchte man daraus gerne schließen, dass es diesen Unterschied auch nicht gibt. Indessen ist dies kein logisch wirklich zwingender Schluss, denn es kann sein, dass die Stichproben zu klein und/oder die Streuungen zu groß waren. Wenn man die Stichproben vergrößert, kann der Gruppenunterschied bei gleich bleibender Größe doch noch signifikant werden. Und schon kommt man zum entgegengesetzten Schluss, dass nämlich die beiden Gruppen diesen Unterschied eben doch aufweisen, den man schon voreilig abgestritten hat.

Es kann natürlich sein, dass auch mit größeren Stichproben keine Signifikanz erreicht wird und man die Aussage, dass die beiden Gruppen sich unterscheiden, so nicht belegen kann.

Es kann aber auch passieren, dass mit wachsenden Stichproben ein sehr kleiner Unterschied der Mittelwerte von zwei Gruppen schließlich doch signifikant wird. Das ist dann zwar ein Grund zum Jubeln für die Theoretiker, aber für die praktische Anwendung (in der Diagnostik etwa) ist ein solches Ergebnis nicht viel wert, weil man es ja mit einer Person zu tun hat, von der man wissen möchte, ob sie zu der einen oder der anderen Gruppe gehört. Sind nämlich die beiden Gruppenmittelwerte nur wenig verschieden, so gibt es einen relativ großen Überlappungsbereich der beiden Verteilungen, sodass ein großer Prozentsatz der Personen ähnliche Werte erzielt und man nicht sagen kann, ob eine Person zur einen oder zur anderen Gruppe gehört.

Anders verhält es sich, wenn bei gewissen, eventuell auch noch kleinen Stichproben eine hohe Signifikanz erreicht wird. Dann ist es sehr unwahrscheinlich, dass mit weiter steigendem Stichprobenumfang die Signifikanz wieder verloren geht. Also: Am besten hat man große Unterschiede zwischen den Gruppen, dann kann man mit kleinen Stichproben schnell zu einem glaubhaften Ergebnis kommen.

Die Korrelation

Wenn man mehrere Werte von jeder Einzelperson einer größeren Gruppe gemessen hat, wird man sich die Frage stellen, ob die Werte voneinander unabhängig sind oder nicht.

Zum Beispiel kann einer die Folge des anderen sein, oder es können beide die Folge einer gemeinsamen Ursache sein. Ein Beispiel einer positiven Korrelation ist in der Abb. 73 auf der linken Seite gezeigt. Aufgetragen sind die Reaktionszeiten der Antisakkaden auf der horizontalen Achse und die Korrekturzeiten auf der vertikalen Achse. Man sieht, dass die Punktewolke nicht zufällig verteilt ist, sondern ein Band von links unten nach rechts oben bildet. Das bedeutet, dass lange Reaktionszeiten zu langen Korrekturzeiten gehören und umgekehrt. Mit anderen Worten: Wer lange braucht, um sofort auf die Gegenseite zu blicken, der braucht dann lange für die Korrektur, wenn er vorher einen Fehler gemacht hat und erst auf die falsche Seite geschaut hat.

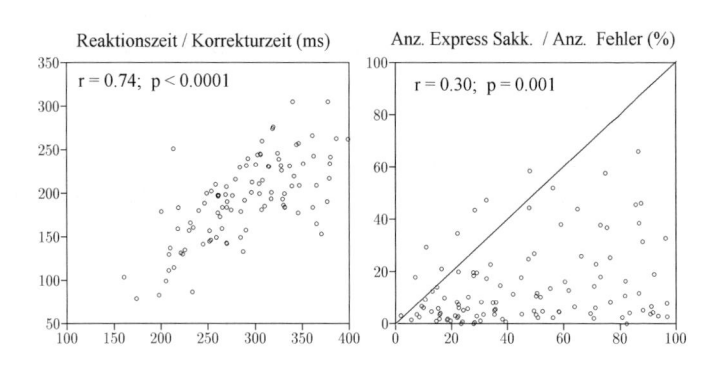

Abbildung 73: ScatterPlots von zwei Paaren von Variablen.

Den Korrelationskoffizienten und die Signifikanz kann man berechnen. In unserem Fall ergeben sich die in der Abbildung eingetragenen Werte von 0,74 und 0,0001.

Was kann man aus dem Korrelationskoeffizienten und seiner Signifikanz ableiten? Diese Frage ist erstaunlicherweise gar nicht so leicht zu beantworten. Leichter ist es zu sagen, was man nicht ableiten kann: (i) Aus signifikanten Korrelationen kann man nicht auf ursächliche Zusammenhänge der Werte schließen, denn es kann sein, dass beide Werte Folge ein und derselben Ursache sind, sich aber gegenseitig nicht direkt bedingen. (ii) Ist eine Korrelation hoch signifikant, so kann es sein, dass hohe Werte der einen Variablen zu hohen Werten der anderen gehören. Aber es muss nicht auch das umgekehrte gelten. Dies kann man dem Korrelationskoeffizienten nicht ansehen, man muss den ScatterPlot anschauen, um zu bemerken, was die Daten wirklich sagen können.

Das Beispiel der Abb. 73 zeigt einen solchen Fall. Längs der horizontalen Achse ist die Fehlerquote aus der Antisakkaden-Aufgabe aufgetragen, längs der vertikalen Achse die Prozentzahl der Reflexe in der Prosakkaden-Aufgabe. Zwar ist r mit 0,30 nicht sehr groß, aber wegen der vielen Daten ist diese Korrelation hoch signifikant. Aber man sieht, dass die Daten vollkommen unsymmetrisch verteilt sind: Zwar gehören zu hohen Reflexzahlen hohe Fehlerquoten, aber zu hohen Fehlerquoten müssen nicht auch hohe Reflexzahlen gehören. Das Entscheidende ist, dass im linken oberen Teil keine Datenpunkte liegen: Es kommt nicht vor, dass jemand mit geringer Fehlerquote sehr viele Reflexe hat.

EINFACHE STATISTIK UND LOGIK 201

Man kann also hier nur schließen: Wer viele Reflexe hat, die er wegen eines zu schwachen Fixationssystems nicht gut genug kontrollieren kann, der macht in der Regel auch viele Fehler. Der Umkehrschluss dagegen ist nicht zulässig, sondern ist regelrecht falsch. Wer viele Fehler macht, der muss nicht unbedingt viele Reflexe zeigen. Daraus lernt man, dass es mindestens zwei Gründe geben muss, die beide für sich alleine zu hohen Fehlerzahlen führen.

Es sind diese "einseitigen" Korrelationen, die zu solchen Denkfehlern verleiten, wenn man den zugehörigen ScatterPlot nicht angeschaut, sondern nur die Zahlen beurteilt hat.

Der Denkfehler besteht in diesem Fall darin, dass man eine logische Folgerung (aus A folgt B) unberechtigterweise einfach umgedreht hat (aus B folgt A). Dies ist indessen keineswegs immer erlaubt. Im Gegenteil: In den meisten Fällen, die in diesem Buch behandelt sind, ist der Umkehrschluss nicht zulässig.

Man lernt hieraus, wie schnell und unbemerkt falsche Schlüsse aus statistischen Zahlen gezogen werden können, wie schnell eine herumgedrehte Logik zu einem falschen Ergebnis und damit zu tatsächlich gar nicht vorhandenen Widersprüchen führen kann.

Die unerlaubte Logik-Umkehr gibt es übrigens im alltäglichen Leben – auch außerhalb des Bereichs der Statistik – sehr viel häufiger als man denken möchte. Ein jedem verständliches Beispiel aus dem Bereich dieses Buches: Wer gut sieht, hat gute Augen. Das ist richtig. Der Umkehrschluss lautet: Wer gute Augen hat, sieht gut. Das ist keineswegs immer richtig und eine unzulässige Umkehr der Logik, die auch dem Augenarzt unterläuft, wenn er bei total gesunden Augen der Mutter erklärt: "Ihr Kind sieht wie ein Adler." Es stimmt, dass man aus einem guten Sehvermögen auf gute Augen schließen kann, aber bei gesunden Augen kann es dennoch zu Sehproblemen kommen, die nichts mit den Augen zu tun haben, sondern mit dem Gehirn. Das ist in diesem Buch ausführlich dargelegt.

Oft werden die Korrelationskoeffizienten zwischen mehreren verschiedenen Variablen berechnet, um zu sehen, ob sie voneinander unabhängig sind. Ist dies der Fall, ist der Korrelationskoeffizient klein und nicht signifikant, so kann man schließen, dass diese Variablen zu voneinander unabhängigen Funktionen gehören und daher jeweils einzeln bestimmt werden müssen. Ein Beispiel hierfür sind die Variablen der Hörwahrnehmung: Sie zeigen keine Korrelationen und wir wissen daher, dass wir mit den verschiedenen Tests verschiedene Unterfunktionen der Hörverarbeitung angesprochen haben.

Gerätenachweis

Folgende Geräte wurden für die Untersuchungen benutzt, deren Ergebnisse hier berichtet sind:

FonoFix
gestattet die Überprüfung der sprachfreien Hörwahrnehmung (auditiven Differenzierung) in fünf unabhängigen Bereichen.

FonoTrain
dient zum Training des sprachfreien Hörens in den fünf Bereichen, die mit FonoFix überprüft werden können. Das Gerät kann zum Zweck des Trainings entliehen werden und speichert ein vollständiges Trainingsprotokoll.

FixTest
ermöglicht die Überprüfung des dynamischen Sehens und dient im übrigen als Screening-Gerät, mit dem eine Indikation zur Überprüfung der Blicksteuerung gegeben werden kann.

FixTrain
ist das Gerät zum täglichen Training der Blicksteuerung. Es wird leihweise für die Dauer des Trainings überlassen und speichert ein vollständiges Trainingsprotokoll.

ExpressEye
ist ein in seiner Konzeption bisher einzigartiges Instrument zur Messung und Analyse der Blicksteuerung. Die Auswertung der Registrierungen erfolgt nach standardisierten Kriterien, sodass auch den Vergleich der Daten einer Einzelperson mit einer Gruppe gleichaltriger Kontrollpersonen möglich ist. Es wurde von der Arbeitsgruppe Optomotorik und dem BlickLabor der Universität Freiburg bis zur Serienreife entwickelt. Das Instrument ist transportabel und zusammen mit einem Notebook kann die Diagnostik der Blicksteuerung überall durchgeführt werden und ist nicht, wie viele andere diagnostischen Verfahren an ein Labor gebunden.

CountFix
überprüft die visuelle Simultanerfassung.

CounTrain
dient zum Training der visuellen Simultanerfassung und kann zum Zweck des Trainings entliehen werden. Es speichert ein vollständiges Trainingsprotokoll.

Die technischen Einzelheiten der Geräte finden sich im Internet:

www.optom.de

und sie können angefordert werden bei

BlickZentrum
Hansastraße 9
79104 Freiburg

oder per e-mail:
info@optom.de

oder per Telefon
0761 - 203 9531

erfragt werden.

Die derzeit bereitstehenden Dienstleistungen zur Diagnostik und zum Training können unter

www.blickzentrum.de

gefunden oder im Freiburger BlickZentrum erfragt werden.

Glossar

Antisakkade Blicksprung zur der einem Reiz entgegengesetzten Seite

Axon Nervenzellfortsatz zur Fortleitung der Nervenimpulse an andere Nervenzellen

auditiv, auditorisch zum Hörsystem gehörig, z.b. auditives System = Hörsystem

Binokular Beidäugig

Cortex Hirnrinde

Differenzierung Unterscheidung

Dyslexie siehe Legasthenie

Dyskalkulie Rechenschwäche

Fixation Blickausrichtung auf eine Stelle und Haltefunktion der Blickrichtung

Fovea Netzhautgrube, Stelle des schärfsten Sehens

Gap Englisch: Lücke, hier: Fachspezifisch für eine zeitliche Pause zwischen dem Verschwinden eines Fixationspunktes und dem Erscheinen eines Reizes

Heterophorie Verborgenes Schielen

Hyperaktivität motorische Unruhe

Hypothese unbewiesene Annahme, Behauptung

Läsion Verletzung

latent verborgen

Latenz zeitliche Verzögerung, Reaktionszeit

Legasthenie eigentlich Leseschwäche, Lesestörung, wird aber für Lese- und Rechtschreibschwäche benutzt. Im anglikanischen Sprachraum wird das Fremdwort "Dyslexie" oder "Dyslexia" benutzt, was auch eigentlich Leseschwäche bedeutet.

magno groß, hier: Große Nervenzellen

monokular einäugig

Neuron Nervenzelle

Ontogenese Entwicklung des Einzelwesens

Optomotorik Steuerung der Augenbewegungen durch das Sehsystem

overlap Überlappung. Hier fachspezifisch: Zeitliche Überlappung der Sichtbarkeit eines Fixationspunktes und eines Reizes

Pädaudiologie Ohrenheilkunde für Kinder

Phylogenese Stammesgeschichte, Stammesentwicklung

Prosakkade Sakkade zum Reiz

Sakkade Blicksprung = rasche Augenbewegung

Retina Netzhaut des Auges

Synapse Endknopf eines Nervenzellfortsatzes auf einer anderen Nervenzelle. Dient zur Übertragung der Nervenimpulse auf die andere Nervenzelle

visuell zum Sehsystem gehörig

Stichwortverzeichnis

ADHS, 138
Anti-Gap-Aufgabe, 84
Antisakkade, 53, 75, 94, 123, 143, 162, 199
Augenfolgebewegung, 78

Blicksprung, 79

Diskrepanzkriterium, 115, 131
Divergenz, 79
Dyskalkulie, 131

Express Saccade Maker, 89

Fixation, 79
Folgebewegung, 78

Hörtraining, 157
Hebb'sche Regel, 21
Hyperaktivität, 138

ICD-10, 23, 115, 131, 139

Konvergenz, 79

Lücken-Erkennung, 61
Lautstärken-Unterscheidung, 61
Legasthenie, 110
Lese-Rechtschreibschwäche, 110
LRS, 110

Methylphenidat, 140

optische Täuschung, 82
optomotorischer Zyklus, 82

phonologische Bewusstheit, 27, 42, 70, 180
Prismenbrille, 92
Pro-Overlap-Aufgabe, 84

Rechenschwäche, 131
Ritalin, 140

Sakkade, 79
Seitenordnung, 61
Simultanerfassung, 49, 98, 129, 177
Synapsen, 21

Teilleistung, 108
Teilleistungsstörung, 22, 107
Tonhöhen-Unterscheidung, 61
Training, 151

vestibuläre Kompensation, 78

Winkelfehlsichtigkeit, 92
Wortblindheit, 47, 111

Zeitordnung, 61

Literaturverzeichnis

(Die Manuskripte zu weiteren abgeschlossenen Studien können im Internet nachgelesen werden: www.brain.uni-freiburg.de/fischer/)

Biscaldi M, Fischer B, and Hartnegg K (2000) Voluntary saccade control in dyslexia. Perception 29: 509-521

Biscaldi M, Fischer B, and Stuhr V (1996) Human express-saccade makers are impaired at suppressing visually-evoked saccades. J Neurophysiol 76: 199-214

Dehaene S (1999) Der Zahlensinn. Birkhäuser Verlag, Basel,

Eliot L (2002) Was geht da drinnen vor? Die Gehirnentwicklung in den ersten fünf Lebensjahren. Berlin Verlag,

Everling S, Fischer B (1998) The antisaccade: a review of basic research and clinical studies. Neuropsychologia 36: 885-899

Fischer B (1999) Blick-Punkte: Neurobiologische Prinzipien des Sehens und der Blicksteuerung. Hans Huber Verlag, Bern,

Fischer B, Biscaldi M, and Gezeck S (1997) On the development of voluntary and reflexive components in human saccade generation. Brain-Res 754: 285-297

Fischer B, Gezeck S, and Hartnegg K (1997) The analysis of saccadic eye movements from gap and overlap paradigms. Brain Research Protocols 2: 47-52

Fischer B, Hartnegg K (2000) Effects of visual training on saccade control in dyslexia. Perception 29: 531-542

Fischer B, Hartnegg K (2000) Stability of gaze control in dyslexia. Strabismus 8: 119-122

Fischer B, Hartnegg K (2002) Age effects in dynamic vision based on orientation identification. Exp-Brain-Res 143: 120-125

Fischer B, Hartnegg K, Mokler A (2000) Dynamic visual perception of dyslexic children. Perception 29: 523-530

Fischer B, Mokler A, Hartnegg K (2002) Die Blicksteuerung bei Kindern mit einem Aufmerksamkeits-DefizitSyndrom: Wirkung von Ritalin und Trainingsmöglichkeiten. Akzente 34-37

Fischer B, Schäfer J (2002) Die Entwicklung der Simultanerfassung bei Rechenschwäche. Akzente 3: 50-52

Fischer B, Schäffler T, Sonntag J (2002) Sprachfreie auditive Differenzierung bei LRS und ADHD: Entwicklung, Auffälligkeiten und Trainingserfolge. Akzente 38-41

Fischer B, and Weber H (1996) Effects of procues on error rate and reaction times of antisaccades in human subjects. Exp Brain Res 109: 507-512

Fischer H (1995) Entwicklung der visuellen Wahrnehmung. Beltz, Weinheim,

Förstl H (2002) Frontalhirn. Funktionen und Erkrankungen. Springer Verlag, Berlin,

Friedrich G, Preis G (2002) Lehren mit Köpfchen. Gehirn und Geist 64-70

Hartmann E (2002) Möglichkeiten und Grenzen einer präventiven Intervention zur phonologischen Bewustheit von lautsprachgestörten Kindergartenkindern. Sprachimpuls, Fribourg, Schweiz,

Klein C, Fischer B, Hartnegg K, Heiss WH, Roth M (2000) Optomotor and neuropsychological performance in old age. Exp Brain Res 135: 141-154

Klein C, Fischer Jr B, Fischer B, Hartnegg K (2002) Effects of methylphenidate on saccadic responses in patients with ADHD. Exp Brain Res 145: 121-125

Mokler A, Fischer B (1999) The recognition and correction of involuntary saccades in an antisaccade task. Exp Brain Res 125: 511-516

Rodgers N (1999) Unglaubliche optische Illusionen. Bechtermünz Verlag,

Schulte-Körne G (2002) Definition der Lese-Rechtschreibstörung vs. Lese-Rechtschreibschwäche. Zeitschr für Legasthenie und Dyskalkulie 57-61

Seckel A (2001) Optische Illusionen. Tosa Velag, Wien,

Spitzer M (2002) Lernen - Gehirnforschung und die Schule des Lebens. Spektrum Akademischer Verlag,

Stein J, and Fowler S (1985) Effect of monocular occlusion on visuomotor perception and reading in dyslexic children. LANCET 2: 69-73

Steinhausen HC (2000) Hyperkinetische Störungen bei Kindern, Jugendlichen und Erwachsenen. Kohlhammer, Stuttgart,

Steinhausen HC (2001) Entwicklungsstörungen im Kindes- und Jugendalter. Verlag W. Kohlhammer, Stuttgart,

Suchodoletz vW (2001) Sprachentwicklungsstörungen und Gehirn. Kohlhammer,W. Stuttgart,

Trott G (1993) Das hyperkinetische Syndrom und seine medikamentöse Behandlung. Barth, Leipzig, Berlin, Heidelberg,

Wejda S (2002) Rechenschwäche oder Rechenstörung? Begriffe und Definitionen. Zeitschr für Legasthenie und Dyskalkulie 53-57

Anzeigen

Norbert Herschkowitz

Das vernetzte Gehirn

Seine lebenslange Entwicklung

Unter Mitwirkung von Elinore Herschkowitz-Chapman und Usch Vollenwyder.
2., korr. Aufl. 2002. 127 S., 18 Abb., 10 Tab., Kt
€ 15.95 / CHF 27.80 (ISBN 3-456-83884-0)

Das Gehirn vernetzt Körper, Geist und Verhalten und entwickelt sich dabei während des ganzen Lebens. Die Kenntnisse dieser Zusammenhänge helfen uns, die üblichen Altersveränderungen besser zu verstehen, Alterserkrankungen vorzubeugen und heutige Möglichkeiten der Therapie zu nutzen.

Russel A. Barkley

Das große ADHS-Handbuch für Eltern

Verantwortung übernehmen für Kinder mit Aufmerksamkeitsdefizit und Hyperaktivität

2002. 453 S., 4 Abb., 8 Tab., Kt € 26.95 / CHF 45.80
(ISBN 3-456-83819-0)

Barkleys Handbuch informiert die Eltern von ADHS-Kindern umfassend und auf dem neuesten Stand der Wissenschaft über die Störung. Er gibt wertvolle Hinweise für Diagnose und Therapie. Es geht heute nicht mehr darum, «Schuldige» zu finden, sondern zur Kenntnis zu nehmen, dass ADHS primär genetisch bedingt ist und auch medikamentös beeinflusst werden kann.

Verlag Hans Huber http://Verlag.HansHuber.com
Bern Göttingen Toronto Seattle

Burkhart Fischer

Blick-Punkte

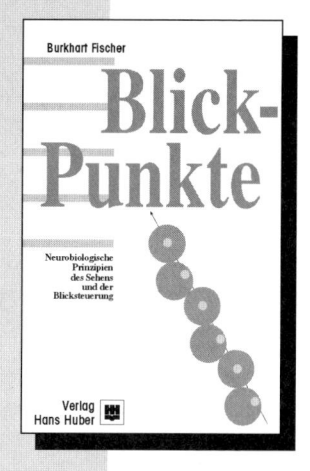

Neurobiologische Prinzipien des
Sehens und der Blicksteuerung

1999. 302 S., 65 Abb., Gb
€ 26.95 / CHF 44.80
(ISBN 3-456-83147-1)

Dieses Buch vermittelt die neurobiologischen Grundlagen des Sehens und der Blickbewegungen. Es beschreibt die grundlegenden Versuchsanordnungen und die damit gewonnenen neuen Erkenntnisse sowie die Entwicklung und Fehlfunktionen. Die Feststellung des Status der Blicksteuerung kann heute in verschiedenen psychologisch-medizinischen Bereichen als diagnostische Hilfe, z.B. bei Legasthenie, genutzt werden.

Verlag Hans Huber http://Verlag.HansHuber.com
Bern Göttingen Toronto Seattle